Bill Bryson

Wo bitte geht's nach Domodossola?

Bill Bryson

Wo bitte geht's nach Domodossola?

Ein Amerikaner entdeckt Europa

Aus dem Amerikanischen
von Claudia Holzförster

Ullstein

Die englische Originalausgabe
erschien unter dem Titel
Neither here nor there – Travels in Europe
im Verlag Martin Secker & Warburg Ltd.

Satz: LVD GmbH, Berlin
Druck und Bindung:
Wiener Verlag, Himberg bei Wien
Printed in Austria 1994
ISBN 3-550-06875-1

Gedruckt auf alterungsbeständigem Papier
mit chlorfrei gebleichtem Zellstoff

Die Deutsche Bibliothek –
CIP-Einheitsaufnahme

Bill Bryson
Wo bitte geht's nach Domodossola?:
ein Amerikaner entdeckt Europa /
Bill Bryson.
Aus dem Amerikan. von Claudia Holzförster. –
Berlin; Frankfurt/M.: Ullstein, 1995
Einheitssacht.: Neither here nor there <dt.>
ISBN 3-550-06875-1

Inhalt

Nach Norden

Im Winter liegt Hammerfest eine dreißigstündige Busfahrt von Oslo entfernt. Nun stellt man sich natürlich die Frage, warum es im Winter überhaupt jemanden dorthin zieht. Hammerfest ist die nördlichste Stadt Europas und liegt am Rande der Welt, ist so weit von London entfernt, wie London von Tunis, und ein Ort dunkler und brutaler Winter, wo die Sonne im November im Nordpolarmeer versinkt und sich zehn Wochen lang nicht mehr blicken läßt.

Ich wollte das Nordlicht sehen. Außerdem hatte ich schon lange den unbestimmten Wunsch, zu erfahren, wie die Leute in einer so entlegenen und ungastlichen Gegend leben. Zuhause in England, vor einem Glas Whisky und einem Stapel Landkarten, schien dies eine vortreffliche Idee zu sein. Doch als ich mir nun den Weg durch den grauen, spätdezemberlichen Schneematsch von Oslo bahnte, kamen mir die ersten Zweifel.

Der Tag hatte nicht gut angefangen. Ich hatte im Hotel das Frühstück verschlafen und mußte mich in Windeseile in meine Klamotten stürzen. Ich konnte kein Taxi finden, so daß ich meine haarsträubend übergewichtige Tasche acht Häuserblocks durch den Matsch zum Busbahnhof schleppen mußte. Dann hatte ich große Schwierigkeiten, die Angestellten der Kreditkassenbank an der Karl Johans Gate dazu zu bringen, mir genügend Reiseschecks einzulösen, damit ich den Fahrpreis von sage und schreibe 1200 Kronen bezahlen konnte – sie wollten einfach nicht begreifen, daß es sich bei dem William McGuire Bryson in meinem Paß und dem Bill Bryson auf meinen Reiseschecks um ein und dieselbe Person, nämlich um mich, handelte –, und nun kam ich zwei Minuten vor der Abfahrt des Busses am Bahnhof an, atemlos und schwitzend von der endlosen Mühsal, die mein Schicksal ist, und das Fräulein am Fahrkartenschalter teilte mir mit, daß für mich keine Reservierung vorläge.

»Das ist alles nur ein böser Traum«, sagte ich. »Ich bin noch zu Hause in England und genieße Weihnachten. Reichst du mir den Portwein, Schatz?« Tatsächlich sagte ich: »Da muß ein Fehler vorliegen. Sehen Sie bitte noch einmal nach.«

Sie studierte die Passagierliste. »Nein, Mr. Bryson, Ihr Name ist nicht dabei.«

Aber ich konnte ihn doch sehen, sogar verkehrt herum. »Da steht er doch, der zweite von unten.«

»Nein«, entschied das Mädchen, »da steht Bernt Bjørnson. Das ist ein norwegischer Name.«

»Da steht nicht Bernt Bjørnson. Da steht Bill Bryson. Sehen Sie sich doch die Schleife am y an und die beiden l's. Fräulein, bitte.« Aber sie wollte es nicht begreifen.

»Wenn ich diesen Bus verpasse, wann fährt der nächste?«

»Nächste Woche um dieselbe Zeit.«

Na, fabelhaft.

»Fräulein, glauben Sie mir, da steht Bill Bryson.«

»Nein, das steht da nicht.«

»Hören Sie, ich komme aus England. Ich bringe ein Medikament, das einem Kind das Leben retten kann.« Das kaufte sie mir nicht ab. »Ich möchte mit dem Abteilungsleiter sprechen.«

»Der ist in Stavanger.«

»Mein liebes Fräulein, ich habe telefonisch reserviert. Wenn dieser Bus ohne mich abfährt, werde ich Ihrem Abteilungsleiter einen Brief schreiben, der für den Rest dieses Jahrhunderts einen Schatten auf Ihre berufliche Laufbahn werfen wird.« Davon ließ sie sich offensichtlich nicht beeindrucken. Dann kam mir eine Idee. »Wenn dieser Bernt Bjørnson nicht auftaucht, bekomme ich dann seinen Platz?«

»Sicher.«

Warum komme ich nicht gleich auf so was und erspare mir den

ganzen Ärger? »Danke«, sagte ich und zerrte meine Tasche nach draußen.

Dort wartete ein großer Doppeldeckerbus, ähnlich einem amerikanischen Greyhound, doch nur die vordere Hälfte des oberen Teils war mit Sitzplätzen und Fenstern ausgestattet. Der Rest lag hinter einer Aluminiumwand verborgen, die sich wie der Einband eines billigen Science-fiction-Romans mit dem psychedelischen Bildnis einer intergalaktischen Landschaft schmückte. Auf dem Schweif eines Kometen prangten die Worte EXPRESS 2000. Für einen schwindelerregenden Augenblick glaubte ich, der fensterlose hintere Teil beherberge eine Art Schlafsaal, in den uns zur Schlafenszeit eine Stewardeß geleiten würde, um uns aufzufordern, es uns dort bequem zu machen. Ich war bereit, jeden Betrag für diese Annehmlichkeit zu zahlen. Aber ich hatte mich geirrt. Der hintere Teil und der gesamte Bereich unter uns war mit Frachtgut gefüllt. Der Express 2000 war nichts anderes als ein Lkw mit ein paar Fahrgästen.

Auf die Minute um 12.00 Uhr mittags fuhren wir ab. Mir wurde schnell klar, daß alles an diesem Bus der Unbequemlichkeit diente. Ich saß neben der Heizung, so daß mein linkes Bein so heiß wurde, daß ich hören konnte, wie die Haare darauf verbrutzelten, während meine oberen Extremitäten der kalten Zugluft ausgesetzt waren. Die Sitze hatte ein Zwerg entworfen, der sich an seinen ausgewachsenen Mitmenschen rächen wollte; eine andere Erklärung konnte es dafür nicht geben. Der junge Mann vor mir kurbelte seinen Sitz so weit zurück, daß sein Kopf fast in meinem Schoß lag. Er las ein Comic-Heft mit dem Titel *Tommy og Tigern* und hatte ein Gesicht, bei dessen Anblick man begreift, daß Gott Sinn für Humor haben muß. Die Rükkenlehne meines eigenen Sitzes stand in einem Winkel, der sofortige und anhaltende Nackenbeschwerden verursachte. An der Seite befand sich ein Hebel, mit dessen Hilfe man sie vermutlich in eine angenehmere Position hätte bringen können, doch wußte ich aus eigener Erfahrung, daß die Lehne zurückgeschnellt wäre und die Kniescheiben der süßen, alten Dame hinter mir zerschmettert hätte, sobald ich ihn auch nur berühren würde. Also ließ ich die Finger davon. Die Frau neben mir, unverkennbar eine Veteranin dieser Art von Polarexpeditionen, packte Unmengen von Zeitschriften, Papiertüchern, Halspastillen, Salben und Bonbons in die Tasche am Sitz vor ihr, rollte sich dann in eine Decke ein und schlief so gut wie ununterbrochen während der ganzen Fahrt.

Wir ließen die sich mehr und mehr ausdehnenden Vororte von Oslo hinter uns und holperten durch das verschneite Zwielicht ins offene Land. In der endlosen Dämmerung wirkten die vereinzelten Dörfer und Bauernhäuser gepflegt und wohlhabend. In den Fenstern jedes Hauses brannten weihnachtliche Lichter. Bald sank ich in diesen nicht unangenehmen Zustand der Geistesträgheit, der mich bei langen Reisen meistens überkommt, und mein Kopf baumelte über meinen Schultern, wie bei jemandem, der die Kontrolle über seine Nackenmuskeln verloren hat und sich daraus überhaupt nichts macht.

Meine Reise hatte begonnen. Ich würde Europa wiedersehen.

Zum ersten Mal kam ich 1972 nach Europa – schmächtig, schüchtern und allein. Damals gingen die einzigen Billigflüge von New York nach Luxemburg, mit Zwischenstop auf dem Keflavik Airport von Reykjavik. Die Flugzeuge hatten ihre besten Jahre längst hinter sich. Gelegentlich fielen Sauerstoffmasken ungebeten aus ihren Fächern über unseren Köpfen und hingen dort, bis eine Stewardeß mit einem Hammer und einer Handvoll Nägel zwischen den Zähnen erschien, um den Fehler zu beheben. Und die Toilettentür sprang auf, wenn man nicht von innen seinen Fuß dagegen stemmte, was alles, was man ansonsten dort zu tun beabsichtigte, zu einer echten Herausforderung werden ließ. Vor allen Dingen waren die Maschinen fürchterlich langsam. Es dauerte anderthalb Wochen, um nach Keflavik zu kommen, einem kleinen, grauen Flughafen in der Mitte eines flachen, grauen Nirgendwo, und weitere anderthalb Wochen, bis man endlich Luxemburg erreicht hatte.

Mit Ausnahme der Crew und zweier leitender Angestellter irgendeiner Heringsfabrik in der ersten Klasse waren ausschließlich Hippies an Bord. Es war, als befände man sich in einem Greyhound Bus auf dem Weg zu einem Folkfestival. Ständig holten Leute Gitarren oder Mandolinen oder Weinflaschen der Marke Thunderbird hervor und knüpften Kontakt zu ihren Nachbarinnen, der zweifellos zu jeder Menge dynamischem Sex an den verschiedensten mediterranen Stränden führen würde.

Die langen, aufregenden Wochen vor dem Abflug habe ich, wie ich gestehen muß, nur mit Hilfe einiger lüsterner Tagträume überstanden, in denen ich mich im allgemeinen an der Seite einer lechzenden, jungen Schönheit wiederfand, die von ihrem Vater gegen ihren Willen auf das »Institut für an Nymphomanie leidende Frauen« in Lausanne geschickt worden war und die sich irgendwo mitten über dem Atlantik an mich wenden und fragen würde: »Verzeihung, aber hätten Sie was dagegen, wenn ich mich eine Weile auf Ihr Gesicht setze?« Tatsächlich erwies sich mein Nachbar dann jedoch als eine unter Akne leidende Bohnenstange mit Buddy-Holly-Brille. In seiner Hemdtasche trug er ein Sortiment von Kugelschreibern in einer Plastikhülle, auf der zu lesen stand GRUBER'S EISENWARENHANDLUNG, FLAGELLATION, OKLAHOMA. WAS SIE BEI UNS NICHT FINDEN, BRAUCHEN SIE AUCH NICHT oder etwas in der Art. An seinem Hals hatte er Furunkeln, die wie schlecht verheilte Schußwunden aussahen und penetrant nach Vick VapoRub rochen.

Fast während des gesamten Fluges las er in der Heiligen Schrift, wobei er mit den Fingerspitzen beider Hände jeder Zeile des Textes folgte und die Worte gerade so laut vor sich hin murmelte, daß ich sie in meinem rechten Ohr als leidenschaftliches Geflüster wahrnahm. Ich war auf das Schlimmste gefaßt. Ich weiß nicht, warum religiöse Fanatiker immer unter dem Zwang stehen, jeden bekehren zu müssen, der ihnen über den Weg läuft. Ich laufe auch nicht herum und versuche, aus ihnen Fans von St. Louis Cardinal zu machen. Aber diese Leute lassen keine Gelegenheit aus.

Wenn mich heute jemand von ihnen anspricht, erkläre ich ihm, daß Leute, die zu Hush Puppies weiße Socken tragen und obendrein eine Plakette mit der Aufschrift HI! ICH BIN GUS!, mich nicht einmal dazu bewegen können, aus einem brennenden Auto zu steigen, geschweige denn eine lebenslange Verpflichtung einer Gottheit gegenüber einzugehen, und ich lege ihm nahe, das nächste Mal jemanden zu schicken, der nicht nur intelligenter, sondern auch besser gekleidet ist als er. Aber damals war ich zu wohlerzogen, hörte nur höflich zu und reagierte auf die Beteuerungen, daß Jesus mein Leben zum Guten wenden könnte, mit unverbindlichen »Hmmmms«. Irgendwo über dem Atlantik, mir wurden beim Sitzen immer mehr die 200 Kubikzentimeter persönlicher Raum bewußt, wie einem das eben auf langen Flügen so geht, erspähte ich unter dem Sitz vor mir eine Münze. Ich beugte mich vor und griff danach. Als ich mich wieder aufrichtete, bemerkte ich, daß mein Nachbar mich mit diesem unheilverkündenden Blick ansah.

»Hast du Jesus gefunden?« fragte er unvermittelt.

»Oh, nein, es ist eine Münze«, antwortete ich, lehnte mich schnell zurück und gab während der nächsten sechs Stunden vor zu schlafen, wobei ich mich bemühte, sein flehendes Geflüster, Jesus in meinem Herzen Einlaß zu gewähren, zu überhören.

Heimlich sah ich aus dem Fenster und hielt nach Europa Ausschau. Ich kann mich noch gut an den ersten Anblick erinnern. Das Flugzeug fiel aus den Wolken, und unter mir lag plötzlich dieser geheimnisvolle Teppich aus kleinen, grünen Feldern. Dörfer mit Kirchtürmen verteilten sich über die hügelige Landschaft, die aussah wie eine aufgeschüttelte Steppdecke, die sich soeben wieder über ein Bett breitete. In Amerika war ich schon oft geflogen, aber selten hatte ich aus einem Flugzeugfenster mehr gesehen als endlose, goldene Felder, so groß wie Belgien, sich windende Flüße und schwarze Highways, so dünn wie Bleistiftstriche und so schnurgerade wie straff gespannte Drähte. Und immer schien die Weite fast leer zu sein. Man glaubte, wenn man seine Augen nur genügend anstrengte, könnte man bis nach Los Angeles blicken, selbst wenn man sich über Kansas befand. Doch hier war die Landschaft so perfekt und aufgeräumt wie die Kulisse einer Modelleisenbahn. Alles war so grün, so kompakt, so ordentlich, so bezaubernd, so ... europäisch. Ich war hingerissen und bin es noch heute.

Ich hatte einen gelben Rucksack dabei, der so enorm groß war, daß ich bei der Zollabfertigung halb damit rechnete, gefragt zu werden, »Irgendwas zu verzollen? Zigaretten? Alkohol? Ein totes Pferd?«, und verbrachte den Tag damit, unter seinem Gewicht durch die alten Straßen der Stadt Luxemburg zu torkeln. Ich befand mich in einem Zustand aufgekratzter Benommenheit – eine ungewohnte Mischung aus Aufgeregtheit, Erschöpfung und intensiver optischer Anregung. Alles wirkte so lebendig, so stark konzentriert und neu. Ich fühlte mich wie jemand, der zum ersten Mal ins Freie tritt. Es war alles so anders: die Sprache, das Geld, die Autos, die Nummernschilder der Autos, das Brot, das Essen, die Zeitungen, die Parks, die Menschen. Nie zuvor hatte ich eine Kreuzung mit Zebrastreifen gesehen oder eine Straßenbahn oder einen ungeschnittenen Laib Brot (allein die Möglichkeit wäre mir nie in den Sinn gekommen). Nie zuvor hatte ich gesehen, daß jemand eine Baskenmütze trägt und dennoch ernst genommen wird, daß Leute jeden einzelnen Bestandteil ihres Abendessens in einem anderen Laden kaufen und ihre eigenen Einkaufstaschen mitbringen. Nie zuvor hatte ich gefiederte Fasane und enthäutete Kaninchen im Fenster einer Metzgerei hängen sehen oder einen Schweinekopf, der grinsend auf einem Teller liegt, oder ein Päckchen Gitanes oder den Michelin-Mann. Und die Leute – das waren Luxemburger. Ich weiß nicht, warum mich das so in Erstaunen versetzte, aber das tat es. Immer wieder dachte ich, »Der Mann da drüben, das ist ein Luxemburger. Und das Mädchen auch. Sie haben noch nie von den New York Yankees gehört, und die Titelmelodie von *The Mickey Mouse Club* kennen sie auch nicht. Das hier ist eine andere Welt.« Es war einfach wunderbar.

Am Nachmittag stieß ich auf der Pont Adolphe, hoch über der Schlucht, die sich quer durch die Stadt zieht, auf meinen pickeligen Nachbarn aus dem Flugzeug. Ebenfalls mit einem riesigen Rucksack auf den Schultern trottete er zurück in Richtung Zentrum. Ich begrüßte ihn wie einen Freund – schließlich war er unter den 300 Millionen Menschen in Europa der einzige, den ich kannte. Meine fieberhafte Aufregung teilte er allerdings nicht.

»Hast du ein Zimmer bekommen?« fragte er finster.

»Nein.«

»Ich kann einfach keins finden. Ich hab schon überall gefragt. Alles ist voll.«

»Wirklich?« Besorgnis legte sich wie ein Schatten über mich. Das könnte zu einem Problem werden. Bis dahin hatte ich mich noch nie in einer Situation befunden, in der ich mich selbst um ein Bett für die Nacht kümmern mußte. Ich bin davon ausgegangen, nur ein kleines Hotel aufsuchen zu müssen, wenn ich die Zeit für gekommen hielt, und damit wäre die Sache erledigt.

»Scheißstadt, Scheiß-Luxemburg«, sagte mein Freund mit überraschender Unverblümtheit und trottete weiter.

Ich fragte in einer Reihe von mehr oder weniger schäbigen Hotels in der Umgebung des Hauptbahnhofs nach einem Zimmer, aber nirgends war etwas frei. Ich ging weiter stadtauswärts und versuchte mein Glück unterwegs in anderen Hotels, aber ohne Erfolg, und es dauerte nicht lange – die Stadt Luxemburg ist nämlich ebenso kompakt wie reizvoll –, und ich stand an einer Landstraße außerhalb der Stadt. Unsicher, wie ich diese kritische Situation bewältigen sollte, beschloß ich spontan, per Anhalter nach Belgien zu fahren. Das war ein größeres Land; vielleicht hätte ich dort mehr Glück. Eine Stunde und vierzig Minuten stand ich am Straßenrand, hielt meinen Daumen in die Luft und sah zu, wie die Autos an mir vorüberschossen und wie sich die Sonne allmählich dem Horizont näherte. Meine Besorgnis drohte in Verzweiflung umzuschlagen. Ich war gerade im Begriff, auch diesen Plan fallenzulassen – um was zu tun? Ich wußte es nicht –, als ein verbeulter Citroèn 2CV hielt.

Ich schleppte meinen Rucksack zum Auto und erblickte auf den Vordersitzen ein junges Paar, das sich zankte. Im ersten Moment kam es mir vor, als hätten sie gar nicht meinetwegen gehalten, sondern weil der Mann der Frau eine knallen wollte – aus den Filmen mit Jean-Paul Belmondo wußte ich, daß das in Europa zu den Gepflogenheiten gehört –, doch dann stieg die Frau aus, durchbohrte mich mit einem wütenden Blick und ließ mich auf den Rücksitz klettern, wo ich mit bis an die Ohren hochgezogenen Knien eingezwängt zwischen Stapeln von Schuhkartons saß.

Der Fahrer war sehr freundlich und sprach gut Englisch. Da der Motor ein Getöse wie ein Rasenmäher machte, konnten wir uns nur schreiend unterhalten. Der Mann rief mir zu, daß er als Vertreter für Schuhe und seine Frau als Bankangestellte in Luxemburg arbeiteten und daß sie direkt hinter der Grenze in Arlon wohnten. Ständig drehte der Mann sich um und ordnete die Kartons auf dem Rücksitz, um mir mehr Platz zu schaffen. Einige Schachteln warf er auf die Hutablage, was für mich alles andere als angenehm war, denn mehr als einmal traf er mich damit am Kopf. Außerdem raste er gleichzeitig einhändig mit 110 Stundenkilometern durch den dichten Verkehr.

Alle paar Sekunden stieß seine Frau einen Schreckensschrei aus, weil das Hinterteil eines Lkws näher und näher rückte und schließlich die Windschutzscheibe ausfüllte, woraufhin der Mann seine Aufmerksamkeit für vielleicht zweieinhalb Sekunden dem Straßenverkehr schenkte, um sie dann erneut meiner Bequemlichkeit zu widmen. Sie regte sich unentwegt über seine Fahrweise auf, aber er tat, als wäre das nur eine ihrer liebenswerten Marotten, und warf mir verschwörerische, ausgesprochen schelmische Blicke zu, als würden wir beide uns insgeheim über ihr kreischendes Gemecker lustig machen.

Selten war ich mir meines nahenden Todes so gewiß. Der Mann fuhr, als nähmen wir an einem Slalomrennen teil. Die Straße bestand aus drei Fahrbahnen – auch etwas, das ich nie zuvor gesehen hatte. Eine Fahrbahn führte nach Osten, die andere nach Westen, und die mittlere diente als Überholspur für beide Fahrtrichtungen. Mein neuer Freund schien dieses System nicht ganz zu begreifen. Er flitzte auf die mittlere Spur und wirkte aufrichtig erstaunt, dort einen Vierzigtonner auf uns zu donnern zu sehen. War er dem Lkw dann im allerletzten Moment ausgewichen, lehnte er sich aus dem Fenster und rief dem vorbeibrausenden Fahrer Schimpfwörter nach, bis er von seiner Frau und mir kreischend auf die nächste drohende Katastrophe aufmerksam gemacht wurde. Später erfuhr ich, daß Luxemburg die höchste Quote von Verkehrstoten innerhalb Europas aufzuweisen hat, was mich nicht im geringsten wundert.

Nach halbstündiger Fahrt hatten wir Arlon erreicht, eine trostlose Industriestadt, in der alles grau und staubig aussah, sogar die Menschen. Der Mann bestand darauf, daß ich bei ihnen zu Abend aß. Seine Frau und ich protestierten – ich aus Höflichkeit, sie mit unverhohlenem Abscheu –, aber er tat unsere Einwände als weitere liebenswerte Marotten ab, und ehe ich wußte, wie mir geschah, wurde ich eine dunkle Treppe hinaufgeschoben und fand mich in der winzigsten und leersten aller Wohnungen wieder. Sie hatte nur zwei Zimmer – eine Küche, so groß wie ein Kleiderschrank, und einen Mehrzweckraum mit einem Tisch, zwei Stühlen, einem Bett und einem tragbaren Plattenspieler mit nur zwei Platten, die eine von Gene Pitney, die andere von einer englischen Bergwerksblaskapelle. Er fragte mich, welche ich hören wollte. Ich überließ ihm die Wahl.

Er legte Gene Pitney auf, verschwand in der Küche, wo seine Frau ihn mit keifendem Geflüster empfing, und tauchte verlegen mit zwei Gläsern und zwei großen, braunen Flaschen wieder auf. »Nun machen wir es uns gemütlich«, versprach er und goß mir etwas ein, das sich als sehr warmes, helles Bier entpuppte. »Oom«, sagte ich und gab mir Mühe, dankbar zu klingen. Ich wischte mir den Schaum vom Mund und fragte mich, ob ich einen Sprung aus dem zweiten Stock überleben würde. Da saßen wir, tranken Bier und lächelten uns an. Ich überlegte, woran mich das Bier erinnerte, und kam schließlich drauf, daß es einer riesigen Urinprobe ähnelte, vermutlich der eines Elefanten. »Good, yes?« fragte der Belgier.

»Oom«, sagte ich wieder, ohne das Glas an die Lippen zu setzen.

Ich war zum ersten Mal von zu Hause fort. Ich befand mich auf einem seltsamen Kontinent, auf dem sie nicht meine Sprache sprechen. Ich hatte soeben 4000 Meilen in einer Kühltruhe mit Flügeln zurückgelegt, ich hatte dreißig Stunden nicht geschlafen, hatte mich neunundzwanzig Stunden nicht gewaschen und saß nun in einer winzigen, spartanischen Wohnung in einer unbekannten Stadt in Belgien und sollte mit zwei sehr sonderbaren Menschen zu Abend essen.

Madame Sonderbar erschien mit drei Tellern. Auf jedem lagen zwei Spiegeleier und sonst nichts. Scheppernd setzte sie die Teller ab. Sie und ich nahmen am Tisch Platz, während sich ihr Mann auf die Bettkante hockte. »Bier und Eier«, sagte ich, »eine interessante Zusammenstellung.«

Das Abendessen dauerte vier Sekunden. »Oom«, sagte ich, wischte mir das Eigelb vom Mund und tätschelte meinen Magen. »Das war ausgezeichnet. Vielen Dank. Aber nun muß ich wirklich gehen.« Madame Sonderbar fixierte mich mit einem Blick, der leidenschaftlichen Haß verriet, doch Monsieur Sonderbar sprang auf die Beine und packte mich bei den Schultern. »Nein, nein, du mußt dir noch die andere Seite der Platte anhören. Trinken wir noch ein Glas Bier.« Er drehte die Platte um, und schweigend an unseren Gläsern nippend hörten wir zu. Anschließend brachte er mich mit dem Auto ins Stadtzentrum, zu einem kleinen Hotel, das einst bessere Zeiten gesehen haben mochte, das aber nun voller nackter Glühbirnen hing und von einem Mann in einem Unterhemd geführt wurde. Der Mann begleitete mich auf dem langen Marsch eine weitläufige Treppe hinauf und dunkle Korridore entlang, bis er mich in einem geräumigen Zimmer mit nacktem Fußboden allein zurückließ. In der schummrigen Weite des Zimmers erkannte ich einen Stuhl mit einem Handtuch über der Rückenlehne, ein angeschlagenes Waschbecken, einen absurd großen Schrank und ein gewaltiges Eichenbett.

Ich ließ meinen Rucksack fallen und warf mich aufs Bett, die Schuhe noch an den Füßen. Erst dann bemerkte ich, daß sich der Lichtschalter für die Zwanzigwattbirne, die irgendwo im Halbdunkel über mir baumelte, am anderen Ende des Zimmers befand, doch ich war zu erschöpft, um aufzustehen, zu erschöpft, um irgendetwas anderes zu tun, als mir flüchtig die Frage durch den Kopf gehen zu lassen, ob mein frommer Freund aus dem Flugzeug wohl noch immer zimmerlos durch Luxemburg irrte. Vielleicht lag er jetzt zitternd in einem Hauseingang oder auf einer Parkbank, hatte sich einen Pullover nach dem anderen angezogen und sich die Jeans mit ein paar Seiten der *Luxembourger Zeitung* ausgestopft, um sich die Kälte vom Leib zu halten.

»Hoffentlich«, sagte ich, kuschelte mich ins Bett und schlief elf Stunden lang.

Ein paar Tage wanderte ich durch die bewaldeten Berge der Ardennen. Es dauerte eine Weile, bis ich mich an den Rucksack gewöhnt hatte. Jeden Morgen, wenn ich ihn mir auf die Schultern wuchtete, torkelte ich eine Minute, als hätte mir jemand einen Schlag mit dem Holzhammer versetzt, doch dann fühlte ich mich unglaublich in Form. Es war, als hätte ich einen Kleiderschrank mit in die Ferien genommen. Ich weiß nicht, ob ich mich jemals so zufrieden und lebendig gefühlt habe wie in diesen drei oder vier Tagen im Süden Belgiens. Ich war zwanzig Jahre alt und befand mich in einer im großen und ganzen perfekten Welt. Das Wetter war freundlich und die Landschaft grün, bezaubernd und mit kleinen Bauernhöfen übersät, in deren Nähe sich Gänse und Hühner an den Straßen tummelten, Straßen, über die nur selten ein Auto fuhr.

Alle ein, zwei Stunden kam ich durch ein verschlafenes Dorf, wo zwei alte Männer mit Baskenmützen vor einem Café saßen, Bols tranken und schweigend beobachteten, wie ich näherkam und wieder aus ihrem Blickfeld verschwand. Mein fröhliches »Bonjour!« beantworteten sie mit einem angedeuteten Nicken, und am Abend, wenn ich ein Zimmer in einem kleinen Hotel gefunden hatte und mich in das Café am Ort setzte, um zu lesen und Bier zu trinken, schenkte mir ein ganzes Dutzend Menschen dieses kurze Nicken, das ich in meiner Begeisterung für ein Zeichen der Wertschätzung hielt. Vermutlich wäre mir sogar entgangen, wie sie von mir abgerückt wären, hätte ich mich, ermutigt durch sieben oder acht Jupiler Pils oder Donkle Beer, an einen von ihnen gewandt und mit ruhiger, freundlicher Stimme gesagt »Je m'appelle Guillaume. J'habite Des Moines.«

So verging der Sommer. Vier Monate streifte ich durch den Kontinent, durch Großbritannien und Irland, durch Skandinavien und Deutschland, durch die Schweiz, Österreich und Italien, und staunte still vor mich hin. Es war ein so glücklicher Sommer, wie ich ihn nie wieder erlebt habe. Ich habe ihn so sehr genossen, daß ich, kaum daß ich wieder zu Hause war, den Inhalt meines Rucksacks in eine Müllverbrennungsanlage kippte und im nächsten Sommer nach Europa zurückkehrte, diesmal in Begleitung einer Highschool-Bekanntschaft namens Stephen Katz, was ich sehr bald bereuen sollte.

Katz gehörte zu der Sorte von Menschen, die in einem dunklen Hotelzimmer liegen und stundenlang erzählen und erzählen, während man selbst zu schlafen versucht. In anschaulichen, manchmal schier perversen Einzelheiten schilderte er, was er mit verschiedenen Highschool-Nymphchen anstellen würde, wenn man ihn nur ließe. Oder er kündigte mit Worten wie »Hier kommt einer. Bist du bereit?« seine Fürze an und klassifizierte sie nach Lautstärke, Dauer und Wohlgeruch, wie er es nannte. Der einzige Vorteil einer Auslandsreise mit Katz war der, daß man es dem restlichen Amerika ersparte, den Sommer mit ihm verbringen zu müssen.

Er wurde für mich schnell zu einer bloßen Geräuschkulisse, zu einer Person an der anderen Seite des Tisches, die jede Mahlzeit mit dem Ausruf »Was ist *das* für eine Scheiße?« begrüßte, zu einem hyperaktiven Fremden, der sich überall danebenbenahm und sich unerklärlicherweise ständig an meiner Seite befand, wohin ich auch ging. Nach einer Weile hatte ich ihn mehr oder weniger abgeschaltet, und der Sommer wurde fast ebenso angenehm und in gewisser Hinsicht ebenso einsam wie der vorherige.

Seit damals hatte ich fünfzehn der vergangenen siebzehn Jahre in England gelebt, am Rande dieses herrlichen Kontinents, von dem ich in all diesen Jahren kaum etwas zu Gesicht bekam. Ein viertägiger Aufenthalt in Kopenhagen, drei Reisen nach Brüssel, eine kurze Spritztour durch die Niederlande – mehr hatte ich in meinen fünfzehn Jahren als Europäer nicht aufzuweisen. Es war an der Zeit, das zu ändern.

Von vornherein stand für mich fest, daß ich meine Reise am Nordkap beginnen würde, am nördlichsten Punkt des europäischen Festlands, um mich von dort auf den Weg nach Istanbul zu machen. Unterwegs wollte ich möglichst viele von den Orten wiedersehen, die Katz und ich besucht hatten. Ursprünglich hatte ich vor, im Frühling aufzubrechen, doch kurz vor Weihnachten rief ich bei der Universität von Tromsø an, der nördlichsten Universität der Welt und Hochburg der Nordlichtforschung, um in Erfahrung zu bringen, welche Jahreszeit sich am besten eignete, die himmlische Lightshow mitzuerleben. Die Telefonverbindung war so schlecht, daß ich den freundlichen Professor, mit dem ich sprach, kaum verstehen konnte – er hörte sich an, als säße er mitten in einem tosenden Schneesturm, und ich stellte mir vor, wie eine Tür auf- und zuschlug und Schnee in seine morsche, einsame Hütte in der Wildnis wirbelte –, aber ich verstand genug, um daraus entnehmen zu können, daß gerade jetzt, im tiefsten Winter, bevor die Sonne Ende Januar wieder aufgehen würde, der zuverlässigste Zeitpunkt sei. Zufällig standen die Zeichen in diesem Jahr besonders günstig für das Nordlicht – was irgendwie mit der starken Sonnenaktivität zusammenhing –, allerdings war ein klarer Himmel erforderlich, um es sehen zu können, und dessen kann man sich im nördlichen Norwegen nie sicher sein.

»Sie sollten sich mindestens einen Monat Zeit nehmen«, rief mir der Professor zu.

»Einen Monat?« fragte ich erschrocken.

»Mindestens.«

Einen Monat. Einen Monat in der kältesten, dunkelsten, trostlosesten, entlegensten Gegend Europas. Wem ich auch davon erzählte, jedermann fand die Vorstellung äußerst amüsant. Und da saß ich nun in diesem schaukelnden Bus und holperte nach Norden. Es gab kein Zurück mehr.

Kurz nachdem wir Oslo verlassen hatten, stellte ich mit einigem Unbehagen fest, daß niemand im Bus rauchte. Ich konnte kein Verbotsschild entdecken, wollte aber nicht der erste sein, der sich eine ansteckt und dann von jedermann auf Norwegisch angepflaumt wird. Ich war mir ziemlich sicher, daß der Mann schräg vor mir, auf der anderen Seite des Ganges, Raucher war – er wirkte sichtlich zerfahren. Noch klarer war der Fall bei dem jungen Mann auf dem Sitz direkt vor mir. Ich habe noch nie einen erwachsenen Leser von Comic-Heften getroffen, der nicht auch eine besondere Vorliebe für Tabak und Tätowierungen gehegt hätte. Ich konsultierte die Express 2000-Broschüre, die auf jedem Sitz auslag, und las entsetzt die Worte »tilsammen 2000 km non-stop i 30 timer«.

Nie in meinem Leben hatte ich auch nur ein Wort Norwegisch gelernt, aber selbst ich konnte das übersetzen. Zweitausend Kilometer! Nonstop! Dreißig Stunden ohne eine Zigarette! Plötzlich wurden mir all die Unannehmlichkeiten wieder bewußt. Mein Nacken schmerzte. Mein linkes Bein brutzelte wie Speck in der Pfanne. Der junge Mann vor mir hatte seinen Kopf dichter an meinem Schritt, als je ein Mann zuvor. Ich mußte mich mit weniger Platz begnügen, als wäre ich in meinen Koffer geklettert und hätte mich per Post nach Hammerfest geschickt. Und nun sollte ich auch noch dreißig Stunden ohne Nikotininfusion überstehen. Das ging über meine Kräfte.

Glücklicherweise war die Lage nicht ganz so dramatisch, wie es den Anschein hatte. An der schwedischen Grenze, etwa zwei Stunden hinter Oslo, hielt der Bus an einer Zollstelle in den Wäldern, und während der Fahrer in der Hütte verschwand, um die Formalitäten zu erledigen, stürzten die meisten Fahrgäste, darunter auch ich und jene beiden Männer, von denen ich es nicht anders erwartet hatte, aus dem Bus, um im kalten Schnee von einem Fuß auf den anderen zu treten und eine Handvoll Zigaretten zu rauchen. Wer konnte schließlich wissen, wann sich wieder eine solche Gelegenheit bieten würde? Nachdem ich an meinen Platz im Bus zurückgekehrt war – und die ewige Ungnade der Dame neben mir auf mich gezogen hatte, weil ich ihr innerhalb von fünf Minuten zum zweiten Mal auf den Fuß getreten war –, stellte ich jedoch nach eingehenderem Studium der Express 2000-Broschüre fest, daß im Laufe der gesamten Strecke offenbar drei Fahrtunterbrechungen vorgesehen waren.

Eine dieser Pausen erfolgte am Abend in einer Cafeteria im schwedischen Skellefteå. Es war ein seltsames Restaurant. Vor dem Tresen hing eine überdimensionale Speisekarte an der Wand, auf der neben jedem Gericht ein roter Knopf angebracht war. Drückte man einen der Knöpfe, wußten die Leute in der Küche, daß sie nun mit der Vorbereitung dieses Gerichts beginnen sollten. Hatte man also einen Knopf betätigt, schob man sein leeres Tablett in Richtung Kasse, versorgte sich unterwegs mit Getränken und wartete dann zusammen mit dem Kassierer zwanzig Minuten, bis das bestellte Gericht herausgebracht wurde. Wenn Sie mich fragen, hat damit eine Cafeteria ihren Zweck verfehlt. Da ich der letzte in der reglosen Warteschlange war, ging ich nach draußen und rauchte in der bitteren Kälte eine nach der anderen. Als ich wieder eintrat, war die Schlange kaum kürzer geworden. Ich nahm mir dennoch ein Tablett und warf einen Blick auf die Speisekarte. Ich hatte keine Ahnung, was sich hinter den Namen der einzelnen Gerichte verbarg. Aus Angst, versehentlich Leber zu bestellen – ein Gericht, das mir dermaßen verhaßt ist, daß ich an dieser Stelle für einen Moment unterbrechen muß, weil mir schon allein bei dem Gedanken daran schlecht wird –, bestellte ich gar nichts (obwohl ich eigentlich große Lust verspürte, *alle* Knöpfe zu drücken, nur um zu sehen, was dann passieren würde).

Statt dessen entschied ich mich für eine Flasche Pepsi und ein wenig Gebäck. Als ich jedoch an der Kasse ankam, klärte mich der Kassierer auf, daß er mit meinem norwegischen Geld nichts anfangen könne, daß ich schwedisches Geld brauche. Das überraschte mich. Ich hatte immer gedacht, alle nordischen Menschen wären Brüder und hätten einen freien Austausch ihrer verschiedenen Währungen, wie es zwischen Belgiern und Luxemburgern üblich ist. Unter dem erbarmungslosen Blick des Kassierers stellte ich Gebäck und Pepsi an ihren Platz zurück, nahm mir statt dessen ein eisgekühltes, kostenloses Glas Wasser und setzte mich an einen Tisch. Ich wühlte in meiner Jackentasche und zog einen Dan-Air-Keks hervor, der vom Flug nach Oslo übrig geblieben war und nun mein Abendessen wurde.

Als wir wieder im Bus saßen, gesättigt von Lammschnitzeln und

Gemüse und/oder Keks und Wasser, knipste der Fahrer die Innenbeleuchtung aus, und wir hatten keine andere Wahl, als zu schlafen oder es zumindest zu versuchen. Es war unvorstellbar unbequem. Nachdem ich alle Möglichkeiten ausprobiert hatte, fand ich heraus, daß ich mehr oder weniger kopfüber, mit in der Luft baumelnden Beinen, am wenigsten unbequem lag. In dieser Haltung fiel ich in einen tiefen und erstaunlich erholsamen Schlaf. Nach zehn Minuten begannen norwegische Münzen aus meiner Tasche zu rutschen und kullerten eine nach der anderen auf den Boden, wo sie (wie ich annehme) von der kleinen, alten Dame hinter mir still und heimlich eingesammelt wurden.

Und so verging die Nacht.

Früh am Morgen wurden wir geweckt. Der Bus hielt in einem Ort mit Namen »Wo Zum Teufel«, Finnland. Eigentlich hieß er Muonio und war der trostloseste Ort, den ich je gesehen habe: eine Tankstelle und eine Imbißbude mitten in der Tundra. Die gute Nachricht war, daß der Imbiß norwegisches Geld annahm; die schlechte Nachricht war, daß es dort nichts zu essen gab, das jemand, der sich nicht gerade in einem Notstandsgebiet befand, würde essen wollen. Dem Fahrer und seinem Kollegen wurden Teller mit dampfenden Bergen von Eiern, Kartoffeln und Speck serviert, aber für den Rest von uns stand dergleichen nicht auf der Speisekarte. Ich kaufte eine Flasche Mineralwasser und eine Scheibe Knäckebrot mit einem Stück Käse vom letzten Jahr, wofür man mir stolze fünfundzwanzig Kronen abnahm. Nach diesem üppigen Frühstück, während der Fahrer und sein Kollege beim Kaffee saßen und zufriedene Rülpser unterdrückten, sahen die anderen Fahrgäste und ich uns die Keilriemen und Schneeschaufeln in den zwei Schaufenstern der Ortschaft an. Dann scharten wir uns in der eisigen Kälte um den Bus und verqualmten eine weitere Handvoll Zigaretten.

Um halb acht machten wir uns wieder auf den Weg. Nur noch einen Tag im Bus, munterte ich mich auf. Die Landschaft war unbeschreiblich trostlos. Kilometer für Kilometer nichts als Schneewüste und dürre Birkenwälder. Rentiere grasten am Straßenrand oder leckten das Streusalz auf. Wir fuhren durch vereinzelte Samendörfer, die allesamt kalt und leblos wirkten. Hier brannten keine weihnachtlichen Lichter in den Fenstern. In der Ferne blinzelte die Sonne über die Hügel, verharrte einen Moment unentschlossen und versank. Drei Wochen lang würde ich sie nicht mehr zu Gesicht bekommen.

Kurz nach fünf überquerten wir die lange, einsame Brücke, die sich auf die Insel Kvaløy schwingt. Auf dieser Insel liegt Hammerfest. Wir befanden uns nun so weit nördlich, wie man auf der ganzen Welt mit einem öffentlichen Verkehrsmittel nur kommen kann. Hammerfest ist eine fast unvorstellbar entlegene Stadt – sie befindet sich 1600 Kilometer nördlich der Shetland Inseln, fast 1300 Kilometer nördlich der Färöer und selbst noch 240 Kilometer nördlicher als mein einsamer Professor an der nördlichsten Universität der Welt in Tromsø. Ich war dem Nordpol näher als London. Der Gedanke weckte mich aus meinem Dämmerschlaf und ließ mich die Nase gegen die kalte Fensterscheibe drücken.

Wir näherten uns Hammerfest von Norden her, über eine sich windende Küstenstraße. Als die Stadt schließlich vor uns lag, bot sie einen wunderschönen Anblick – ein Märchenland aus goldenen Lichtern, die sich über eine weitläufige Bucht bis in die Berge hinein verteilten. Ich hatte mir unter Hammerfest immer ein Dorf vorgestellt – ein paar Häuser rund um einen kleinen Hafen, vielleicht eine Kirche, ein Gemischtwarenladen und, wenn ich Glück hatte, eine Kneipe –, aber es war eine kleine Stadt. Eine goldene, kleine Stadt. Und das Leben sah wieder freundlicher aus.

Hammerfest

Ich nahm ein Zimmer im Håja-Hotel unweit des Hafens. Das Zimmer war klein, aber gemütlich, hatte ein Telefon, einen kleinen Farbfernseher und ein Bad. Ich war hochzufrieden und konnte es kaum erwarten, mir die Stadt anzusehen. Ich lud mein Gepäck ab, warf einen prüfenden Blick auf die sanitären Anlagen und zog aus, um Hammerfest zu erkunden.

Auf eine ich-muß-ja-zum-Glück-nicht-hier-leben Art und Weise schien es eine angenehme Stadt zu sein. Das Hotel befand sich in einem düsteren Viertel voller Reedereien und Lagerhäuser. Ich entdeckte auch ein paar Banken, eine sehr große Polizeistation und ein Postamt mit einer Reihe von Telefonzellen davor. Im Vorbeigehen fiel mir auf, daß die Telefonbücher in jeder einzelnen Zelle von einem vermutlich vor Langeweile Verzweifelten in Brand gesteckt worden waren und nun verkohlt an ihren Ketten hingen.

Ich ging zur Hauptstraße, der Strandgatan, die etwa 300 Meter am Hafen entlang verlief, auf der Landseite von verschiedenen Geschäften gesäumt – einer Bäckerei, einer Buchhandlung, einem Kino (geschlossen) und einem Café namens Kokken's – an der Hafenseite vom Rathaus, einer Reihe von weiteren Geschäften und der ebenso finsteren wie massigen Birds-Eye-Findus-Fischfabrik. In regelmäßigen Abständen hatte man Weihnachtsschmuck über die Straße gehängt, aber die Geschäfte waren ausnahmslos geschlossen. Abgesehen von einigen gelegentlich vorbeirasenden Taxen entdeckte ich nirgends Anzeichen von Leben.

Es war kalt, aber längst nicht so kalt, wie ich erwartet hatte. Und das war gut so, denn fast hätte ich mir in Oslo für 400 Kronen eine dieser lächerlichen Pelzmützen mit Ohrenschützern gekauft, wie man sie in Rußland trägt. Sosehr ich es auch hasse, in einer Menschenmenge aufzufallen, so überkommt mich doch gelegentlich dieser schreckliche innere Zwang, mich zum Gespött der Leute zu machen, und ich war nahe daran, mit dieser Russenmütze neue Maßstäbe zu setzen. Das hatte sich nun erübrigt.

Außerhalb des Stadtzentrums folgte die Straße den Windungen der Bucht und führte auf eine schmale Landspitze. Nach ungefähr einem Kilometer bot sich ein herrlicher Blick auf die Stadt hinter mir, die umgeben von dunklen Bergen so geschützt dalag wie in einer riesigen Hand. Die Bucht wirkte schwarz und unergründlich; nur das Rauschen des Wassers ließ ahnen, daß dort Leben war. Doch die Stadt selbst war hell und strahlte vor Behaglichkeit, eine Oase aus Wärme und Licht in der endlosen arktischen Nacht.

Von diesem ersten Streifzug zufriedengestellt, schlenderte ich zum Hotel zurück, wo ich ein leichtes, aber erstaunlich teures Abendessen zu mir nahm und anschließend dankbar zu Bett ging.

In der Nacht wurde ich von einem Sturm geweckt. Ich kroch zum Fenster und sah hinaus. Schnee wirbelte durch die Straße. Der Wind heulte. Blitze erhellten den Himmel. Noch nie hatte ich bei einem Schneesturm Blitze gesehen. »Ach du liebe Güte, wo bin ich?« stammelte ich, krabbelte ins Bett zurück und vergrub mich unter der Decke. Ich weiß nicht, wie spät es war, aber ich döste und wälzte mich vielleicht eine Stunde lang in der Dunkelheit, bis mir einfiel, daß es überhaupt nicht hell werden würde. So stand ich auf und sah aus dem Fenster. Der Sturm wütete noch immer. Auf dem Parkplatz der Polizeistation waren zwei Streifenwagen mit der Aufschrift POLITI fast bis zum Dach unter Schneewehen begraben.

Nach dem Frühstück wagte ich mich nach draußen. Die Straßen waren noch verlassen, und in den Hauseingängen türmte sich der Schnee. Auch jetzt trieb der Sturm noch seine Späße mit der Stadt. Die Straßenlaternen schwankten und flackerten. Wie von Krämpfen geschüttelt zuckte ihr Licht über den Schnee. Die Weihnachtsdekoration klirrte. Vor mir segelte ein Pappkarton über die Straße und wurde über den Hafen hinaus getragen. Es war sehr kalt. Auf der ungeschützten Straße in Richtung Landspitze wünschte ich wieder, ich hätte die Russenmütze doch gekauft. Der Sturm war erbarmungslos. Er trieb winzige Eispartikel vor sich her, die sich in meine Wangen bohrten. Ich vermummte mein Gesicht mit einem Schal, stemmmte mich gegen den Wind und trottete weiter.

Vor mir tauchte eine Gestalt im Schneegestöber auf. Der Mann trug eine Russenmütze, wie ich interessiert feststellte. Als er näher kam, zog ich meinen Schal aus dem Gesicht, um ihm einen heiteren Gruß zuzurufen – »Ziemlich frisch heute, was?« oder etwas in der Art –, doch er ging an mir vorbei, ohne mich auch nur anzusehen. Hundert Meter weiter kamen mir zwei weitere Leute entgegen, ein Mann und eine Frau, die schweigend in die Stadt marschierten. Auch sie gingen an mir vorbei, als wäre ich unsichtbar. Merkwürdige Leute, dachte ich.

Die Landspitze erwies sich als ziemlich uninteressant. Ein Durcheinander von Lagerhäusern und kleinen Werften, über denen sich Kräne ächzend gen Himmel reckten. Ich war gerade im Begriff umzukehren, als ich ein Schild entdeckte, das mir den Weg zu etwas mit dem Namen *Meridianstøtten* wies. Ich beschloß zu erkunden, was sich dahinter verbarg, und folgte einem Pfad an der dem tosenden Meer zugewandten Seite der Landspitze. Hier wütete der Sturm noch schlimmer. Zweimal hätte er mich fast hochgehoben und einige Meter vor sich her getragen. Nur die Spitzen meiner Stiefel berührten noch den Boden. Breitete ich die Arme aus, glitt ich nur vom Wind getrieben auf den Schuhsohlen dahin. Es machte unglaublichen Spaß. Irisches Windsurfing nannte ich es und ergötzte mich daran, bis ein unerwarteter Windstoß mir die Beine wegriß. Ich schlug so heftig mit dem Kopf auf das Eis, daß mir plötzlich wieder einfiel, wo ich vor Monaten den Schlüssel zum Kohlenschuppen liegengelassen hatte. Die Kopfschmerzen und der Gedanke, die nächste Böe könnte mich ins Meer schleudern, wie zwei Stunden zuvor den Pappkarton, ließen mich von dieser Sportart Abstand nehmen. Den Rest des Weges zum Meridianstøtten legte ich mit äußerster Vorsicht zurück.

Meridianstøtten war ein Obelisk, wie sich herausstellte. Er stand auf einem Hügel inmitten einer Landschaft aus Lagerhäusern. Später erfuhr ich, daß man ihn zum Gedenken an die erste wissenschaftliche Vermessung des Erdumfangs errichtet hatte, die im Jahr 1840 genau an dieser Stelle abgeschlossen worden war. (Die zweite historische Besonderheit von Hammerfest ist, daß es als erste Stadt Europas mit elektrischer Straßenbeleuchtung versorgt wurde.) Unter größter Anstrengung kletterte ich zum Obelisken hinauf, das Schneetreiben war jedoch inzwischen so dicht, daß ich die Inschrift nicht lesen konnte. Noch auf dem Rückweg in die Stadt nahm ich mir vor, an einem anderen Tag wiederzukommen, doch ich war bis heute nicht dort.

Am Abend speiste ich im Restaurant des Hotels, gönnte mir anschließend an der Bar ein paar Bier für fünfzig Øre pro Schluck und dachte, daß sich der Laden sicher bald mit Leben füllen würde. Es war schließlich Silvester. Aber es blieb so ruhig wie in einer Leichenhalle mit Alkoholausschank. Zwei Männer in Rentier-Pullovern saßen vor ihren Gläsern und starrten schweigend in den leeren Raum. Nach einer Weile bemerkte ich einen weiteren Gast, der allein in einer dunklen Ecke saß. Nur seine glühende Zigarette verriet ihn in der Dunkelheit. Als der Kellner kam, um meinen Teller abzuräumen, fragte ich ihn, was man an einem Abend wie diesem in Hammerfest unternehmen könne. Er überlegte einen Moment und schlug dann vor: »Warum gehen Sie nicht zum Postamt und zünden die Telefonbücher an?«

Das hat er natürlich nicht gesagt, als er mir nämlich gerade antworten wollte, meldete sich die einsame Gestalt in der Ecke zu Wort, was sich in etwa so angehört haben muß: »Hey, du trübe Tasse, du dämliches Stück Rentierscheiße, wie lange soll das noch dauern, bis man hier mal bedient wird?«, denn der Kellner ließ so abrupt meinen Teller auf den Tisch fallen, daß das Besteck zu tanzen begann, ging schnurstracks auf den Mann zu, zerrte ihn wutschnaubend vom Stuhl, schob ihn unter großen Schwierigkeiten zur Tür und stieß ihn in den Schnee hinaus. Als er mit gerötetem Gesicht und unruhigem

Blick wieder an meinen Tisch kam, sagte ich heiter »Ich hoffe, Sie begleiten nicht all Ihre Gäste so zur Tür!«, aber er war nicht in der Stimmung für Witze und entfernte sich eingeschnappt. So sollte ich nie erfahren, wie man sich an einem Abend wie diesem in Hammerfest die Zeit vertreiben konnte, es sei denn, es war einem danach zumute, Telefonbücher in Brand zu stecken, Kellner zu beleidigen oder zu heulen.

Eine halbe Stunde vor Mitternacht – in der Bar herrschte noch immer gähnende Leere – verließ ich das Hotel, um herauszufinden, ob anderswo mehr los war. Der Wind hatte sich gelegt, dennoch waren die Straßen so gut wie leer. In jedem Fenster brannte Licht, aber nichts sprach dafür, daß irgendwo gefeiert wurde. Dann, kurz vor Mitternacht, ich wollte gerade ins Hotel zurückgehen, geschah etwas Seltsames. Alle Menschen traten aus ihren Häusern auf die Straße und veranstalteten ein Feuerwerk. Ein gewaltiges Feuerwerk. Die Feuerwerkskörper schossen mit schrillen Tönen in den Himmel, explodierten mit lautem Knall und erfüllten die Nacht mit Farbe und Funken. Eine halbe Stunde lang knallte und glitzerte es auf der ganzen Halbinsel, über dem Hafen, selbst über dem Meer. Dann, genau eine halbe Stunde nachdem es begonnen hatte, ging jedermann in sein Haus zurück, und Hammerfest legte sich wieder zur Ruhe.

Die Tage vergingen. Jeden Tag machte ich mindestens drei lange Spaziergänge und hielt nach dem Nordlicht Ausschau. Abends ging ich stündlich nach draußen, um zu sehen, ob sich am Himmel etwas rührte, aber nichts geschah. Manchmal stand ich nachts auf und warf einen Blick aus dem Fenster – vergeblich. Ein- oder zweimal am Tag schneite es dicke, flauschige Flocken, doch ansonsten war der Himmel klar. Jedermann sagte mir, dies sei das ideale Wetter für das Nordlicht. »Sie hätten kurz vor Weihnachten hier sein sollen – ah, es war wunderbar«, schwärmten sie und beteuerten, daß es in dieser Nacht ganz bestimmt wieder soweit sein würde. »Heute abend um elf Uhr gehen Sie nach draußen. Dann werden Sie schon sehen.« Aber ich sah nichts.

Wenn ich nicht gerade spazierenging oder den Himmel absuchte, saß ich in der Hotelbar und trank Bier oder lag auf dem Bett und las. Ein-, zweimal habe ich versucht, auf meinem Zimmer fernzusehen. In Norwegen gibt es nur ein Fernsehprogramm, und das ist verblüffend schlecht. Nicht nur, daß die Sendungen langweilig sind, und das sind sie zweifellos, vor allen Dingen ist das Ganze so herrlich unprofessionell. Ist ein Film zu Ende, sieht man dreißig Sekunden lang nichts als verkratzte, weiße Kreise – wie damals, wenn Dad uns zu Hause seine Filme vorführte und nicht rechtzeitig den Projektor ausstellte, sobald ein Film abgelaufen war –, und dann erscheint plötzlich ein Ansager im Scheinwerferlicht und sieht so aufgeschreckt aus, als wäre er gerade im Begriff gewesen, etwas zu tun, wovon die Nation nichts wissen sollte. Der Ansager, immer ein attraktiver junger Mann oder eine attraktive junge Frau in flottem Pullover und mit kunstvoll modellierter Frisur, füllt die langen Pausen zwischen den Sendungen mit endlosen Vorschauen auf die noch bevorstehenden Höhepunkte des Fernsehabends: ein Dokumentarfilm über den Abbau von Mineralien in Narvik, ein napoleonisches Schauspiel in historischen Kostümen, in dem die Hauptdarsteller Schnurrbärte tragen, die unverkennbar nicht ihre eigenen sind, und herumstolzieren, als hätten sie einen Besenstiel verschluckt (was ihre Vorstellung jedoch keineswegs beeinträchtigen soll), und zu guter Letzt eine Jazz Session mit den Siggi Wurtmuller Rhythm Cadettes. Das Vorteilhafteste, das sich über das norwegische Fernsehen sagen läßt, ist, daß es seinen Zuschauern ermöglicht, die Sinneseindrücke eines Komas ohne die dazugehörigen Unannehmlichkeiten erleben zu können.

Ich kam mir allmählich vor wie jemand, dem sein Arzt absolute Ruhe verordnet hat (»Sie sollten irgendwohin fahren, wo es ganz und gar langweilig ist und wo es für Sie rein gar nichts zu tun gibt.«). Noch nie hatte ich so lange und so gut geschlafen. Noch nie hatte ich soviel Freizeit, daß ich ganze Tage vertrödeln konnte. Auf einmal hatte ich Zeit für alles Mögliche: Ich konnte die Schnürsenkel aus meinen Stiefeln ziehen und solange wieder einfädeln, bis die Enden *exakt* gleichlang waren, ich konnte den Inhalt meiner Brieftasche ordnen, mich um die Haare in meiner Nase kümmern, all die Dinge auflisten, die ich tun würde, wenn ich etwas zu tun hätte. Manchmal saß ich auf der Bettkante und starrte einfach Löcher in die Luft. Selbstgespräche waren keine Seltenheit. Meistens unternahm ich lange, kalte Spaziergänge und beobachtete den ereignislosen Himmel, um anschließend in der wohligen Wärme hinter den beschlagenen Fenstern von Kokken's Café einen Kaffee zu trinken.

So ungefähr stelle ich mir das Leben eines Rentners vor, dachte ich. Ich begann sogar, ein kleines Notizbuch mit auf meine Spaziergänge zu nehmen, um meinen Tagesablauf darin festzuhalten, genau wie es mein Vater tat, nachdem er sich zur Ruhe gesetzt hatte. Tag für Tag marschierte er zu der Imbißstube im Supermarkt unseres Viertels, und kam man gerade vorbei, sah man ihn in seine Notizbücher schreiben. Nach seinem Tod fanden wir einen ganzen Schrank voll mit diesen Büchern, und jedes einzelne war gefüllt mit Eintragungen wie: »4. Januar. Bin zum Supermarkt gegangen. Habe zwei Tassen koffeinfreien Kaffee getrunken. Wetter mild.« Plötzlich verstand ich, warum er das tat.

Nach und nach bekam ich Kontakt zu den Einheimischen. Mit der Zeit kannte man mich im Kokken's und im Postamt und in der Bank, und immer häufiger wurde ich mit einem erkennenden Nicken gegrüßt. In der Hotelbar gehörte ich schon fast zum Inventar. Ich schätze, dort galt ich als harmloser Exzentriker, als der Mann aus England, der kam und blieb und blieb.

Eines Tages, als mir überhaupt nichts Besseres einfiel, suchte ich den Bürgermeister auf. Ich sagte ihm, ich sei Journalist, aber im Grunde wollte ich nur mit jemandem reden. Er hatte ein Gesicht wie ein Leichenbestatter und trug Jeans und ein blaues Arbeitshemd, in dem er einem Sträfling auf Hafturlaub beunruhigend ähnlich sah. Aber er war sehr nett und berichtete mir ausführlich von den wirtschaftlichen Problemen der Stadt. Als wir uns verabschiedeten, sagte er:

»Sie müssen uns mal besuchen kommen. Ich habe eine sechzehnjährige Tochter.« Das ist ja unheimlich großzügig, dachte ich, aber ich bin ein glücklich verheirateter Mann. »Sie würde sich sehr freuen, mit jemandem Englisch sprechen zu können.«

Aha. Ich wäre gekommen, aber es folgte nie eine Einladung. Anschließend ging ich zu Kokken's und schrieb in mein Tagebuch: »Habe den Bürgermeister interviewt. Wetter kalt.«

An einem Sonntag nachmittag bekam ich zufällig mit, daß sich ein Mann etwa meines Alters mit dem Eigentümer des Hotels auf Norwegisch unterhielt, mit seinen Kindern aber feinstes Londoner Englisch sprach. Sein Name war Ian Tonkin. Er war Engländer, hatte ein Mädchen aus Hammerfest geheiratet und unterrichtete nun Englisch am dortigen Gymnasium. Er und seine Frau Peggy luden mich zum Abendessen ein, tischten Unmengen von Rentierfleisch (köstlich) und Moltebeeren (geheimnisvoll, aber ebenfalls köstlich) auf und waren die Freundlichkeit in Person. Als sie von meinem vergeblichen Warten auf das Nordlicht hörten, sprachen sie mir ihr Mitgefühl aus. »Du hättest kurz vor Weihnachten hier sein sollen – ah, es war wunderbar«, sagten sie.

Peggy erzählte mir eine traurige Geschichte. Als sich die Deutschen 1944 auf dem Rückzug befanden, brannten sie Hammerfest nieder, damit die Stadt der vorrückenden russischen Armee keinen Schutz bieten konnte. Die Einwohner wurden mit Schiffen evakuiert und sollten den Rest des Krieges in der Fremde verbringen. Während sie den Hafen verließen, mußten sie zusehen, wie ihre Häuser in Flammen aufgingen. Peggys Vater zog die Hausschlüssel aus der Tasche, warf sie über Bord und seufzte: »Die werden wir wohl nicht mehr brauchen.« Nach dem Krieg kehrten die Leute nach Hammerfest zurück. Bis auf die Kapelle lag alles in Schutt und Asche. Mit kaum mehr als ihren bloßen Händen bauten die Leute ihre Stadt wieder auf, Haus für Haus. Mag es auch keine besondere Stadt gewesen sein, mag sie auch am Ende der Welt gelegen haben, es war ihre Stadt, und sie liebten sie, und ich glaube nicht, daß ich jemals eine Gruppe von Menschen so sehr bewundert habe.

Von Peggy und Ian und von all den anderen, mit denen ich sprach, habe ich vieles über Hammerfest erfahren. Ich weiß von den Schwierigkeiten der Fischindustrie, von der auf die eine oder andere Weise jeder in der Stadt abhängig war, vom aufregenden Mordprozeß im letzten Jahr und von der Inkompetenz der Stadtverwaltung in Sachen Schneebeseitigung. Allmählich fühlte ich mich in der Stadt wie zu Hause. Meine Anwesenheit dort wurde für mich mit jedem Tag selbstverständlicher, und mein wirkliches Leben in England rückte mehr und mehr in die Ferne und schien schließlich nur ein Traum zu sein.

An meinem sechzehnten Tag in Hammerfest geschah es. Ich befand mich auf dem Rückweg von meinem allmorgendlichen Spaziergang zur Landspitze, als ich in einem leeren Stück Himmel über der Stadt eine transparente Wolke sah. Sie schillerte in den verschiedensten Farben, in Rosa-, in Grün- und Blautönen und in blassem Violett, und breitete sich langsam über den Himmel aus. Sie wirkte seltsam ölig, wie die Regenbögen, die man manchmal in Benzinlachen sieht. Ich stand da wie angewurzelt.

Aus Büchern wußte ich, daß das Nordlicht in der hohen Atmosphäre, in etwa 350 Kilometern Höhe auftritt, aber dieses Naturschauspiel schien sich direkt über der Stadt zu ereignen. Es gibt zwei Arten von Nordlicht – die Vorhänge aus schimmernden Spinnfäden, die wir alle von Bildern kennen, und die weitaus selteneren Gaswolken, die ich nun anstarrte. Keine Wolke sieht aus wie die andere. Manchmal schießen sie mit atemberaubender Geschwindigkeit geisterhaft über den Himmel, wie Rauch durch einen Windkanal, und manchmal hängen sie wie leuchtende Gardinen oder glitzernde Lichtspeere am Firmament, und sehr selten – vielleicht ein- oder zweimal in hundert Jahren – geschieht es, daß sie aus allen Himmelsrichtungen über den Horizont gekrochen kommen, um ineinanderzufließen und sich zu einer lautlosen Explosion aus Licht und Farbe zu vereinen.

In der raumlosen Schwärze einer Landschaft, die hundert Kilometer von der nächsten künstlichen Lichtquelle entfernt liegt, können diese Lichterscheinungen die erstaunlichsten, ja unheimlichsten optischen Täuschungen hervorrufen. Sie scheinen direkt aus dem Himmel zu fahren und mit bedrohlicher Geschwindigkeit auf einen zuzusteuern, als wollten sie einem an den Kragen. Es muß beängstigend sein. Viele Samen sind bis heute fest davon überzeugt, daß das Licht jeden holen kommt, der ihm ein weißes Taschentuch oder ein weißes Blatt Papier entgegenhält.

Dieses Schauspiel war relativ unscheinbar und dauerte nur ein paar Minuten, und dennoch hatte ich nie etwas Schöneres gesehen.

Doch schon am Abend sollte ich Zeuge einer noch glanzvolleren Darbietung des Nordlichts werden. Sie dauerte Stunden und bestand aus nur einer Farbe, diesem unheimlich leuchtenden Grün, das man auf Radarschirmen sieht, das Licht war dafür aber um so aktiver. Schmale Wirbel jagten über die gigantische Himmelskuppel und hingen dann im Raum wie Schweife aus Dunst. Manchmal huschten die Lichter über den Himmel wie Sternschnuppen, manchmal kräuselten sie sich träge und erinnerten mich an den Rauch, der gemächlich aus der Pfeife meines Vaters stieg, wenn er las. Oder das Licht flackerte hell im Westen, war plötzlich verschwunden und leuchtete im nächsten Augenblick hinter mir wieder auf, als wollte es mich an der Nase herumführen. Ständig drehte und wendete ich mich, um es zu sehen. Wer nicht selbst einmal versucht hat, den ganzen Himmel im Auge zu behalten, kann sich gar nicht vorstellen, wie immens groß er ist. Und das Unheimlichste daran war die Stille. Man möchte meinen, daß bei einem so regen Treiben zumindest ein gelegentliches Rauschen oder so etwas wie ein atmosphärisches Knistern zu hören ist, aber alles war still. All diese Energie verpuffte ohne einen Laut.

Mir war sehr kalt. Ich trug drei Paar Socken in meinen Stiefeln, und doch waren meine Zehen taub. Trotz möglicher Frostbeulen harrte ich zwei Stunden in der Kälte aus und beobachtete den Himmel, unfähig, mich von dem Anblick loszureißen.

Am nächsten Tag ging ich ins Touristen-Informationsbüro. Ich wollte Hans, dem Direktor des Büros, mit dem ich mich inzwischen angefreundet hatte, meine Neuigkeiten berichten und mir für die nächste Woche einen Platz im Bus reservieren lassen, denn nun gab es keinen Grund mehr, noch länger hier herumzuhängen. Hans sah mich überrascht an und sagte: »Weißt du das gar nicht? Nächste Woche fährt kein Bus. Er muß zur Inspektion nach Alta.«

Ich war am Boden zerstört. Noch zwei Wochen in Hammerfest. Was sollte ich dort noch zwei Wochen lang mit mir anfangen?

»Aber du hast Glück«, fügte Hans hinzu. »Du kannst heute fahren.«

Nun verstand ich gar nichts mehr. »Was?«

»Der Bus hätte eigentlich gestern hier sein sollen, aber er saß bei Kautokeino im Schnee fest. Deshalb ist er heute morgen erst angekommen. Hast du ihn nicht da draußen gesehen? Er fährt heute noch zurück.«

»Heute? Wirklich? Wann?«

Mit der Seelenruhe eines Menschen, der seit Jahren am Ende der Welt lebt und auch weiterhin dort leben wird, sah er auf seine Uhr. »Oh, in ungefähr zehn Minuten, glaube ich.«

Zehn Minuten! Ich habe mich selten so beeilt. Ich rannte zum Bus, bat den Fahrer inständig, nicht ohne mich abzufahren, bezweifelte, daß er mein Flehen verstanden hatte, und rannte zum Hotel, warf meine Sachen in den Koffer, bezahlte die Rechnung, bedankte mich und rannte wieder los. Einzelne Kleidungsstücke hinter mir her schleifend, erreichte ich den Bus gerade noch im letzten Augenblick.

Das Sonderbare war, daß ich, während wir Hammerfest verließen, für einen Moment den Wunsch verspürte zu bleiben. Es war eine angenehme Stadt. Ich mochte die Menschen. Sie hatten mich freundlich aufgenommen. Unter anderen Umständen wäre ich vielleicht geblieben und hätte mich dort niedergelassen. Doch dann wurde mir klar, wie verrückt dieser Gedanke war. Es war höchste Zeit, nach Oslo und in die wirkliche Welt zurückzukehren. Außerdem gab es da eine Mütze, die ich mir kaufen mußte.

Oslo

Während meiner ersten Europareise bin ich in Kopenhagen einmal allein ins Kino gegangen. In dänischen Kinos bekommt man auf der Eintrittskarte einen bestimmten Platz zugewiesen. Ich betrat also den Zuschauerraum und stellte fest, daß sich mein Platz direkt neben den beiden einzigen anwesenden Zuschauern befand. Es war ein junges Paar, das sich so leidenschaftlich umschlungen hielt, wie man es sonst nur am Ende sehr langer Kriege in den Häfen dieser Welt sieht. Da ich es weder fertigbrachte, mich neben sie zu setzen, noch sie zu fragen, ob ich mich an ihrer Knutscherei beteiligen dürfe, nahm ich diskret ein paar Meter von ihnen entfernt Platz.

Mehr und mehr Leute kamen ins Kino, warfen einen Blick auf ihre Eintrittskarten und füllten die Plätze um uns herum. Als der Film begann, hatten sich etwa dreißig Zuschauer eingefunden, die allesamt dicht beieinander in der Mitte eines riesigen und ansonsten leeren Zuschauerraumes saßen. Der Film lief gerade zwei Minuten, da bahnte sich eine mit Einkaufstaschen beladene Frau mühevoll den Weg durch meine Reihe, blieb vor mir stehen und machte mich entrüstet und mit strenger Miene darauf aufmerksam, daß ich auf ihrem Platz saß. Daraufhin begannen die Platzanweiserinnen mit ihren Taschenlampen herumzufuchteln, und jedermann in meiner Nachbarschaft warf erneut einen besorgten Blick auf seine Eintrittskarte, bis sich herumgesprochen hatte, daß ich ein amerikanischer Tourist war und deshalb natürlich unfähig, die simpelsten Platzanweisungen zu befolgen, und man geleitete mich an den mir zugewiesenen Platz zurück.

So saßen wir denn alle beisammen und sahen uns den Film an. Dreißig Menschen, so dicht aneinandergedrängt wie Flüchtlinge in einem überladenen Rettungsboot, rieben sich die Schultern und teilten ihre persönlichsten Geräusche. Und es kam mir in den Sinn, daß es da gewisse Dinge gibt, die manche Nationen besser beherrschen als alle anderen, und daß es wiederum andere Dinge gibt, die sie mit Abstand schlechter in den Griff bekommen, und ich begann mich zu fragen, warum das so ist.

Manchmal sind die kleinen Erfindungen einer Nation so einzigartig und brillant, daß wir sie automatisch mit dem Land in Verbindung bringen – wie die Doppeldeckerbusse in Großbritannien, die Windmühlen in Holland (was für eine geniale Ergänzung zu einer flachen Landschaft; stellen Sie sich vor, wie sie den Staat Nebraska verändern würden) und die Straßencafés in Paris. Und so gibt es ein paar Dinge, mit denen die meisten Länder spielend zurechtkommen, die andere Länder vor schier unlösbare Probleme stellen.

Nehmen wir die Franzosen. Sie schaffen es einfach nicht, vernünftig Schlange zu stehen. Sie geben sich die größte Mühe, aber es klappt nicht. Zwar sieht man an allen Bushaltestellen in Paris geordnete Warteschlangen, aber nur solange, bis ein Bus hält. Dann löst sich die Schlange in Wohlgefallen auf, und es geht zu wie bei einem Probealarm in der Irrenanstalt, denn jeder versucht, sich als erster in den Bus zu drängeln, und keiner begreift, daß das Schlange stehen so seinen Sinn verliert.

Die Briten haben dagegen so ihre Probleme mit einigen elementaren Grundsätzen der Eßkultur, was sich vor allem darin äußert, daß sie Hamburgern instinktiv mit Messer und Gabel zu Leibe rücken. Außerdem benutzen viele von ihnen zu meiner fortwährenden Verwunderung ihre Gabel verkehrt herum und balancieren das Essen auf deren Rücken zum Mund. Seit anderthalb Jahrzehnten lebe ich nun in diesem Land, und noch immer muß ich mich in Pubs und Restaurants sehr beherrschen, um nicht auf einen Fremden zuzugehen und ihm zu zeigen, wie man mit diesem Instrument umgeht, ohne daß die Erbsen über den Tisch kullern.

Deutsche lassen sich durch Humor aus dem Konzept bringen, Schweizer haben keine Ahnung, was Spaß ist, Spanier halten es für ganz und gar nicht lächerlich, um Mitternacht zu Abend zu essen, und Italiener hätten niemals von der Erfindung des Automobils erfahren dürfen.

Eines der kleinen Wunder auf meiner ersten Europareise war die Entdeckung, wie vielfältig die Welt sein kann, daß man ein und dieselben Dinge auf so verschiedene Weise handhaben kann, wie essen und trinken und ins Kino gehen. Es faszinierte mich, daß sich Europäer auf der einen Seite so ähnlich sein können – sie haben eine gute Allgemeinbildung, fahren kleine Autos, leben in kleinen Häusern inmitten alter Städte, sind Fußballfans, sind relativ wenig materialistisch und im allgemeinen gesetzestreu, haben kühle Hotelzimmer und gemütliche Restaurants und Kneipen – und daß es gleichzeitig unter ihnen so abgrundtiefe und unberechenbare Unterschiede gibt. Ich fand es herrlich, daß ich in Europa nie wußte, woran ich war.

Und ich genieße es noch immer, nie genau zu wissen, was eigentlich los ist. In meinem Hotel in Oslo, wo ich mich nach meiner Rückkehr aus Hammerfest vier Tage aufhielt, legte mir das Zimmermädchen jeden Morgen etwas mit dem Namen *Bio Tex Blå* aufs Zimmer. Auf der Packung stand »minipakke for ferie, hybel og weekend«. Wieviele glückliche Stunden habe ich daran herumgeschnüffelt, und bis heute weiß ich nicht, ob es nun zum Wäsche waschen gedacht war oder zum Gurgeln oder zum Reinigen der Toilettenschüssel. Ich habe jedenfalls meine Wäsche damit gewaschen – sie wurde strahlend sauber –, aber wo ich auch während der folgenden Tage in Oslo aufkreuzte, immer kam es mir so vor, als würden die Leute hinter meinem Rücken tuscheln: »Mein Gott, stinkt der Mensch nach WC-Reiniger!«

Wenn ich Freunden in London von meinen Plänen erzählte, durch Europa zu reisen und ein Buch darüber zu schreiben, sagten sie: »Oh, dann sprichst du sicher viele Sprachen?«

»Wieso? Nein«, antwortete ich nicht ohne Stolz, »nur Englisch.« Und sie sahen mich an, als hätte ich nicht alle Tassen im Schrank. Das ist ja gerade das Schöne an Auslandsreisen, finde ich jedenfalls. Ich *will* gar nicht verstehen, worüber die Leute reden. Ich wüßte nicht, was mehr kindliches Staunen erregt, als in einem Land zu sein, in dem man sich mit so gut wie nichts auskennt. Auf einmal ist man wieder fünf Jahre alt. Man kann nichts lesen, man hat nur eine sehr vage Vorstellung vom Lauf der Dinge, man kann nicht mal eine Straße überqueren, ohne dabei sein Leben zu riskieren. Das gesamte Dasein wird zu einer Folge interessanter Vermutungen.

Es macht mir großen Spaß, ausländische Fernsehsendungen zu verfolgen und zu raten, worum es geht. An meinem ersten Abend in Oslo sah ich eine naturwissenschaftliche Sendung, in der zwei Männer, umgeben von den verschiedensten Tieren, in einem Studio standen und sich unterhielten. »Und Sie pflegen tatsächlich mit all diesen Kreaturen sexuelle Beziehungen?« fragte der Moderator gerade, während ihm eine Wühlmaus über den Ärmel krabbelte.

»Selbstverständlich«, antwortete sein Gast. »Mit den Stachelschweinen muß man natürlich vorsichtig sein, und die Lemminge können sehr neurotisch reagieren, wenn sie glauben, daß man sie nicht mehr liebt. Gelegentlich stürzen sie sich sogar über die Klippen ins Meer. Aber im allgemeinen sind diese Tiere ausgesprochen zärtliche Partner, und der Sex ist einfach nicht von dieser Welt.«

»Na, das ist doch wunderbar. In der nächsten Woche werden wir uns damit beschäftigen, wie man aus einfachen Haushaltschemikalien aus Ihrem Arzneischrank Halluzinogene herstellt. Aber nun müssen wir uns von Ihnen verabschieden.« Nach einer kurzen Pause wird unser Ansager im Scheinwerferlicht erscheinen und so aufgeschreckt aussehen, als wollte er *gerade* in der Nase bohren. »Und damit auf Wiedersehen, bis zur nächsten Woche.«

Nach der Eintönigkeit von Hammerfest war Oslo eine Wohltat. Auch dort war es kalt, und gräulicher Schnee flog durch die Luft, aber nach Hammerfest kam es mir beinahe tropisch vor. Meine Pläne, eine Pelzmütze zu kaufen, gab ich bald auf. Ich besichtigte die Museen und machte einen Tagesausflug auf die Halbinsel Bygdøy, wo an bewaldeten Hängen, mit Blick über das eisige Wasser des Hafens, die schönsten Häuser der Stadt stehen. Meistens hielt ich mich jedoch im Stadtzentrum auf, schlenderte zwischen Bahnhof und Königspalast hin und her, betrachtete die Schaufenster an der Karl Johans Gate, ergötzte mich an all den vielen Lichtern, mischte mich unter die glücklichen, gesunden und unerbittlich jugendlichen Norweger und freute mich des Lebens, dankbar, Hammerfest entronnen und wieder in der taghellen Welt zu sein. Wurde mir kalt, setzte ich mich in ein Café, belauschte Gespräche, die ich nicht verstehen konnte, oder studierte meinen *Thomas Cook European Timetable* mit verhaltener Ehrfurcht und plante die weiteren Stationen meiner Reise.

Der *Thomas Cook European Timetable* ist das wohl wunderbarste Buch, das je geschrieben wurde. Es ist unmöglich, seine 500 dicht mit Fahrplänen bedruckten Seiten durchzublättern, ohne zwei Armvoll Klamotten in seinen Koffer stopfen und sofort losfahren zu wollen. Jede Seite verspricht romantischen Zauber: »Montreux-Zweisimmen-Spiez-Interlaken«, »Beograd-Trieste-Venezia-Verona-Milano«, »Göteborg-Laxå-(Hallsberg)-Stockholm«, »Ventimiglia-Marseille-Lyon-Paris«. Wen packt bei diesen Namen nicht das Fernweh? Wer kann sie lesen, ohne im Geiste einen dampfenden Bahnsteig vor sich zu sehen, auf dem es von erwartungsvollen Reisenden wimmelt, auf dem sich neben einem eleganten, endlos langen Zug Gepäckstücke türmen, um an die exotischsten Ziele befördert zu werden? Wer würde bei Namen wie »Moskva-Warszawa-Berlin-Basel-Genève« nicht neidvoll auf die glücklichen Menschen blicken, die eine solch geschichtsträchtige Reise antreten? Nun ja, Sunny von Bülow zum Beispiel. Ich jedenfalls könnte stundenlang über diesen Fahrplänen hocken, jeder einzelne ein geheimnisvolles Dickicht aus Uhrzeiten, Zahlen, Entfernungen, mysteriösen, kleinen Piktrogrammen – wie Messern und Gabeln, Weingläsern, Kreuzen, Spitzhacken (was *die* wohl zu bedeuten haben?), Fährschiffen und Bussen – und von verwirrend abstrusen Fußnoten:

873–4 Von/nach Storlien – siehe Tabelle 473.

977 Lapplandspillen – siehe Tabelle 472. Fahrtunterbrechungen nur zum Aussteigen. An (7) Wagen in Zug 421.

k Reservierungen ratsam.

t An diesen Bahnhöfen kein Ein- und Aussteigen.
x Über Västerås nur (4), (5), (6), (7).

Was mag das alles bedeuten? Ich habe keine Ahnung. Man kann das Thomas Cook Buch jahrelang studieren, ohne jemals seine tiefgründige Vielschichtigkeit ganz zu begreifen. Und doch handelt es sich hier um Dinge, die Einfluß auf unser Leben nehmen können. Wieviele Menschen landen alljährlich Hunderte von Kilometern von ihrem Ziel entfernt, weil sie eine Fußnote übersehen haben, die da lautet: »Ab Karlskrona nonstop bis zum nördlichen Polarkreis – siehe Tabelle 721 a/b. Heißwasser-Flasche wird empfohlen. Schiffszwieback nur nach Murmansk. Rückfahrt über Anchorage und Mexicali. Oh Mann, oh Mann, diesmal hast du aber wirklich Scheiße gebaut, Kumpel?«

Hammerfest war nur so etwas wie eine Lockerungsübung. Von nun an sollte richtig gereist werden – und damit meine ich, von einem Ort zum anderen. Ich hatte große Lust, durch die Lande zu streifen. Ich wollte durch Europa ziehen, Plakate für Filme sehen, die niemals in Großbritannien gezeigt würden, staunend vor Reklametafeln voller exotischer Umlaute, Cedillen und øs stehen, die wie Parkverbotsschilder aussehen, Popsongs hören, die beim allerbesten Willen nur in ihrem eigenen Land zu einem Hit werden konnten, Leute treffen, deren Wege sich nie wieder mit den meinen kreuzen würden. Ich wollte irgendwo sein, wo mir alles hoffnungslos fremd war, vom Funktionieren eines öffentlichen Telefons bis zu den Eßgewohnheiten.

Ich wollte mich verblüffen und bezaubern lassen, die unermeßliche, verführerische Vielfalt eines Kontinents erleben, auf dem man irgendwo in einen Zug steigt und eine Stunde später an einem Ort sein kann, an dem die Leute eine andere Sprache sprechen, anderes Essen essen, zu anderen Zeiten arbeiten, ein Leben leben, das so anders und auf seltsame Weise doch so ähnlich ist. Ich wollte ein Tourist sein.

Aber vorher wollte ich nach Hause.

Paris

Ich kehrte nach England zurück und wartete, daß der Winter verging. Ich verbrachte lächerlich viel Zeit mit Einkäufen für die Reise – ich erstand einen Reisewecker, ein schweizer Armeemesser und einen Rucksack in grellem Grün und Gelb, von dem meine Frau behauptete, er sei genau das richtige für den Fall, daß ich einmal auf einem Campingplatz für Schwule landen sollte – und stöberte einen ganzen Tag lang auf dem Dachboden herum, auf der Suche nach meinen geliebten Kümmerly-und-Frey-Karten. 1972 hatte ich fast die gesamte Europaausgabe gekauft, eine der wenigen intelligenten Investitionen meiner jungen Jahre. Was sage ich da? Es war *die* intelligente Investition meiner jungen Jahre.

Sie wurden in der Schweiz hergestellt, mit all der Präzision, die dazugehört, und mit dem entsprechenden Kostenaufwand. In jeder der flotten blaugelben Kümmerly-und-Frey-Mappen steckten die Landkarten von jeweils ein oder zwei Ländern. Ausgebreitet waren sie riesengroß und wunderschön gedruckt auf Qualitätspapier. Aber das Beste an ihnen war, daß sie nur in Deutsch und Französisch herausgegeben wurden, was den Karten einen Hauch von Exotik verlieh, der mir heute noch ebenso imponiert wie 1972. Ein Reisender, der Karten mit Titeln wie »Bulgarien 1 : 1 Mio.« oder »Schwarzwald 1 : 250 000« bei sich trägt, strahlt entschieden mehr Weltgewandheit aus und wird gleich viel ernster genommen. Die Karten signalisieren der Welt, daß niemand ihrem Besitzer etwas vormachen kann.

Abend für Abend saß ich vor einem Stapel K&Fs und dem neuesten *Thomas Cook European Timetable* und versuchte, eine Reiseroute zusammenzustellen, die sowohl umfassend als auch realisierbar war, und das war gar nicht leicht. Europa zu systematisieren, ist ausgesprochen schwierig. Man kann nicht von Küste zu Küste fahren. Es gibt nur wenige geographische Merkmale, die sich als natürliche Ausgangs- und Endpunkte einer Reise anbieten, und die, die sich dafür eignen – die Alpen, der Rhein, die Donau –, würden mich entweder körperlich überfordern, oder ich hatte sie schon mehr als einmal gesehen. Vor allem aber ist Europa einfach zu groß und randvoll mit Sehenswürdigkeiten. Es gibt praktisch keinen Ort, den es sich nicht zu besuchen lohnt.

Es lief darauf hinaus, daß ich beschloß, mehr oder weniger aufs Geratewohl loszufahren. Ich würde die Fährte da wieder aufnehmen, wo ich sie verlassen hatte, in Oslo, um mich dann von Lust und Laune treiben zu lassen. Etwa eine Woche vor meinem Abflug kam mir jedoch plötzlich die eiskalte Erkenntnis, daß Oslo der letzte Ort war, an dem ich zu sein wünschte. In Oslo war es noch immer Winter, und mein letzter Aufenthalt in dieser Stadt lag gerade zwei Monate zurück. Da vernahm ich eine Stimme, die mir von irgendwoher zuflüsterte: »Los, Bill, fahr nach Paris.« Und das tat ich.

In meinem Reisebüro in Yorkshire wurde ich von einer Angestellten bedient, deren geographische Kenntnisse der Welt südlich von Leeds ein wenig verschwommen sind (einmal hatte ich sie gebeten, mir einen Flug nach Brüssel zu buchen, und zehn Minuten später rief sie mich zurück und fragte: »Meinen Sie das Brüssel in Belgien, Mr. Bryson?«). Sie reservierte mir ein Hotelzimmer im 742. Arrondissement, ein reizloses Viertel praktisch am Stadtrand von Calais. Dem Hotel gegenüber befand sich eine funkelnagelneue Sporthalle, deren Architektur vage an einen Hügel erinnerte: Zu allen Seiten war sie von kurz gehaltenem Gras bewachsen, das allerdings keinerlei Funktion zu erfüllen schien, denn die Wände waren zu steil, als daß man auf dem Gras hätte laufen oder sitzen können. So diente es nur dem einen Zweck, daß der Architekt von sich sagen konnte: »Schaut alle her. Ich habe ein Bauwerk entworfen, auf dem Gras wächst. Bin ich nicht toll?« Und dies ist, wie wir bald sehen werden, die große Schwäche der Pariser Architekten.

Das Hotel selbst war eines dieser sterilen, modernen Gebäude, die mich immer an die Werbung einer der privaten, britischen Krankenversicherer erinnern. Wenigstens gab es dort nicht diese sonderbaren Schaltuhren, die, wie sonst in französischen Hotelkorridoren üblich, nach zehn oder fünfzehn Sekunden automatisch das Licht ausschalten. Bei meiner ersten Europareise hatte ich mit dieser vermutlich als Sparmaßnahme gedachten Erfindung schwer zu kämpfen. Hatte man sein Zimmer in unmittelbarer Nähe des Fahrstuhls, war es nicht weiter problematisch, lag es jedoch am anderen Ende des Ganges, und Pariser Hotelkorridore können sehr lang sein, mußte man den letzten halben Kilometer in totaler Finsternis zurücklegen, sich mit den Handflächen an den Wänden entlang tastend, und kollidierte unweigerlich mit der Ecke eines Eichentisches aus dem neunzehnten Jahrhundert, der offenbar eigens zu diesem Zweck dort aufgestellt worden war. Hin und wieder griffen die suchenden Finger in etwas Weiches, Haariges, das sich kurz darauf als eine andere Person entpuppte, mit der man, wenn sie Englisch sprach, einige Tips austauschen konnte.

Schnell hatte man gelernt, wie der Blitz mit dem Schlüssel in der Hand in Richtung Zimmertür zu rennen. Wollte man das Zimmer dann irgendwann wieder verlassen, fand man sich erneut von finstrer Nacht umgeben und hatte keine andere Wahl, als mit ausgestreckten Armen durch die Dunkelheit zu tappen und zu hoffen, nicht im nächsten Augenblick eine Treppe hinunterzustürzen. Nirgendwo gab es auch nur einen Lichtschalter. Und das konnte kein Zufall sein, das war heimtückische Absicht, woraus ich nur eines schließen kann: Die Franzosen mögen uns nicht.

Und das geht auch in Ordnung, denn natürlich werden auch die Franzosen von niemandem besonders gemocht. Wie der Zufall es wollte, hatte ich gerade in einer britischen Zeitung von einer Umfrage gelesen, bei der ans Licht gekommen war, was die leitenden Angestellten des Landes auf dieser Welt am meisten verachten. Die Spitzenreiter auf ihrer Abschußliste waren Gartenzwerge, Plüschtiere in Autofenstern und Franzosen – in dieser Reihenfolge. Ich war begeistert. Von all den Dingen, die unseren Abscheu verdienen, wie die

Pestilenz, die Armut, die Tyrannei, Michael Fish, nannten sie Gartenzwerge, Plüschtiere und Franzosen. Ich finde das großartig.

Schon bei meinem ersten Aufenthalt in Paris beschäftigte mich ständig die Frage, warum mir überall ein solcher Haß entgegenschlug. Ich stieg aus dem Zug und ging zum Touristen-Informationsschalter am Gare du Nord, wo eine junge Frau in blauer Uniform mich so angewidert ansah, als hätte ich eine ansteckende Krankheit. »Was wollen *Sie?«* fragte sie, oder zumindest schien sie das zu fragen.

»Ich möchte ein Zimmer, bitte«, antwortete ich eingeschüchtert.

»Füllen Sie das aus.« Sie schob mir ein Formular zu. »Nicht hier. Da drüben.« Mit einer kurzen Kopfbewegung deutete sie auf einen Tisch in der Ecke, wandte sich dann dem Nächsten zu und sagte: »Was wollen *Sie?«* Ich staunte (ich stamme aus einem Land, in dem jedermann freundlich ist, wo einem sogar die Bestattungsunternehmer einen schönen Tag wünschen, wenn man gerade seine Großmutter zu Grabe trägt), aber ich fand bald heraus, daß in Paris jeder so war. Ging ich in eine Bäckerei, wurde ich von einer massigen, schneckenartigen Kreatur mit einem Blick begrüßt, dem zu entnehmen war, daß wir niemals Freunde werden würden. Bestellte ich dann in holprigem Französisch einen kleinen Laib Brot, starrte mich die Frau aus kalten Augen an und legte einen toten Biber auf den Ladentisch.

»Nein, nein«, stammelte ich, »keinen toten Biber. Einen Laib *Brot.«*

Und die schneckenartige Kreatur wirft mir einen empörten Blick zu, um sich dann an ihre übrigen Kunden zu wenden und ihnen mitzuteilen, daß diese Person hier, dieser *American tourist,* in ihren Laden kommt und einen toten Biber haben will, woraufhin sie ihm einen toten Biber gibt, und nun will er auf einmal keinen toten Biber mehr, nun will er einen Laib Brot. Und die anderen Kunden sehen mich an, als hätte ich soeben versucht, in ihre Handtaschen zu furzen. Was bleibt einem da anderes übrig, als sich davonzuschleichen und sich mit dem Gedanken zu trösten, daß man ja in vier Tagen in Brüssel ist und dann vermutlich auch wieder etwas zu essen bekommen wird?

Und noch etwas an den Franzosen ist mir bis heute ein Rätsel: ihre Undankbarkeit. Da wir es waren, die sie befreit haben – und, seien wir ehrlich, die französische Armee wäre doch nicht einmal in der Lage gewesen, eine weibliche Hockeymannschaft zu schlagen –, müßten sie doch eigentlich jedem alliierten Besucher ihres Landes mindestens ein Gratisgetränk im Pigalle und eine Freikarte für den Eiffelturm spendieren. Aber sie danken es uns nicht. Ich habe Belgier und Holländer getroffen, die sich vor lauter Dankbarkeit für die Befreiung ihres Landes an meine Knie klammerten, so daß ich sie die Straße entlang schleifen mußte, und das, obwohl ich ihnen versichert habe, daß es mich 1945 noch nicht einmal als Samenfaden gab. In Frankreich wird einem so etwas wohl kaum passieren.

Am Abend machte ich mich zu Fuß auf den Weg zur Île de la Cité und Notre-Dame. Ich kam durch jene Viertel, in denen dunkelhäutige Männer in gestreiften bretonischen Hemden an Laternenpfählen lehnen, sich mit ihren Klappmessern die Zähne säubern und einem vor die Füße spucken. Doch kaum hatte ich die Seine erreicht, bot sich mir ein perfektes Bild. Es war ein schöner Abend im März, und ein Hauch von Frühling lag in der Luft. Ich stand auf der Pont de Sully, und vor mir lag die Île St Louis, schwach leuchtend und auf dem Fluß treibend wie eine Vision, ein mittelalterliches Dorf, das auf wundersame Weise inmitten einer modernen Stadt überlebt hat. Ich überquerte die Brücke und schlenderte durch die engen Gassen, halb darauf gefaßt, über gackernde Hühner zu stolpern oder Bauern zu begegnen, die mit Pestopfern beladene Karren vor sich her schoben. Doch statt dessen entdeckte ich schicke Restaurants und hübsche Appartements in den alten Häusern.

Es war kaum eine Menschenseele zu sehen – in den Restaurants saßen ein paar Gäste, in einem Hauseingang knutschte ein Pärchen, und eine Frau mit Pelzmantel ermunterte ihren Pudel, auf dem Gehsteig *un doodoo* zu machen. In den Fenstern der oberen Stockwerke brannte Licht, und von der Straße sah ich Regale voller Bücher an den Wänden, Fensterbänke voller wuchernder Topfpflanzen und dekorative Antiquitäten. Es muß herrlich sein, in einer solchen Straße, auf einer solchen Insel und an einem solchen Fluß zu leben. Wer großes Glück hat, wohnt an der Westseite der Insel, wo die Straßen zwar belebter sind, man aber aus seinem Wohnzimmerfenster auf Notre-Dame blicken kann. Ich bezweifele, daß man dieser Aussicht jemals müde wird. Nur im August, wenn Reisebusse und eine Million Besucher in grellbunten Bermuda Shorts die Straßen verstopfen, mag sich die Begeisterung ein wenig legen.

Selbst jetzt wimmelte es in den Straßen rund um die Kathedrale noch von Menschen. Es war acht Uhr, doch in den Souvenirläden herrschte nach wie vor Hochbetrieb. Ich machte einen gemächlichen Rundgang um Notre-Dame und beugte mich über ein Geländer an der Seine, um den bateaux-mouches nachzuschauen, die mit Neonlichtern geschmückt wie schwimmende Musikboxen über den Fluß glitten. Es war unbeschreiblich romantisch.

Ich aß in einem halbleeren Restaurant bescheiden zu Abend und schlenderte anschließend über den Fluß zu Shakespeare & Co., einer herrlich muffigen, englischsprachigen Buchhandlung voller Spinnweben und längst vergessener Romane von Schriftstellern wie Warwick Deeping. In allen Räumen standen Stühle und abgewetzte Sofas, auf denen es sich junge Leute mit sehr intellektuellen Brillen bequem gemacht hatten und lasen. Offensichtlich lasen sie die Bücher von vorne bis hinten, denn ich bemerkte, wie ein eulengesichtiger junger Mann einen Knick in eine Seite machte und das Buch an seinen Platz im Regal zurückstellte, bevor er mir einen bösen Blick zuwarf und in die Nacht entschwand. Es herrschte eine angenehme, clubähnliche Atmosphäre, aber wie sich der Laden über Wasser hält, ist mir ein Rätsel. Nicht nur, daß der Mann an der Kasse sichtlich unterbeschäftigt war – sein eigenes Buch mußte er nur hin und wieder kurz aus der Hand legen, um einen geringfügigen Geldbetrag entgegenzunehmen –, vor allen Dingen muß doch die Lage des Ladens an den Ufern der Seine, direkt im Schatten von Notre-Dame, die Miete in astronomische Höhen treiben.

Überall sonst auf der Welt hätte man Shakespeare & Co. in einen

Souvenirsupermarkt verwandelt und ihn bis unters Dach mit Miniaturausgaben von Notre-Dame, Quasimodo-Aschenbechern, Postkarten und OO LA LA T-Shirts gefüllt. Oder in eines dieser Schnellcafés, in denen die Kellner von einem Tisch zum anderen hasten, einen vierzig Minuten warten lassen, bis sie die Bestellung aufnehmen, und dann klarstellen, daß man ganze fünfundzwanzig Sekunden Zeit hat, um seinen Rosinenkuchen zu verschlingen, den Kaffee hinunterzuspülen und zu verschwinden. Daß Shakespeare & Co. es geschafft hat, diesem kläglichen Schicksal zu entgehen, grenzt für mich an ein Wunder. Als ich den Buchladen verließ und mich auf den Rückweg zum Hotel begab, betrachtete ich Paris mit vor Bewunderung verklärten Augen.

Am nächsten Morgen stand ich früh auf und machte einen langen Spaziergang durch die noch schlafenden Straßen. Ich liebe es, mitzuerleben, wie eine Stadt erwacht, und Paris erwacht schlagartig, viel unvermittelter als jede andere Stadt, die ich kenne. Da hatte man sie gerade noch für sich allein, teilte sie nur mit einem Zeitungsjungen und ein paar brummenden Maschinen der Straßenreinigung (übrigens: Paris gibt alljährlich 145 Mark pro Kopf für die Reinigung seiner Straßen aus, London dagegen nur 42 Mark, womit wohl geklärt wäre, warum Paris ein Schmuckstück ist und London ein Klosett), und urplötzlich herrscht hektisches Treiben – Autos und Busse sausen vorbei, Cafés und Kioske öffnen, Scharen von Menschen hetzen aus den Metro-Stationen wie aufgeschreckte Vogelschwärme, und überall ist Bewegung, Tausende und Abertausende von Beinen eilen umher.

Gegen halb neun ist ein Spaziergang durch Paris dann alles andere als ein Vergnügen. Der Verkehr ist einfach zu stark. Über jedem Boulevard hängt ein blauer Dunstschleier aus Abgasen. Mir ist wohl bekannt, daß Baron Haussmann Paris zu einer sehenswerten Stadt gemacht hat, aber von zügigem Verkehrsfluß hatte der Mann keine Ahnung. Allein am Arc de Triomphe treffen sich dreizehn Straßen. Können Sie sich das vorstellen? Was ich sagen will, ist folgendes: Da haben wir nun eine Stadt, in der die aggressivsten Autofahrer der

Welt zu Hause sind, Autofahrer, die man unter anderen Umständen mit Ledergurten an ihre Betten fesseln würde, denen man aus Spritzen, so groß wie Fahrradpumpen, Thorazin injizieren würde, und was tut man? Man gibt ihnen einen freien Platz, auf dem sie alle miteinander versuchen können, in dreizehn verschiedene Richtungen gleichzeitig zu rasen. Das kann doch nicht gutgehen.

Interessanterweise waren die Franzosen schon lange vor der Erfindung der Verbrennungsmaschine als schlechte Fahrer bekannt. Bereits im achtzehnten Jahrhundert haben sich britische Reisende über die verrückte Fahrweise der Franzosen in Paris geäußert, über »die erstaunliche Geschwindigkeit, mit der sich Kutschen und Menschen durch die Straßen bewegten. ... Es war nicht ungewöhnlich, daß ein Kind überfahren und vermutlich getötet wurde«. Ich zitiere aus dem Werk *The Grand Tour* von Christopher Hibert, ein Buch, das uns vor Augen führt, daß die Völker Europas bereits seit mindestens 300 Jahren ihren jeweiligen Stereotypen gerecht werden. Schon im sechzehnten Jahrhundert beschrieben Reisende die Italiener als redselig, unzuverlässig und hoffnungslos korrupt, die Deutschen als gefräßig, die Schweizer als übereifrig und übertrieben ordentlich, die Franzosen als, nun ja, als unerträglich französisch.

In Paris steht man ständig vor einem dieser monumentalen Plätze, die zu Fuß zu überqueren beinahe unmöglich ist. Als meine Frau und ich während unserer Flitterwochen in Paris waren, haben wir törichterweise versucht, den Place de la Concorde zu überqueren, ohne vorher unsere Namen in der Botschaft zu hinterlassen. Irgendwie hatte sie es geschafft, den Obelisken in der Mitte zu erreichen. Ich dagegen war in einem Circus Maximus aus Killermobilen gestrandet, winkte hilflos meiner Liebsten zu und wimmerte leise vor mich hin, während Hunderte von kleinen, gelbbraunen Renaults auf mich zuhielten, deren Fahrer ausnahmslos denselben Gesichtsausdruck hatten wie Jack Nicholson in *Batman.*

In dieser Hinsicht hat sich Paris kein bißchen verändert. Am Place de la Bastille, einem riesigen freien Platz, der an seiner Nordostseite von dem funkelnden Bauwerk der neuen Pariser Oper beherrscht wird, stand ich eine geschlagene Dreiviertelstunde und versuchte, von der Rue de Lyon zur Rue de St Antoine zu gelangen. Die Fußgängerampeln an solchen Plätzen dienen nämlich nur dem einen Zweck, ausländische Besucher zu verwirren, zu demütigen und, wenn möglich, zu eliminieren.

Und so funktioniert das Ganze: Man erreicht einen Platz, und der gesamte Verkehr steht, die Fußgängerampel aber ist rot, und man weiß nur zu genau, daß alle Autos in dem Moment Gas geben und einen in eine hauchdünne Crêpe verwandeln würden, in dem man auch nur einen Fuß auf die Straße setzt. Also wartet man. Nach einer Minute kommt ein Blinder daher und überquert die weite, kopfsteingepflasterte Ebene ohne zu zögern. Dann rollt eine neunzigjährige Dame in einem motorisierten Rollstuhl heran und rumpelt über das Kopfsteinpflaster zur 400 Meter entfernten Seite des Platzes.

Man selbst ist sich unterdessen unangenehm bewußt, daß die Augenpaare aller Autofahrer im Umkreis von 150 Metern erwartungsvoll auf einen gerichtet sind. Also tut man so, als wolle man die Straße eigentlich gar nicht überqueren, als sei man vielmehr gekommen, um diese interessante Laterne der Jahrhundertwende zu bestaunen. Es vergeht eine weitere Minute, und 150 Vorschulkinder werden von ihren Lehrern über die Kreuzung getrieben. Dann kommt der blinde Mann aus der Gegenrichtung mit zwei vollen Einkaufstaschen zurück. Und endlich schaltet die Fußgängerampel auf Grün, man tritt auf die Straße, und alle Autos stürmen auf einen los. Und es ist mir egal, wie paranoid oder irrational das klingen mag, aber für mich steht fest, die Einwohner von Paris wollen meinen Tod.

Schließlich gab ich meine Versuche auf, überhaupt irgendwelche Kreuzungen zu überqueren, und folgte nur noch den Straßen, die am wenigsten bedrohlich schienen. Infolgedessen hatte ich einige Schwierigkeiten zu überwinden, bis ich am frühen Nachmittag endlich vor dem Louvre stand, in dessen Eingangshof sich eine Menschenschlange gebildet hatte, lang und reglos wie ein vergessener Gartenschlauch.

Ich stand unschlüssig herum. Sollte ich mich hinten anstellen oder später wiederkommen, in der schwachen Hoffnung, der Andrang könnte dann nachgelassen haben, oder sollte ich es machen wie ein Franzose und einfach hineingehen? Die Franzosen waren da erstaunlich skrupellos. Alle paar Minuten näherte sich einer dem Anfang der Schlange, blickte scheinbar interessiert auf seine Armbanduhr, kroch im nächsten Moment unter der Absperrung durch und verschwand zusammen mit den ersten aus der Schlange durch die Eingangstür. Ich war überrascht, daß niemand protestierte. Nach ihrem Akzent und nach den Einschußlöchern in ihren Trenchcoats zu urteilen, kamen viele der Wartenden aus New York, wo die Menge über so unverfrorene Burschen hergefallen wäre und sie in Stücke gerissen hätte. Ich habe das einmal am Shea Stadion erlebt. Es war fürchterlich, aber man konnte sich der Schadenfreude nicht erwehren. Selbst in London hätte man die Übeltäter mit spitzer Zunge zurechtgewiesen – »Würden Sie sich bitte hinten anstellen; da steh'n auch nette Leute.« –, aber hier regte sich nicht der geringste Protest.

Ich brachte es nicht fertig, mich an den Wartenden vorbeizumogeln. Ebensowenig konnte ich in dieser reglosen Menschenmasse ausharren, während andere sich über alle Spielregeln hinwegsetzten und ungeschoren davonkamen. Ich ging also weiter und war einigermaßen erleichtert. Bei meinem letzten Besuch im Louvre, 1973 mit Katz, wimmelte es dort von Menschen, und man sah rein gar nichts. Die Mona Lisa kam mir vor wie eine Briefmarke, die ich durch Unmengen von Köpfen aus einem gegenüberliegenden Gebäude betrachtete, und offensichtlich hatte sich seit damals nichts daran geändert.

Außerdem interessierte mich eigentlich nur ein bestimmtes Bild, ein bemerkenswertes Gemälde aus dem achtzehnten Jahrhundert, dem seit 200 Jahren außer mir vermutlich kein Besucher des Louvre Beachtung geschenkt hatte. Ich wäre beinahe selbst achtlos daran vorbeigegangen, doch irgendetwas an diesem Bild erregte meine Aufmerksamkeit und ließ mich umkehren. Es war ein Bildnis zweier aristokratischer Damen, beide jung und nicht umwerfend attraktiv. Sie standen nebeneinander und trugen außer ihren Juwelen und einem verschmitzten Lächeln nichts am Leib. Und nun kommt's: Die eine hatte wie zufällig – man könnte fast meinen geistesabwesend – ihren Finger in das Gesäß der anderen gesteckt. Und ich kann mit einiger Gewißheit sagen, daß etwas Derartiges im Staate Iowa selbst unter den wohlhabenden und weitgereisten Bürgern völlig unbekannt war. Ich machte mich sogleich auf die Suche nach Katz, der, als wir gerade fünfzehn Minuten im Louvre waren, zu jammern begonnen hatte »Hier gibt's ja nichts als Bilder und so 'ne Scheiße«, woraufhin er sich schlechtgelaunt ins Museumscafé zurückzog, um dort eine halbe Stunde auf mich zu warten, und keine Minute länger. Dort fand ich ihn. Seine Laune hatte sich weiter verschlechtert, weil er zwei Francs für eine Cola hatte zahlen müssen und zu allem Übel noch eine Handvoll Centimes an die Klofrau losgeworden war (»und dann hat die mich die ganze Zeit beobachtet«).

»Vergiß es«, sagte ich. »Komm lieber mit und sieh dir ein Bild an.«

»Warum?«

»Es ist ein ganz besonderes Bild.«

»Wieso?«

»Glaub's mir einfach. In einer Minute wirst du mir dankbar sein.«

»Was ist so besonders daran?«

Ich erzählte es ihm. Er weigerte sich, mir zu glauben. Ein solches Bild sei nie gemalt worden, und wäre es gemalt worden, dann würde es nicht in einem öffentlichen Museum hängen. Aber er folgte mir. Nur, ich konnte das Bild beim besten Willen nicht wiederfinden. Katz war überzeugt, daß ich ein grausames Spiel mit ihm trieb, nur um ihm seine Zeit zu stehlen und ihn um den letzten Schluck seiner Cola zu bringen, und für den Rest des Tages war seine Stimmung vollends verdorben.

Katz war in Paris fast ununterbrochen gereizt. Er war fest davon überzeugt, daß sich alles gegen ihn verschworen hatte. Als wir am Morgen unseres zweiten Tages über die Champs-Élysées schlenderten, landete eine Ladung Vogelscheiße auf seinem Kopf. Ein paar Minuten später fragte ich ihn, »Weißt du eigentlich, daß dir ein Vogel auf den Kopf geschissen hat?«

Instinktiv faßte sich Katz auf den Kopf, starrte entsetzt auf seine Hand – was Exkremente angeht, war er schon immer ziemlich zimperlich; einmal sah ich ihn wie die Gestalt auf Edvard Munchs »Der Schrei« durch den Greenwood Park in Des Moines rennen, nur weil er versehentlich mit der Fingerspitze einen Haufen Hundekot berührt hatte –, brummte etwas, das wohl »Warte hier« heißen sollte, und marschierte so kerzengerade, als hätte er einen Besenstiel verschluckt, in Richtung Hotel. Als er zwanzig Minuten später wiederkam, roch er penetrant nach Brut Aftershave, und sein Haar klebte an seinem Kopf wie bei einem drittklassigen spanischen Gigolo. Aber er schien sich wieder gefaßt zu haben. »Jetzt kann's losgehen«, verkündete er.

Und fast im selben Augenblick landete die zweite Ladung Vogelscheiße auf seinem Kopf. Nur diesmal war es eine *richtige* Ladung. Ich will es nicht zu anschaulich beschreiben – es könnte ja sein, daß Sie gerade eine Kleinigkeit essen –, aber wenn Sie sich einen auf seinen Skalp geleerten Becher Joghurt vorstellen, ich denke, dann haben Sie das Bild so ungefähr. »Mein Gott, Steve, das war ein kranker Vogel«, bemerkte ich hilfreich.

Katz war buchstäblich sprachlos. Ohne ein Wort zu sagen, machte er auf dem Absatz kehrt, marschierte stocksteif zurück zum Hotel und würdigte die Passanten, die sich nach ihm umdrehten, keines Blickes. Fast eine Stunde lang blieb er verschwunden. Als er endlich wieder auftauchte, trug er einen Anorak mit tief ins Gesicht gezogener Kapuze. »Sag kein Wort«, warnte er und ging mit großen Schritten voran. Seitdem hatte Katz ein gestörtes Verhältnis zu Paris.

Weil es im Louvre so voll war, ging ich zum Musée d'Orsay, das ich noch nicht kannte. Es liegt den Tuilerien gegenüber am linken Seineufer. Als ich vor sechzehn Jahren zuletzt dort vorbeiging, stand an seiner Stelle noch ein verfallenes Gemäuer, die Ruine des alten Gare d'Orsay. Inzwischen war ein kluger Kopf auf die Idee gekommen, den ehemaligen Bahnhof als Museum wiederaufzubauen, und entstanden ist ein herrliches Bauwerk und eine ebenso eindrucksvolle Gemäldesammlung. Ich verbrachte dort zwei glückliche Stunden, schaute anschließend wieder am Louvre vorbei – er war noch immer hoffnungslos überfüllt – und ging statt dessen zum Centre Pompidou, fest entschlossen, zumindest zu versuchen, es zu mögen, aber es gelang mir nicht. Alles an diesem Gebäude ging mir gegen den Strich. Zum einen war es leicht verwittert und ausgeblichen, wie Kinderspielzeug, das über Winter draußen lag. Das überraschte mich, denn schließlich ist der Bau gerade ein Dutzend Jahre alt, und die Regierung hatte erst kürzlich 100 Millionen Mark für seine Renovierung ausgegeben. Aber das kommt wohl dabei heraus, wenn man mit Plastik baut. Zum anderen wirkte das Gebäude in diesem beengten Viertel viel zu überladen. In einem Park würde es ganz anders zur Geltung kommen.

Was mir aber vor allem an Gebäuden wie dem Centre Pompidou mißfällt – und Paris ist voll davon –, ist ihre Protzerei. Hier verkündet nun Richard Rogers der Welt: »Schaut her, ich habe alle Rohre an die *Außenseiten* verlegt. Habe ich jetzt einen Orden verdient, oder was?« Wenn die Zweckmäßigkeit dabei eine Rolle gespielt hätte, könnte ich das ja verzeihen, aber niemand scheint sich über die Funktion des Centre Pompidou als Versammlungsort und Kulturzentrum Gedanken gemacht zu haben, denn innen herrscht nichts als Gedränge und Verwirrung. Keine Spur von der Geräumigkeit, dem Licht und der majestätischen Ruhe des Musée d'Orsay. Man kommt sich vor wie in einem Kaufhaus am ersten Tag des Sommerschlußverkaufs. Es gibt kaum Sitzplätze und nicht einen Orientierungspunkt. Das Centre Pompidou hat einfach kein Herz.

Draußen ist es nicht besser. Der Hauptplatz an der Rue St Martin liegt während der besten Zeit des Tages im Schatten und wurde obendrein an einen Hang gebaut. Daher ist er immer dunkel, und der Regen trocknet nie. Und auch dort gibt es keine Sitzplätze. Hätten sie am Hang eine Art Amphitheater angelegt, könnten die Leute auf den Stufen sitzen. Setzt man sich aber hier auf den Boden, muß man befürchten, gleich den Abhang hinunterzurutschen.

Ich habe nichts gegen architektonische Neuheiten – die gläserne Pyramide am Louvre und diese Gebäude mit den riesigen Löchern in der Mitte in La Défense gefallen mir sehr gut –, ich habe jedoch den Eindruck, daß Architekten und Stadtplaner und alle anderen Verantwortlichen im Bereich Städtebau vergessen haben, für wen die Städte da sind. Sie sind für die Menschen da. Das mag zwar ganz selbstverständlich klingen, dennoch bauen wir seit einem halben Jahrhundert Städte, die allem Erdenklichen dienen, nur nicht den Menschen: den Autos, den Gewerbebetrieben, den Immobilienspekulanten, den Leuten mit dem vielen Geld und den kühnen Träumen, die sich weigern, eine Stadt vom Erdboden aus zu betrachten und nicht verstehen wollen, daß Städte Orte sind, in denen die Menschen leben und arbeiten müssen. Warum muß ich durch einen feuchten Tunnel laufen und mich mit zwei Treppen abplagen, um über eine vielbefahrene Straße zu kommen? Warum haben Autos mir gegenüber Vorrang? Wie können wir gleichzeitig so reich und so dumm sein? Zu viel Geld und zu wenig Verstand, das ist der Fluch, der auf unserem Jahrhundert lastet. Und das Pompidou scheint mir eine Art plastikgewordene Verherrlichung all dessen zu sein.

Einmal ging ich zum Place de la République und aß in einem Bistro namens Le Thermomètre voll wehmütiger Erinnerungen zu Abend. Meine Frau und ich hatten unsere Flitterwochen im Hotel Moderne gegenüber verbracht (inzwischen leider, leider ein Holiday Inn) und allabendlich im Thermomètre gegessen, denn wir waren so gut wie pleite, und das Bistro war billig. Ich hatte meine gesamten Ersparnisse, immerhin £18, in einen Anzug für die Hochzeit investiert – ein stattliches Gewand mit Revers, die den Heckflossen eines Coupe de Ville von 1957 nachempfunden waren, und so weit ausgestellten Hosen, daß man beim Laufen nicht die Bewegung meiner Beine sehen konnte – und mußte mir von meinem Schwiegervater £12 Taschengeld leihen, damit, wie ich betonte, seine Tochter während der ersten Woche ihrer Ehe nicht Hunger leiden müsse.

Ich hatte damit gerechnet, daß im Thermomètre viele glückliche Erinnerungen zurückkämen, doch mir fiel nichts weiter ein, als daß dort damals die grimmigste Klofrau von Paris gearbeitet hat. Sie sah aus wie ein russischer Ringer – ein männlicher russischer Ringer – und saß hinter einem Tisch, auf dem eine rosa Schale voller Münzen stand. Während man pinkelte, verrenkte sie sich fast den Hals, um beobachten zu können, ob man auch ja nicht auf die Fliesen tröpfelte oder heimlich eines dieser kleinen gelben Klümpchen aus dem Bekken einsteckte. Es ist schon schwer genug zu pinkeln, wenn man ein Augenpaar auf sich gerichtet fühlt, aber wenn man obendrein befürchten muß, im nächsten Augenblick mit einem Genickschlag niedergestreckt zu werden, weil man sich zu viel Zeit läßt, dann läuft gar nichts mehr. Mein Urin erstarrte. Selbst mit Domestos hätte ich meine Harnwege nicht wieder frei bekommen. Also blieb mir nichts anderes übrig, als unverrichteter Dinge an den Tisch zurückzukehren und im Hotel die halbe Nacht damit zu verbringen, den Niagarafällen Konkurrenz zu machen. Erfreut stellte ich nun fest, daß die Klofrau nicht mehr da war. Auf der Herrentoilette gab es überhaupt keine Klofrau mehr – und auch nicht eines dieser Klümpchen, nebenbei bemerkt.

Es hat zwei, drei Tage gedauert, bis es mir auffiel, aber die Einwohner von Paris sind im Laufe der letzten zwanzig Jahre umgänglich geworden. Sie fallen einem nicht gerade um den Hals vor lauter Dankbarkeit, daß wir für sie den Krieg gewonnen haben, doch sie sind zweifellos geduldiger und zuvorkommender als früher. Mit Ausnahme der nach wie vor unmöglichen Taxifahrer war jedermann beinahe freundlich, ob Verkäufer, Kellner oder Polizist. Ich habe sogar einmal einen Kellner lächeln sehen. Und jemand hat mir eine Tür aufgehalten, statt sie mir gegen die Nase knallen zu lassen.

Es begann schon, mich zu irritieren. Doch dann, an meinem letzten Abend, als ich gerade einen Spaziergang in der Nähe der Seine machte, wurde ich auf dem schmalen Gehweg von einer Familie überholt. Es waren zwei Erwachsene und zwei jugendliche Kinder. Ohne ihr Tempo zu verlangsamen oder ihre angeregte Unterhaltung zu unterbrechen, rauschten sie an mir vorbei und drängten mich auf die Straße ab. Ich hätte sie umarmen können.

Am Morgen meiner Abfahrt trottete ich durch den Regen zum Gare de Lyon, um dort ein Taxi zum Gare du Nord zu nehmen und dann mit dem Zug weiter nach Brüssel zu fahren. Wegen des schlechten Wetters stand aber kein Taxi am Bahnhof. Also wartete ich. Fünf Minuten wartete ich allein, dann gesellten sich allmählich andere Leute zu mir und stellten sich hinter mir an.

Als endlich ein Taxi kam und direkt vor mir hielt, nahm ich überrascht zur Kenntnis, daß siebzehn erwachsene Männer und Frauen zu glauben schienen, sie hätten das gute Recht, vor mir einzusteigen. Ein Mann mittleren Alters in einem Kaschmirmantel, unverkennbar wohlhabend und gebildet, wurde sogar handgreiflich. Ich gab eine Reihe von empörten, gallischen Huplauten von mir – »Mais non! Mais non!« – und behauptete meine Position, indem ich mit meiner Leibesfülle die Tür verstopfte. Ich sprang in den Wagen, widerstand der Versuchung, den unverfrorenen Menschen beim Schlips zu packen und ihn bis zum Gare du Nord neben uns her traben zu lassen, und bat den Fahrer nur, mich schnell von dort wegzubringen. Der sah mich an, als wäre ich ein großes, unförmiges Stück Scheiße, schüttelte sich angeekelt und gab Gas. Erfreut stellte ich fest, daß sich manche Dinge niemals ändern.

Brüssel

In Brüssel stieg ich am falschen Bahnhof aus dem Zug. Das kann passieren, wenn man ein bißchen dämlich ist und die ganze Zeit vor sich hin gedöst hat und dann plötzlich vor dem Fenster das Schild BRUXELLES auf einem Bahnsteig sieht. Von panischem Schrecken ergriffen sprang ich auf, drängelte mich mit meinem dicken Rucksack an den anderen Fahrgästen vorbei in Richtung Ausstieg, sprang Peter Pan gleich auf den Bahnsteig und landete in dem Moment, als der Zug gerade sein dampfiges whoosh! ausstieß und wieder anfuhr.

Es kam mir nicht weiter komisch vor, daß außer mir niemand aus dem Zug gestiegen war oder daß der Bahnhof geradezu gespenstisch verlassen dalag. Erst als ich aus dem Bahnhofsgebäude in den feinen Nieselregen hinaustrat, der beständig über Brüssel hängt, begriff ich, daß ich mich in einem Teil der Stadt befand, in dem ich nie zuvor gewesen war: eines dieser anonymen Viertel, in denen alle Häuser grau sind, wo jede freie Seitenwand über drei Stockwerke mit Werbung bemalt ist und wo die Geschäfte Dinge wie Pumpen für den heimischen Swimming-pool und Schilder mit der Aufschrift Einfahrt freihalten verkaufen. Ich wollte zum Gare Centrale und hätte auch mit dem Gare du Nord oder dem Gare du Midi und sogar mit dem Gare Josaphat vorliebgenommen, aber wo ich hier gelandet war, das wußte ich beim besten Willen nicht. Ich biß die Zähne zusammen und marschierte los, auf etwas zu, das ich für das Zentrum von Brüssel hielt – eine Gruppe von Hochhäusern, die sich undeutlich am fernen, verregneten Horizont abzeichnete.

Ich war nicht zum ersten Mal in Brüssel und bildete mir ein, mich in der Stadt einigermaßen auszukennen. Sicher würde mir die Gegend gleich bekannt vorkommen. Nach einem halben Kilometer meinte ich die Rückseite des Palais de Justice zu erkennen, das Gebäude entpuppte sich jedoch als eine Fabrik für Hundefutter. Ich lief und lief durch endlose Straßen, die alle gleich aussahen, ein Häusermeer von grauer Eintönigkeit, das Brüssel in einem Ausmaß zu besitzen scheint wie sonst keine Stadt in Europa.

Ich hasse es, Leute nach dem Weg zu fragen. Jedesmal habe ich Angst, die Person, an die ich gerate, könnte erstaunt zurückschrekken und ausrufen »*Wo* wollen Sie hin? In die Innenstadt von Brüssel? Mein Gott, haben Sie sich verlaufen. Sie sind in *Lille*, Sie armes Schwein«, um sich dann an andere Passanten zu wenden und zu sagen »Haben Sie das gehört? Der meint, er wär in Brüssel«, woraufhin ich mir den Weg durch eine Menge von Leuten bahnen muß, die sich vor Lachen den Bauch halten und sich das Wasser aus den Augen wischen. Also trottete ich weiter. Als ich gerade ernsthaft in Erwägung zog, meine Frau anzurufen, um sie zu bitten, zu kommen und mich zu suchen, da bog ich um eine Ecke und stand zu meiner großen Überraschung vor dem Manneken-Pis, der kleinen, rundlichen Statue eines nackten, pinkelnden Jungen, dem frivolen Wahrzeichen der Stadt. Und plötzlich wußte ich, wo ich war, und all meine kleinen Sorgen lösten sich in Luft auf. Aus lauter Übermut kaufte ich mir in einem der 350 Souvenirläden der Straße einen Manneken-Pis-Kuchenteller und eine Familienpackung Toblerone, und sofort ging es mir noch besser.

Eine Viertelstunde später lag ich auf dem Bett eines Zimmers im Hotel Adolphe Sax, die Schuhe noch an den Füßen (die Freiheit, sich nach Herzenslust gehen lassen zu können, ist eine der kleinen Annehmlichkeiten des Alleinreisens), biß mir die Zähne an der Toblerone aus (wer hat das Zeug bloß erfunden?) und verfolgte das Nachmittagsprogramm auf BBC I – eine Podiumsdiskussion mit Leuten, die entweder impotent waren oder aus Wolverhampton stammten oder unter einem anderen persönlichen Schicksalsschlag zu leiden hatten, dessen konkrete Wesensart mir inzwischen entfallen ist. Nach einer halben Stunde hatte ich mich soweit erholt, daß ich mich wieder in die Stadt hinauswagen konnte.

In Brüssel steige ich immer im Sax ab, weil man dort BBC I empfangen kann und weil das Hotel so interessante Fahrstühle hat, ein Aspekt, an den ich mich wieder erinnerte, als ich im Korridor vor einem leuchtenden Abwärts-Knopf stand, den »Waiting for the Elevator«-Song vor mich hin summte (»Doo dee doo dee doo dee doo doo«) und mir die Zeit mit der müßigen Überlegung vertrieb, warum die Teppiche in Hotelfluren immer so häßlich sein müssen.

Im großen und ganzen hat man in Europa von Fahrstühlen keine Ahnung. Selbst in den neueren Gebäuden sind sie fast ausnahmslos unerträglich langsam, und oft fehlt eine bestimmte Vorrichtung, die man anderswo für absolut unentbehrlich halten würde – zum Beispiel eine Innentür, was recht unangenehme Folgen haben kann, wenn man sich einmal geistesabwesend nach vorn beugt. Doch selbst in Europa zählen Aufzüge wie die im Sax zu den Ausnahmen.

Steigt man ein, um sich zum Frühstück ins Erdgeschoß befördern zu lassen, muß man feststellen, daß der Lift, ohne entsprechende Instruktionen erhalten zu haben, nicht nur an der Empfangshalle, sondern ebenfalls an der Tiefgarage und am ersten Untergeschoß vorbeirauscht, um in einem nicht verzeichneten zweiten Untergeschoß zum Stehen zu kommen. Dort öffnen sich kurz die Türen und geben den Blick auf einen dampfenden Raum voller schuftender Kulis frei. Während man sinnloserweise an den Knöpfen herumspielt, die offensichtlich nicht angeschlossen sind, klappen die Türen wieder zu, und mit einem plötzlichen Energieschub schießt der Fahrstuhl aufwärts in den elften Stock, mit einer Geschwindigkeit, bei der einem das Gesicht zu zerrinnen scheint. Oben angekommen, verharrt er für eine halbe, hoffnungsvolle Sekunde, sackt drei Meter ab, bleibt wieder stehen und fällt dann im freien Fall bis zur Empfangshalle. Man steigt aus. Blut tropft aus den Ohren. Und mit all der Würde, die man aufzubieten vermag, betritt man den Speisesaal.

Daher können Sie sich wohl vorstellen, wie erleichtert ich war, als mich der Fahrstuhl ohne Zwischenfälle ans Ziel brachte, von einem unplanmäßigen Stop im zweiten Stock und einem kurzen, aber nicht unangenehmen Ausflug in den vierten einmal abgesehen.

Brüssel, das muß einmal gesagt werden, eignet sich nicht besonders für Streifzüge. Zwar genoß ich es nach Paris, endlich wieder eine Straße überqueren zu können, ohne das Gefühl haben zu müssen, auf mein Hinterteil sei eine Zielscheibe gemalt, doch nach ein paar Runden um den Grand Place und einem Blick auf das Angebot an Schokolade und Spitzen (etwas anderes verkaufen sie in Brüssel scheinbar nicht) in den Schaufenstern von zwei oder drei der zahllosen Läden ertappt man sich nach einem Blick auf die Uhr unwillkürlich bei der Frage, ob es um Viertel vor zehn am Vormittag wohl noch zu früh sei, um sich dem Alkohol zu ergeben.

Ich entschied mich vorerst für eine weitere Runde um den zweifellos reizvollen Grand Place. Dieser wohlproportionierte, kopfsteingepflasterte Platz ist das Herz der Stadt und umgeben von prachtvollen Bauwerken: dem wahrlich monumentalen Hôtel de Ville und dem kaum weniger stattlichen Maison du Roi gegenüber, das trotz seines Namens nie als Königspalast gedient hat. Dazwischen reiht sich ein schmales, kunstvoll verziertes Gildehaus an das andere. Fast jedes dieser Gildehäuser beherbergt in seinem Erdgeschoß ein schummriges, gemütliches Café mit massiven Holzmöbeln und einem prasselnden Kaminfeuer. Dort kann man bei einem Kaffee oder einem Glas Bier den Blick auf die verführerische Kulisse genießen, und viele Leute scheinen den lieben, langen Tag kaum etwas anderes zu tun.

Ich liebäugelte mit dem De Gulden Boot, obwohl mich dort bei meinem letzten Besuch ein Kellner auf schamlose Weise um mein Wechselgeld betrügen wollte. Nur weil ich einen Manneken-Pis-Trainingsanzug trug, hat er mich offenbar für einen gewöhnlichen Touristen gehalten, und ich mußte meinen unerbittlichsten »Nicht-mit-mir-Gaston-Blick« aufsetzen, um an mein Geld zu kommen. Da ich jedoch nicht nachtragend bin – es sei denn, es handelt sich um Richard Nixon –, trat ich ohne zu zögern ein. Es ist das netteste Café am Platz, und ein bißchen Eleganz zum Kaffee ist meiner Meinung nach einen kleinen Aufpreis wert. Aber zählen Sie Ihr Wechselgeld nach, meine Damen.

Zweieinhalb Tage besichtigte ich die Sehenswürdigkeiten der Stadt

– das großartige Musée d'Art Ancien, das Musée d'Art Moderne, die beiden Historischen Museen im Parc du Cinquantenaire, das Musée Horta und sogar das düstere und in Vergessenheit geratene Institut des Sciences Naturelles. Zwischendurch schlenderte ich einfach gedankenverloren zwischen den endlosen Bürokomplexen umher.

Brüssel ist eine erschreckend häßliche Stadt, voll Müll, voll matschiger Baustellen und Boulevards wie Autobahnen. Es ist die Stadt der grauen Verwaltungshochhäuser und der anonymen Büroangestellten, die Briefkastenhauptstadt Europas. In Brüssel gibt es weniger Parks als in irgendeiner Stadt, die ich kenne, und so gut wie keine Besonderheit, um es zu empfehlen – kein Schloß auf einem Hügel, keine gewaltige Kathedrale, keine Straße mit außerordentlich eleganten Geschäften, keine verschneiten Gipfel im Hintergrund, keine bunt beleuchtete Strandpromenade. Diese Stadt hat nicht einmal einen Fluß. Früher hatte Brüssel eine Stadtmauer, aber alles, was davon geblieben ist, sind ein paar bröckelige Steine, die neben einer Kegelbahn an der Rue des Alexiens in der Erde stecken. Das Beste, das sich über Brüssel sagen läßt, ist, daß es nur drei Stunden von Paris entfernt liegt. Wenn ich in der EG etwas zu sagen hätte, und, glauben Sie mir, Ihnen könnte Schlimmeres passieren, würde ich zu allererst dafür sorgen, daß die Hauptstadt nach Dublin oder Glasgow oder vielleicht auch nach Neapel verlegt wird, in eine Stadt jedenfalls, wo die Arbeitsplätze willkommen wären und wo die Bürger noch mit einem gewissen Stolz auf ihre Stadt blicken, was man von den Brüsselern leider nicht behaupten kann.

Es gibt sicher nicht viele Städte, deren Einwohner weniger Achtung vor ihrem geschichtlichen Erbe bewiesen haben, als Brüssel. Beispiel: Fünfunddreißig Jahre war die Stadt die Heimat von Victor Horta, dem Vater der Jugendstilarchitektur, der zu seinen Lebzeiten ein so gefeierter Mann war, daß man ihn zum Baron ernannte. Er war für Brüssel, was Mackintosh für Glasgow und Gaudi für Barcelona ist. Dennoch erteilte die gleichgültige Stadtverwaltung den Immobilienspekulanten im Laufe der Jahre alle erforderlichen Genehmigungen, um fast jedes seiner schönsten Bauwerke abzureißen: das

Anspach Warenhaus, das Maison du Peuple, das Brugmann Krankenhaus, das Roger Haus. Heute hat Brüssel beachtlich wenig aufzuweisen, das sich anzusehen lohnt. Stundenlang kann man durch die Straßen laufen, ohne auf etwas zu stoßen, dessen Anblick das Herz ein wenig höher schlagen läßt.

Ich bin überzeugt, daß die Dinge sich allmählich bessern. Wenn man früher aus dem Bahnhof trat, fiel der erste Blick über die Dächer der Altstadt, und genau in die Mitte dieser vielversprechenden Aussicht hatte man nicht etwa, wie in anderen Städten üblich, eine Kathedrale mit goldenem Dach oder ein barockes Rathaus gesetzt, sondern einen Parkplatz und eine Tankstelle. Beides wurde inzwischen abgerissen und durch ein paar Backsteinbauten ersetzt – keine brillante Architektur, aber sicherlich besser als eine Tankstelle. Einheimische haben mir wiederholt versichert, daß die Stadtverwaltung endlich ihre nachlässige Haltung in Sachen Stadtsanierung erkannt und begonnen habe, bei Neubauten auf ein gewisses architektonisches Niveau zu achten. Die Ergebnisse dieses neuen Bewußtseins sind allerdings bisher alles andere als überwältigend.

Der einzige Teil der Stadt, der wirklich Charme besitzt, ist ein Labyrinth aus engen, autofreien Gassen hinter dem Grand Place. Mit einiger pathetischer Übertreibung wird er »Heiliges Eiland« genannt. Die kleinen Gassen und Durchgänge sind vollgestopft mit Restaurants. Menschenmassen schieben sich durch die Sträßchen, schnüffeln an den Hummern, Muscheln und Langusten herum, die in Schubkarren voller Eis vor jedem Lokal ausgestellt sind, und stehen vor der schwierigen Aufgabe, sich für ein Restaurant entscheiden zu müssen. Aus jeder Tür strömen aromatische Düfte, und hinter jedem Fenster wimmelt es zu fast jeder Tages- und Nachtzeit von Menschen. Es ist ausgesprochen malerisch und anheimelnd, und das schon seit dem Mittelalter. Aber auch dieses liebenswerte, kleine Viertel wäre in den sechziger Jahren um ein Haar den Planierraupen zum Opfer gefallen. In jedem Land Europas sieht man sich immer wieder mit der Frage konfrontiert, welch eine Krankheit es wohl gewesen sein mag, die Stadtplanern und Architekten in den sechziger und siebziger Jahren den Verstand geraubt hat, aber nirgends sind die Spuren dieser geistigen Verwirrung so deutlich sichtbar wie in Brüssel.

Trotz alledem hat die Stadt auch ihre guten Seiten. Sie ist die freundlichste Großstadt Europas (was möglicherweise damit zusammenhängt, daß ein Viertel ihrer Einwohner aus dem Ausland stammt), sie besitzt einige gute Museen, die älteste Einkaufspassage Europas, die kleinen, aber feinen Galeries St Hubert, jede Menge phantastische Bars und die fabelhaftesten Restaurants. Auswärts zu essen ist in Belgien eine Art Nationalsport. Allein in Brüssel gibt es 1500 Restaurants, dreiundzwanzig davon tragen Michelin-Sterne. Für weniger Geld als sonstwo auf diesem Kontinent kann man dort unglaublich gut essen. Ich aß jeden Abend auf dem »Heiligen Eiland«, und zwar jedesmal in einem anderen Restaurant, und jedesmal war es wie ein Höhepunkt der Lust, in kulinarischer Hinsicht. Fast alle Restaurants sind winzig – um einen Tisch in der hintersten Ecke zu erreichen, muß man ungefähr über ein halbes Dutzend Gäste klettern –, und die Tische stehen so dicht beieinander, daß man sein Steak nicht schneiden kann, ohne dabei seinem Nachbarn den Ellbogen ins Gesicht zu stoßen oder mit dem Ärmel durch seine Sauce Béarnaise zu fahren, aber irgendwie ist das Teil des Vergnügens. Man speist praktisch zusammen mit den Leuten am Nachbartisch, teilt sich die Brötchen und scherzt miteinander. Das ist eine erfreuliche Abwechslung für den Alleinreisenden, der sonst für gewöhnlich an den dunkelsten Tisch in unmittelbarer Nachbarschaft der Toiletten gesetzt wird und sich beim Essen die Zeit damit vertreibt, all die vorbeiwandernden Fremden zu beobachten, wie sie ihren Reißverschluß hochziehen oder sich im Vorbeigehen die Hände schütteln.

Nach dem Essen machte ich allabendlich einen notgedrungen ziellosen Spaziergang, denn es gab so gut wie nichts, das ich mir zum Ziel hätte setzen können. Wie so viele Städte wirkt auch Brüssel bei Nacht um einiges freundlicher. Einmal schlenderte ich zum wuchtigen Palais de Justice, der auf einer kleinen Anhöhe mit Blick über die Altstadt thront und aussieht wie ein amerikanisches Kapitol nach der

Einnahme von Wachstumshormonen. Der Palast ist einfach gewaltig – er bedeckt eine Fläche von über 28000 Quadratmetern und war im neunzehnten Jahrhundert das größte Gebäude der Welt. Doch seine massige Gestalt ist auch schon das einzig Bemerkenswerte an ihm. An einem anderen Abend spazierte ich zum Hauptsitz der EG. In einer Stadt, in der es von Gebäuden wimmelt, die so häßlich sind, daß es einem den Atem verschlägt, hat es das Hauptquartier der EG am Rond Point Schuman geschafft, aus dem Rahmen zu fallen. Es war erst sechs Uhr, doch kein Mensch war zu sehen. Nicht eine Seele machte Überstunden, was mich an einen alten Witz erinnerte: Frage: Wieviele Leute arbeiten in der Europäischen Kommission? Antwort: Ein Drittel von ihnen. Bei einem Blick auf all diese langen Fensterreihen drängt sich einem unwillkürlich die Frage auf, was um Himmels willen da drinnen vor sich geht. Vermutlich sind ganze Flügel mit Leuten besetzt, die sich darum kümmern, daß die Warteschlangen vor den Postämtern in allen Ländern der Gemeinschaft von einheitlicher Länge sind und daß ein Getränkeautomat in Frankreich genau so viele Becher verkehrt herum ausspuckt wie sein Kollege in Italien.

Für einen Amerikaner ist es interessant zu verfolgen, wie die reichsten Länder Europas ihre Souveränität an eine Körperschaft abtreten, die außer Kontrolle geraten zu sein scheint und niemandem gegenüber verantwortlich ist. Wußten Sie, daß die Europäische Kommission aufgrund ihrer byzantinischen Struktur nicht einmal genau sagen kann, »wieviele Mitarbeiter sie hat und womit sie sich alle beschäftigen«? (Ich zitiere aus *The Economist.*) Ich finde das besorgniserregend. Ich persönlich habe beschlossen, die EG nicht zu mögen, als sie den Briten ihre schicken, marineblauen Pässe wegnahm, um sie durch diese labberigen, roten Hefte zu ersetzen, die aussehen wie die Ausweispapiere polnischer Seeleute. Es ist immer dasselbe mit so großen Institutionen. Sie haben keinen Stil.

Ich weiß nicht viel über die Arbeitsweise der EG, aber mir ist ein Sachverhalt bekannt, der, wie ich meine, ihre Leistungsfähigkeit ins rechte Licht rückt: 1972 hat die Europäische Konferenz über Post und Telekommunikation eine einheitliche Telefonvorwahl für alle Länder des Gemeinsamen Marktes gefordert, nämlich die 00. Seither bemühen sich die verschiedenen Mitgliedsstaaten um eine Einigung, bisher allerdings vergeblich. Man muß ihnen wohl noch einmal achtzehn Jahre Zeit lassen, vielleicht kommen die Dinge dann ins Rollen.

Belgien

Ich verbrachte ein paar angenehm müßige Tage damit, im Zug kreuz und quer durch Belgien zu reisen. Belgien ist schon ein sonderbares Land. Es ist alles andere als eine geschlossene Nation; es sind vielmehr zwei: das Niederländisch sprechende Flandern im Norden und das französischsprachige Wallonien im Süden. Die Südhälfte verfügt über die schönsten Landschaften, die hübschesten Dörfer, die beste Küche und beherrscht noch dazu die feine Lebensart der Franzosen, während der Norden die schönsten Städte, die herausragendsten Museen und Kirchen, die Häfen, die Badeorte an der Küste, die Mehrzahl der Einwohner und das meiste Geld hat.

Die Flamen können die Wallonen nicht ausstehen, und die Wallonen können die Flamen nicht ausstehen. Wenn man sich aber ein wenig mit ihnen unterhält, merkt man, daß ein noch größerer Abscheu gegenüber Franzosen und Holländern das ist, was sie dennoch zusammenhält. Einmal bin ich einen ganzen Tag mit einem Niederländisch sprechenden Einheimischen durch Antwerpen gelaufen, und an jeder Straßenecke machte er mich auf ein unschuldig wirkendes Paar aufmerksam und murmelte angewidert »Holländer!«. Er war erstaunt, daß ich zwischen einem Flamen und einem Holländer keinen Unterschied erkannte.

Spricht man die Flamen auf die Gründe für ihre Abneigung an, werden sie ein wenig vage. Am häufigsten hörte ich die Beschwerde, daß Holländer unangemeldet zur Essenszeit erscheinen und nie Geschenke mitbringen. »Ah, wie unsere guten, alten Schotten«, würde ich sagen.

In Antwerpen habe ich eine Menge über dieses Thema erfahren.

Eigentlich wollte ich mir dort nur die Kathedrale ansehen, aber ich blieb bis in den Abend und bummelte durch die unzähligen Bars, die vielleicht die gemütlichsten in ganz Europa sind: kleine, verrauchte Kneipen, so mollig warm wie Nigel Lawsons Weste, mit dunklem Holz vertäfelt und von schummrig gelbem Licht erhellt und immer voller strahlender, scheinbar glücklicher Menschen, die sich bestens amüsieren. In Antwerpen kommt man schnell mit den Leuten ins Gespräch, denn sie sind offen, und fast alle sprechen sie perfekt Englisch. Eine Stunde lang unterhielt ich mich mit zwei jungen Straßenkehrern, die auf dem Nachhauseweg auf ein Gläschen eingekehrt waren. Wo, außer in Nordeuropa, kann sich ein Ausländer in seiner Muttersprache mit einem Straßenkehrer unterhalten?

Immer wieder fiel mir auf, wie viel sie über uns wissen und wie wenig dagegen wir von ihnen. Monatelang kann man die englischen Zeitungen lesen – die amerikanischen bis in alle Ewigkeit –, und man wird nicht einen einzigen Artikel über Belgien darin finden. Und dennoch passieren dort interessante Dinge.

Denken Sie nur an die Bande von Nijvel. Das war eine Terrorgruppe, die Mitte der achtziger Jahre für kurze Zeit das Land unsicher machte. Sie fielen über Supermärkte und gut besuchte Restaurants her, schossen wild um sich und töten wahllos – Frauen, Kinder, jeden, der ihnen in die Quere kam. Hatten sie erst alles niedergemäht, nahmen sie einen relativ kleinen Geldbetrag aus der Kasse und verschwanden wieder. Das Merkwürdige ist, daß die Bande nie ihre Motive zu erkennen gegeben hat. Nie hat sie auch nur eine Geisel genommen, und nie hat sie mehr als ein paar Hundert Francs mitgehen lassen. Sie hatte nicht einmal einen Namen, den jeder kannte. Den Namen Nijvel-Bande hat ihnen die Presse verpaßt, weil ihre Fluchtfahrzeuge der Marke Golf GTI immer irgendwo im Brüsseler Vorort Nijvel gestohlen worden waren. Nach ungefähr sechs Monaten hörten die Überfälle plötzlich auf. Sie wurden nie aufgeklärt. Die Waffen wurden nie gefunden. Und die Polizei hat nicht die leiseste Ahnung, wer die Killer waren und was sie wollten. Ist das nun merkwürdig oder nicht? Und dennoch werden Sie in Ihrer Zeitung vermutlich nicht davon gelesen haben. Und auch das finde ich einigermaßen merkwürdig.

Für einen Tag fuhr ich nach Brügge. Die Stadt liegt nicht einmal fünfzig Kilometer von Brüssel entfernt und ist so schön, so unsagbar schön, daß man glauben könnte, man befände sich in einem anderen Land. Alles an dieser Stadt ist perfekt – ihre Kopfsteinpflasterstraßen, ihre stillen, flaschengrünen Kanäle, ihre mittelalterlichen Häuser mit den Spitzdächern, ihre Marktplätze, ihre schlummernden Parks, einfach alles. Keine Stadt hat in einem solchen Maße von ihrem Niedergang profitiert wie Brügge. 200 Jahre lang war sie die blühendste Stadt Europas, aber durch die Verschlammung des Flußes Zwyn und durch veränderte politische Verhältnisse verkam sie zur tiefsten Provinz, und für 500 Jahre, während andere Städte wuchsen und sich von Grund auf veränderten, geriet sie mehr und mehr in Vergessenheit und blieb unberührt. Als Wordsworth die Stadt im neunzehnten Jahrhundert besuchte, sah er Gras auf den Straßen wachsen. Ich habe mir sagen lassen, daß Antwerpen noch bis zur Jahrhundertwende wesentlich schöner als Brügge war, doch dann rückten die Immobilienspekulanten an und rissen ab, was sie in die Finger bekamen, und das war so ziemlich alles. Brügge blieb dieses Schicksal nur deshalb erspart, weil es schlicht und einfach übersehen wurde.

Einen ganzen Tag lief ich staunend durch diese außergewöhnliche Stadt. Ich schaute ins Groeninge Museum und besichtigte den Begijnhof, dessen Gärten ein Meer aus Narzissen waren, aber meistens wanderte ich nur durch die Straßen und bewunderte ihre Vollkommenheit. Selbst die Größe dieses Ortes war perfekt – groß genug, um eine Stadt zu sein, um Buchläden und interessante Restaurants zu besitzen, aber auch kompakt genug, um freundlich und überschaubar zu sein. Man konnte an einem Tag das gesamte Straßennetz innerhalb des rund um die Stadt führenden Kanals durchstreifen. Und genau das tat ich, und ich sah nicht eine Straße, in der ich nicht gern gewohnt hätte, nicht eine Kneipe, die ich nicht gern besucht hätte, und nicht eine Aussicht, die ich nicht gern täglich vor Augen haben würde.

Es war kaum zu glauben, daß all das Wirklichkeit war – daß die Leute von der Arbeit heimkamen und hier zu Hause waren, daß sie in diesen Läden einkauften und in diesen Straßen ihre Hunde ausführten, daß sie ihr Leben lebten und dachten, die Welt wäre überall so schön wie hier. Es muß ein wahrer Schock für sie sein, wenn sie zum ersten Mal Brüssel sehen.

Ein Versicherungsangestellter, mit dem ich in einer Bar an der St. Jacobstraat ins Gespräch kam, erzählte mir traurig, daß das Leben in Brügge wegen der vielen Touristen für acht Monate im Jahr unerträglich geworden sei. Er berichtete von Besuchern, die neugierig durch seinen Briefschlitz geschielt und auf der Jagd nach Schnappschüssen seine Geranien zertrampelt hätten, was ihn außerordentlich zu stören schien. Aber ich hörte ihm nicht zu, denn erstens war er der größte Langweiler in der Bar, vermutlich in ganz Flandern, und zweitens interessierten mich seine Geschichten nicht. Ich zog es vor, mir meine Illusionen zu bewahren.

Aus diesem Grund verließ ich Brügge früh am nächsten Morgen, bevor der erste Reisebus eintreffen konnte. Ich fuhr nach Dinant, eine Stadt an den Ufern der Meuse, in der es an jenem Tag unaufhörlich regnete. Es war ein hübsches Städtchen. Würde ich nicht gerade aus Brügge gekommen sein, und wäre das Wetter nicht ganz so scheußlich gewesen, hätte es mir dort sicher sehr gefallen. Ich stand auf der Brücke über dem Fluß und sah zu, wie Regentropfen so groß wie Gewehrkugeln auf das Wasser prasselten. Ursprünglich wollte ich ein paar Tage durch die südlichen Ardennen wandern, auf den Spuren meiner ersten Reise, doch auf dieses Wetter war ich nicht vorbereitet. Ich war schon jetzt durchnäßt bis auf die Haut und zitterte, als hätte ich vergessen, meine Malaria-Tabletten zu nehmen. So ging ich nach nur einer Stunde in Dinant zum Bahnhof zurück, setzte mich in den ersten Zug nach Namur und reiste von da aus weiter nach Spa. Einer der Vorteile Belgiens ist, daß man innerhalb von ein, zwei Stunden jede Stadt des Landes erreichen kann. Es dauert eine Weile, bis man sich an den Gedanken gewöhnt hat, daß das ganze Land praktisch ein Vorort von Brüssel ist.

Ich fuhr aus keinem besonderen Grund nach Spa. Allerdings hatte ich schon immer vermutet, daß sich hinter einem solchen Namen ein nettes Städtchen verbergen müsse. Und so war es auch. Es gefiel mir sofort, wie es da eingebettet zwischen grünen Bergen lag, mit einem baumreichen Park, dem Parc de Sept Heures, einer prunkvollen Spielbank, die in keinem Verhältnis zur Bescheidenheit des Städtchens stand, und ein paar großen weißen Hotels rund um eine kleine grüne Insel, dem Place Verte. Der Regen hatte aufgehört und in der Stadt eine saubere Frische zurückgelassen, die ein wenig an die Frische von Laken erinnerte, die man noch warm aus dem Wäschetrockner nimmt. Und über allem schwebte ein geradezu unheimlich zeitloser Hauch von Genesung. Halb erwartete ich, braun uniformierte Soldaten mit fehlenden Gliedmaßen zu sehen, die in Rollstühlen durch den Park geschoben wurden.

Spa ist die Mutter aller Kurorte und war 200 Jahre lang der bevorzugte Tummelplatz der europäischen Königshäuser. Noch bis zum Ersten Weltkrieg ließen sich dort Aristokraten und andere Berühmtheiten verwöhnen. In Spa dankte Kaiser Wilhelm ab, was nicht nur seinen eigenen Niedergang, sondern auch den der Stadt bedeutete. Heute scheint hier kaum noch jemand verwöhnt zu werden, zumindest nicht in dieser Jahreszeit. Ich suchte das Touristen-Informationsbüro im Park auf, sah mir höflich die Auslagen an und fragte den Mann am Schalter, wo sich all die Könige und Königinnen aufhielten.

»Ach, die kommen nicht mehr«, sagte er und lächelte traurig. »Die kommen schon seit Peter dem Großen nicht mehr.«

»Warum denn nicht?«

Er zuckte mit den Schultern. »Wir sind aus der Mode. Heute sind Sonnenschein und Meer gefragt. Meistens sind es wohlhabende Deutsche, die noch zu uns kommen. Wir bieten die verschiedensten Heilverfahren. Wenn Sie Interesse haben ...« Er deutete auf ein Sortiment von Prospekten und wandte sich dann dem nächsten Besucher zu.

Alle Prospekte warben für Kurhäuser mit so nüchternen Namen wie Professor Henrijeans Hydrologieinstitut oder die Abteilung für

Radiologie und Gastroenteritis des Spa Thermalinstituts. Die Palette der Heilverfahren reichte von heißen, matschigen Schlammpackungen bis zum Anschluß an ein frei stehendes, elektrisches Umspannwerk und anschließendem Stromschlag mit Todesfolge; so sah es jedenfalls auf dem Foto aus. Diese Behandlungsarten erzielen die verschiedensten Wirkungen, von denen ich nicht wußte, daß sie wünschenswert sind – sie »weiten die dermalen Gefäße«, »beruhigen die wärmeregulierenden Zentren« und »lindern die periartikularen Kontraktionen«, um nur drei zu nennen.

Mir war sofort klar, daß meine wärmeregulierenden Zentren ruhig genug waren, möglicherweise sogar abgestorben, und daß ich zwar gelegentlich unter periartikularen Kontraktionen leide und vornüber in meine Spaghettis falle, daß ich aber sehr gut damit leben kann, vor allem, nachdem ich mir anhand der Prospekte einen Eindruck von dem verschaffen konnte, was die muskulösen Damen in Weiß in einem solchen Institut mit ihren Patienten anstellen. Ich beschloß also, daß sich derartige Behandlungen in meinem Fall erübrigten, und machte mich auf den Weg zu dem kleinen Hotel, das mir der Mann im Informationsbüro empfohlen hatte.

Ich sprang unter die Dusche, aß zu Abend, machte einen Verdauungsspaziergang und begab mich anschließend in eine gesellige, kleine Kneipe an der Rue Royale, wo ich den Abend mit Martin Gilberts ernstem und monumentalem Second World War beschließen wollte. Das Buch eignet sich nicht besonders als Kneipenlektüre, muß ich sagen. Man liest eine Weile darin, und es dauert nicht lange, und man beginnt, sich sehnsüchtig nach einem Gesprächspartner umzusehen.

Aber in Wallonien spricht kaum jemand Englisch. Ich begann zu bedauern, daß ich nicht genug Französisch verstand, um die Gespräche am Nachbartisch belauschen zu können. In der Schule hatte ich drei Jahre Französisch, habe aber so gut wie nichts dabei gelernt. Das lag vor allen Dingen an den erstaunlich unbrauchbaren Lehrbüchern. Sie waren grundsätzlich von jemandem verfaßt worden, der eindeutig in keinerlei Verbindung zur frankophilen Welt stand – von Prof. Marvis Frisbee vom Highway-68-State-Teachers-College in Windsock,

North Dakota, beispielsweise –, und hatten nicht den geringsten Bezug zum wirklichen Leben. Die alltäglichen Dinge, mit denen man sich in Frankreich würde auseinandersetzen müssen, wie die Handhabung eines Bidets oder der Umgang mit grimmigen Klofrauen und skrupellosen Vordränglern in Warteschlangen, kamen überhaupt nicht zur Sprache. Die Bücher beschäftigten sich ausschließlich mit dem langweiligen Alltag im Klassenzimmer und lehrten uns, wie man seinen Mantel an die Garderobe hängt, wie man für den Lehrer die Tafel wischt, wie man Fenster öffnet und Fenster schließt, wie man seine Hausaufgaben erledigt. Schon in der siebten Klasse ahnte ich, daß Dinge dieser Art in meinem zukünftigen Leben nur von begrenztem Nutzen sein würden. Wie oft würde man während einer Frankreichreise jemandem erklären müssen, daß man eine Tafel wischen will? Wie oft würde man sagen wollen »Es ist Winter. Bald wird es Frühling sein.«? Meine Erfahrung hat gezeigt, daß die Leute das im allgemeinen selbst wissen.

Ich verstehe bis heute nicht, warum sie die Lehrbücher nicht den Interessen von Heranwachsenden anpassen konnten und uns Kapitel zu Themen wie »Gerard et Isabelle beschäftigen sich dans Petting« oder »Claude a son Premier Feuchten Traum. C'est Magnifique!« vorgelegt haben. Zumindest hätten sie uns doch die Sprache in Form von Comic-Heften näherbringen können.

Als ich erwachte, goß es in Strömen. Spritzend zischten die Autos über die halb überschwemmten Straßen. Ich ging zur Bank, um einen Reisescheck einzulösen. Danach sah ich mir die Schaufenster an der Place Verte an und suchte Schutz unter den Markisen, auf die stetig und irgendwie beruhigend der Regen trommelte. Jeder Laden war gefüllt mit den verlockendsten Köstlichkeiten – La Raclette Fromagerie mit Käse so groß wie Autoreifen; die Boucherie Wagener mit zu Ringen gebundenen Würsten und rosa Bergen aus Scheiben von geräuchertem Ardennenschinken im Fenster; La Gâterie, deren Fenster ein Traum aus Marzipanfrüchten, kunstvollen Sahnetorten und anderen schaumigen Leckereien war. Wie raffiniert sie auf dem Kontinent ihre Schaufenster gestalten! Selbst die Fenster der Drogerien waren so sauber und ordentlich und liebevoll dekoriert, daß man unwillkürlich sehnsüchtig auf Hühneraugenpflaster und Slipeinlagen schaute.

Nachdem ich auch den letzten Laden bewundert hatte, starrte ich mit leerem Blick über den Place Verte und wußte nicht, was ich mit mir anfangen sollte. Spontan beschloß ich, nach Durbuy weiterzufahren, in der Hoffnung, das Wetter könnte dort besser sein. Da Durbuy nur fünfundzwanzig Kilometer entfernt lag, war das allerdings recht unwahrscheinlich. Trotz der geringen Entfernung nahm die Fahrt, dank der Seltsamkeiten des belgischen Eisenbahnsystems, fast den ganzen Vormittag in Anspruch. Auch nach zweimaligem Umsteigen war ich noch nicht am Ziel, denn Durbuy selbst hatte keinen Bahnhof. Der nächstgelegene Bahnhof befand sich in Barvaux, das auf der Karte ungefähr einen halben Millimeter links von Durbuy lag, was in Wirklichkeit einer Entfernung von vier Kilometern entsprach, in deren Verlauf es einen atemberaubend steilen Berg zu überwinden galt. Schon vom Bahnhof konnte ich hören, wie sich Lkws die Steigung hinaufquälten. Wenigstens hatte es aufgehört zu regnen.

Ich wollte ein Taxi nehmen. Da ich am Bahnhof keins fand, ging ich in die Stadt, eigentlich ein großes Dorf, und suchte nach einer Bushaltestelle oder einem Taxistand. Schließlich betrat ich ein Hotel an der Hauptstraße und erfuhr von der mürrischen Inhaberin, daß es in Barvaux weder Taxis noch Busse gab. Mit meinem besten Schulfranzösisch fragte ich die Dame, wie man nach Barvaux kommt, wenn man sans l'auto ist. Ich bereitete mich darauf vor, daß sie gleich einen toten Biber hervorholen würde, doch statt dessen sagte sie nur »À pied, Monsieur«, und schenkte mir ein gleichgültiges Achselzucken – diese für die Gallier so typische Geste, bei der sie ihr Kinn bis in Gürtelhöhe absacken lassen und dann versuchen, ihre Ohren mit den Schultern bis zum Scheitel hinaufzuschieben. Man muß schon ein Gallier sein, um dieses Kunststück fertigzubringen. Die Geste läßt sich wie folgt interpretieren: »Das Leben ist ein Haufen Scheiße, Monsieur, da stimme ich Ihnen zu. Und weil das so ist, habe ich nicht einen Funken Mitgefühl für Sie, denn, Monsieur, es ist Ihr Haufen Scheiße.«

Ich dankte ihr, daß sie in meinem Leben nur eine so kleine und unbedeutende Rolle gespielt hatte, und marschierte in Richtung Stadtrand, wo ich feststellen mußte, daß der Berg eine vertikale Felswand war. Die Straße war gesäumt von diesen unansehnlichen Häusern, die immer an vielbefahrenen Straßen stehen und so aussehen, als würden sie von schweren Lkws langsam, aber sicher so durchgeschüttelt, daß sie eines Tages in sich zusammenfallen. Jeder Vorgarten war mit Stacheldraht umzäunt, und hinter jedem Stacheldrahtzaun döste ein Hund namens Spike, der auf mich zugeschossen kam, als ich mich näherte, und sich gegen das Tor warf, bellte und die Zähne fletschte und mir am liebsten das Fleisch von den Knochen genagt hätte.

Ich weiß nicht, was es ist, aber irgendetwas an mir bringt Hunde zur Raserei. Ich wäre längst ein reicher Mann, würde ich jedesmal einen Groschen bekommen, wenn ein Hund nach meinen Flanken schnappt, während der Besitzer daneben steht und sagt: »Ich verstehe das nicht. Das hat er noch nie getan. Was haben Sie denn bloß zu ihm gesagt?« Das haut mich immer um. Was sollte ich einem Hund wohl sagen? »Hallo, alter Junge, möchtest du vielleicht ein bißchen an meinem Bein rumknabbern?«

Die einzige Situation, in der ein Hund nicht auf mich losgeht, als wolle er mich für immer in den Rollstuhl verbannen, ist, wenn ich bei jemandem zu Gast bin und mit randvoll gefülltem Glas in einem tiefen Sofa sitze. In einem solchen Fall zieht der Hund es vor, mich sexuell zu belästigen. – Es handelt sich übrigens immer um große Hunde mit defekter Speicheldrüse. – »Komm schon, Bill, zieh deine Hose aus. Ich bin *heiß*«, scheint er zu sagen, woraufhin der Besitzer mich zu fragen pflegt: »Stört er dich etwa?«. Auch das haut mich jedesmal vom Hokker. »Nein, Jim, ich finde es toll, wenn ein Hund leidenschaftlich sein Hinterbein an meinem Kopf reibt und mit seinen Zähnen an meinen Eiern rumspielt.«

»Ich bring ihn raus, wenn er dich stört«, fügt der Besitzer dann hinzu, und ich würde am liebsten antworten »Nein, bring ihn nicht raus, bring ihn *um*.«

Wenn es nach mir ginge, könnte man alle Hunde dieser Welt in einen großen Sack stecken und auf eine ferne Insel verfrachten – spontan fällt mir da Grönland ein –, wo sie herumtollen und sich nach Herzenslust beschnüffeln können, ohne mich je wieder zu terrorisieren. Die einzigen Hunde, die ich nicht in die Verbannung schicken würde, sind Pudel. Pudel würde ich erschießen.

Um die Wahrheit zu sagen, ich mag fast überhaupt keine Tiere. Sogar Goldfische machen mir Angst. Ihre ganze Existenz scheint ein einziger Vorwurf zu sein. »Was soll das alles?« scheinen sie zu sagen. »Ich schwimme hier, ich schwimme da. Wozu?« Ich kann einen Goldfisch nicht länger als zehn Sekunden betrachten, und schon kommt es mir vor, als würde ich gleich Selbstmord begehen, oder doch zumindest, als würde ich einen französischen Roman lesen.

Persönlich halte ich Kühe für die einzigen akzeptablen Haustiere. Kühe lieben jeden. Sie sind ungefährlich, sie sehen nett aus, sie brauchen zum Scheißen keine Kiste, sie halten das Gras kurz, und sie sind so vertrauensvoll und dumm, daß man gar nicht anders kann, als sie in sein Herz zu schließen. Am anderen Ende der Straße, an der ich wohne, liegt eine Kuhweide. Zu welcher Tages- oder Nachtzeit ich mich auch an den Zaun stelle, nach einer Minute kommen die Viecher angelatscht und gesellen sich zu mir, viel zu dumm, um zu wissen, was sie als Nächstes tun werden, aber glücklich, in meiner Nähe zu sein. Wahrscheinlich rühren sie sich den ganzen Tag nicht mehr vom Fleck. Sie hören zu, wenn man ihnen sein Herz ausschüttet, und erwarten nicht mal Dank dafür. Sie sind Freunde fürs Leben. Und hat man die Nase voll von ihnen, kann man sie schlachten und aufessen. Das ideale Haustier.

Durbuy liegt am Fuß einer schwindelerregend steilen Straße auf der anderen Seite des Berges. Das Städtchen schien etwa einen Kilometer unter mir zu liegen. Es war einer dieser Berge, bei denen man nicht weiß, ob man noch zum Stehen kommt, hat man erstmal mit dem Abstieg begonnen. Während ich bergab lief, verlor ich mehr und mehr die Kontrolle über meine Beine. In der letzten Kurve war ich nur mehr ein Passagier auf den Stummelbeinen eines außerirdischen Wesens. Sie steuerten mich mit rasantem Tempo auf eine steinerne Scheune am Ortseingang zu. Im Geiste sah ich, wie ich ihre Mauern durchbrach und die Umrisse meines Körpers als Loch darin zurückließ, wie eine Figur in einem Zeichentrickfilm. Aber tatsächlich tat ich etwas viel Interessanteres. Ich trat auf ein wackeliges Rohr und verstauchte mir böse den Fuß – ich meinte, deutlich ein Knacken wie von brechendem Holz zu hören –, drehte eine Reihe tolpatschiger Pirouetten, bei denen ich mir, noch während ich um mich selbst rotierte, wie das Frankenstein-Monster auf Rollschuhen vorkam, wirbelte über die Straße, krachte mit dem Gesicht voran in die Scheunenwand, taumelte einen Moment und fiel schließlich rücklings zu Boden.

Ich lag reglos im hohen Gras und brauchte eine Minute, bis ich begriffen hatte, daß das Ende meines rechten Beines ungekannte Qualen litt. Von Zeit zu Zeit hob ich das Kinn an die Brust und blickte an meinem Körper hinunter, um festzustellen, ob mein rechter Fuß in die falsche Richtung zeigte oder auf andere Weise verrenkt dalag, was die Heftigkeit der Schmerzen erklärt hätte. Aber er sah ganz normal aus. Auch den Berg konnte ich sehen, und flüchtig dachte ich auf seltsam abstrakte Weise darüber nach, wie ich ohne Bus und ohne Taxi je wieder da hinauf kommen sollte.

Schließlich richtete ich mich mit Hilfe der Scheunenwand auf und humpelte zu einem Café hinüber, wo ich mich auf den erstbesten Stuhl fallen ließ und eine Cola bestellte. Ich zog Schuh und Strumpf aus und untersuchte meinen Knöchel, in der Erwartung, genaugenommen sogar in der Hoffnung – ganz in der perversen Art und Weise des verletzten Mannes – einen zersplitterten Knochen zu entdecken, der wie eine Zeltstange unter der Haut hervorsteht und bei jedem Betrachter ein Gefühl der Übelkeit auslösen würde. Doch der Fuß hatte sich lediglich blaß bläulich verfärbt, war empfindlich und ganz leicht angeschwollen. Und wieder einmal mußte ich mich damit abfinden, daß ich unter schrecklichen Schmerzen gelitten hatte, ohne eine Verletzung aufweisen zu können, die furchtbar genug war, um mich per Rettungshubschrauber in ein Krankenhaus fliegen zu lassen, wo junge Krankenschwestern in erotisch gestärkten Uniformen sich meiner annehmen würden. Eine halbe Stunde nippte ich niedergeschlagen an meiner Cola, bis ich dann beim Aufstehen merkte, daß ich das Schlimmste überstanden hatte und wieder einigermaßen laufen konnte.

So humpelte ich denn durch Durbuy. Es war ein außergewöhnlich hübsches Städtchen, mit engen Gassen und schiefergedeckten Häusern. Am Stadtrand stand ein Schloß, das einem Märchenbuch entsprungen zu sein schien. Zu seinen Füßen rauschte ein seichter, aber reißender Fluß, die Ourthe, und rundherum erhoben sich seltsam herrisch die grünen Berge, die jahrhundertelang die Außenwelt ferngehalten hatten. Der Größe der Parkplätze nach zu urteilen war Durbuy ein beliebtes Ausflugsziel. Mir begegnete allerdings kaum jemand, und die meisten Geschäfte waren geschlossen. Ich verbrachte mehrere Stunden in der Stadt. Die meiste Zeit saß ich auf einer Bank am Fluß, versunken in die Schönheit der Landschaft und in den Gesang der Vögel. Daß dieser stille Ort mehr oder weniger im Epizentrum der Ardennenoffensive gelegen hat, konnte ich mir beim besten Willen nicht vorstellen. Ich kramte Gilberts Buch über den Zweiten Weltkrieg hervor und überflog das Stichwortverzeichnis. Durbuy und Barvaux wurden nicht erwähnt, aber viele der Nachbarorte waren darin zu finden – Malmédy, wo eine Einheit der SS zweiundsiebzig gefangene amerikanische Soldaten auf einen Acker geschleppt und erschossen hat, statt sie wie Kriegsgefangene zu behandeln; Stavelot, wo zwei Tage später die nimmermüden Unmenschen der SS 130 belgische Zivilisten töteten, darunter dreiundzwanzig Kinder; Bastogne, wo amerikanische Streitkräfte einen Monat lang belagert worden waren, was Hunderten das Leben gekostet hat; und viele andere Städte und Dörfer. Es wollte mir einfach nicht in den Kopf, daß diese schrecklichen, grausamen Dinge hier geschehen waren, in diesen Bergen und in diesen Wäldern, und daß sie Menschen geschehen waren, die mir zeitlich so nahe standen wie mein Vater. Und jetzt war es, als wäre das alles nie passiert. Deutsche, die in diesen Dörfern Frauen und Kinder abgeschlachtet hatten, konnten nun als Touristen wiederkommen, mit Kameras vor den Bäuchen und Ehefrauen an den Armen, als hätte all das Grauen nur in einem Hollywood-Streifen stattgefunden. Mehr als einmal habe ich gehört, daß es für die Einheimischen nach dem Krieg zu den schwierigsten Dingen im Zusammenleben mit den Deutschen gehörte, mitansehen zu müssen, wie sie zurückkamen, um ihren Frauen und Freundinnen mit geschwellter Brust die Orte zu zeigen, bei deren Zerstörung sie mitgeholfen hatten.

Gegen drei Uhr dachte ich, es wäre an der Zeit, mich auf den Rückweg nach Barvaux zu machen. Wegen der vielen Pausen, die ich unterwegs einlegen mußte, und wegen der schmerzerfüllten Langsamkeit, mit der ich mich fortbewegte, erreichte ich den Bahnhof erst um kurz nach sechs. Er war dunkel und völlig menschenleer, und an den Wänden hing nicht ein Fahrplan. Ich setzte mich auf eine Bank und hatte keine Ahnung, wann der nächste Zug vorbeikommen würde, ob es überhaupt einen nächsten Zug geben würde. Es war ein so einsamer Bahnhof, wie man ihn sich in einem so kleinen und dicht bevölkerten Land wie Belgien nur vorstellen kann. In beiden Richtungen verliefen die Schienen für vier oder fünf Kilometer schnurgeradeaus. Ich fror und fühlte einen pochenden Schmerz im Knöchel. Obendrein war ich müde – und vor allem hungrig. Ich hatte den ganzen Tag nichts gegessen.

Einsam und geschwächt wie ich war, begann ich, sehnsüchtig an mein altes Stammlokal in meiner Heimatstadt zu denken. Es hieß »Y Not Grill«, was soviel bedeutet wie »Warum Nicht Grill«, und jedermann nahm an, dieser Name sei die Kurzfassung von »Warum Kommen Sie Nicht Herein und Lassen Sich Vergiften«. Es war ein merkwürdiges Lokal. Man könnte auch sagen, es war ein schreckliches Lokal, aber wie bei den meisten Dingen, die mit der eigenen Jugend zusammenhängen, war es gleichermaßen herrlich und schrecklich. Das Essen war abscheulich, die Kellnerinnen waren ständig gereizt und dumm, und bei den Köchen handelte es sich ausnahmslos um entflohene Zuchthäusler von zweifelhafter Sauberkeit. Sie litten unter chronischem Schnupfen, der so charakteristisch für einen ausschweifenden Lebenswandel ist, so daß unentwegt ein Tröpfchen Feuchtigkeit an den Spitzen ihrer Nasen hing. Und wenn der Küchenchef sich umdrehte, um einem das Essen zu servieren, ahnte man bereits mit stoischer Gelassenheit, daß das Tröpfchen verschwunden sein würde und nun wie eine Perle Morgentau irgendwo auf dem Hamburger glitzerte.

Im »Y Not« arbeitete eine Kellnerin namens Shirley. Sie war die unangenehmste Person, die mir je begegnet ist. Was man auch bestellte, immer sah sie einen an, als hätte man sich soeben ihr Auto ausleihen wollen, um mit ihrer Tochter für ein schweinisches Wochenende nach Tijuana zu fahren.

»*Was* willst du?« fragte sie immer.

»Schweinelenden mit Zwiebelringen, bitte«, würde man mit entschuldigender Miene wiederholen. »Nur wenn's nicht zuviel Mühe macht, Shirley.«

Fünf Minuten konnte sie einen ansehen, als wollte sie sich die Gesichtszüge für den Polizeibericht einprägen, dann kritzelte Shirley die Bestellung auf einen Block und brüllte dem Koch etwas in diesem sonderbaren Kauderwelsch zu, das sie in solchen Lokalen immer von sich geben und das sich anhört wie »Zwei lose Stühle und den Schlong von einem toten Hund«.

In einem Hollywood-Film wäre Shirley von Marjorie Main gespielt worden. Sie wäre schroff und herrisch, aber man würde sofort merken, daß in ihrem üppigen Busen ein Herz aus purem Gold schlägt. Hätte man ihr unerwartet ein Geburtstagsgeschenk mitgebracht, wäre sie rot geworden und hätte gesagt »Mensch, Junge, das hättste doch nich machen solln.« Hätte man Shirley ein Geburtstagsgeschenk mitgebracht, hätte sie nur gegrunzt »Was für'n Scheiß is das?«. Shirley hatte leider kein Herz aus Gold. Ich glaube, sie hatte überhaupt kein Herz. Sie konnte nicht mal richtig mit ihrem Lippenstift umgehen.

Doch auch das »Y Not« hatte seine Vorzüge. Vor allem war es die ganze Nacht geöffnet, es war also immer für einen da, ob man nun dringend seinen Cholesterinspiegel erhöhen mußte oder in den frühen Morgenstunden einfach nur unter Leuten sein wollte. Es war eine Stätte der Zuflucht, eine kleine Insel des Lichts in der Dunkelheit von Downtown und dem Lokal auf Edward Hoppers Gemälde »*The Nighthawks*« sehr ähnlich.

Das »Y Not« gibt es schon lange nicht mehr. Leider. Es hieß, der Besitzer hätte eines Abends dort gegessen und sei daran gestorben. Doch ich habe es noch immer vor Augen: die beschlagenen Fensterscheiben, das in einer Ecke kauernde Grüppchen von Nachtarbeitern, Shirley, die einen besinnungslosen Gast beim Schopf packt, um unter seinem Kopf den Tresen abzuwischen, einen einsamen Mann mit Cowboyhut, der in Tagträumen versunken vor einer Tasse Kaffee und einer vor sich hin qualmenden Camel sitzt. Von Zeit zu Zeit denke ich daran zurück, ganz besonders an Orten wie dem südlichen Belgien, wenn es dunkel ist und kühl, und wenn sich verwaiste Bahngleise in zwei Richtungen bis zum Horizont erstrecken.

Aachen und Köln

Ich nahm einen Zug nach Aachen, eine Stadt, in der ich bisher noch nicht gewesen war. Sie liegt ganz in der Nähe von Lüttich, wo ich die Nacht verbracht hatte, und da ich das Aachener Münster schon immer sehen wollte, nutzte ich die Gelegenheit. Aachen, Maastricht und Lüttich sind praktisch Nachbarstädte. Obwohl sie nur etwa dreißig Kilometer voneinander entfernt liegen, befinden sie sich in drei verschiedenen Ländern und sprechen drei verschiedene Sprachen (nämlich Niederländisch, Französisch und Deutsch), doch die Menschen in dieser Region haben einen eigenen Dialekt entwickelt, so daß sie sich untereinander besser verständigen können als mit ihren Landsleuten.

Ich quartierte mich in einem kleinen Hotel gegenüber vom Bahnhof ein, lud meinen Rucksack ab und machte mich gleich daran, die Stadt zu erkunden. Mein Eifer überraschte mich selbst ein wenig. Ich hatte Deutschland seit siebzehn Jahren nicht mehr gesehen und wollte herausfinden, ob es sich verändert hatte. Und das hatte es. Es war noch reicher geworden. Es war 1973 schon ganz ordentlich reich, aber jetzt – Donnerwetter! Daneben verblaßten sogar die wohlhabenden Flamen. Hier sah fast jedes Kaufhaus teuer aus und war vollgestopft mit so exklusiven Dingen wie Mont-Blanc-Füllern und Audemars-Piguet-Uhren, und es mangelte nicht an Kundschaft. Selbst die Geschäfte, deren Sortiment aus profaneren Dingen bestand, erregten meine Aufmerksamkeit – zum Beispiel J. von der Driesel, ein Fachgeschäft für Küchengeräte und andere Haushaltsartikel in der Nähe des alten Marktplatzes. In seinen riesigen Fenstern war nichts Aufregenderes zu sehen als Bügelbretter, Wäschekörbe, Töpfe und Pfannen, doch jede Pfanne funkelte, jedes einzelne Stück Plastik glänzte. Ein Stückchen weiter kam ich nicht an einem, sondern an zwei Beerdigungsinstituten vorbei, deren Särge auf mich zwar einen germanisch kühlen Eindruck machten, die aber dennoch so elegant und einladend wirkten, daß ich unwillkürlich die Qualität der Futterstoffe und die glänzenden Beschläge bewunderte.

Ich hatte noch immer die amerikanische Angewohnheit, Europa als ein Land und die Europäer im wesentlichen als ein Volk zu betrachten. Zwar kann man überall nachlesen, daß das Bruttosozialprodukt Dänemarks pro Kopf um vierzig Prozent höher liegt als das Großbritanniens, deshalb sehen die Dänen aber doch nicht vierzig Prozent reicher aus als die Briten. Und sie tragen auch keine Schuhe, die vierzig Prozent mehr glänzen, und ebensowenig fahren sie vierzig Prozent größere Autos. Hier allerdings wirkten die Menschen tatsächlich um einiges reicher, sogar um deutlich mehr als vierzig Prozent. Die Leute sahen aus, als hätten sie das, was sie am Leibe trugen, erst am Morgen gekauft. Nicht einmal die Turnschuhe der Kinder waren abgewetzt. Jedes Auto funkelte, als käme es direkt aus dem Ausstellungsraum. Selbst bei den Taxen handelte es sich ausnahmslos um Vertreter der Marke Mercedes Benz. Es war wie in Beverly Hills. Und dies war nur eine unbedeutende, kleine Stadt am Rande des Landes. Die Deutschen haben den Rest von uns weit hinter sich gelassen.

Nicht alles war perfekt. Viele Gebäude in der Innenstadt waren von offensichtlicher Mittelmäßigkeit, vor allem das moderne Einkaufsviertel. Und die Kneipen und Restaurants konnten sich nicht in Gemütlichkeit und Geselligkeit mit denen in Holland und Belgien messen. Doch kaum stand ich in der Stille des Domhofes, waren all diese kleinen Unzulänglichkeiten vergessen. Zuerst ging ich in die Schatzkammer, die die schönste Reliquiensammlung beherbergt, die ich je zu sehen gehofft habe. Unter den Schätzen befinden sich die berühmte, lebensgroße Goldbüste von Karl dem Großen, ein geschnitztes Triptychon aus dem sechzehnten Jahrhundert, das eine Messe von Papst Gregor darstellt und das ich mein Leben lang betrachten könnte, und viele andere Dinge von außerordentlicher Schönheit und Kunstfertigkeit.

Die gesamte Ausstellung verteilt sich auf nur drei kleine, schlichte und spärlich beleuchtete Räume – aber was für eine Sammlung! Daneben befindet sich die achteckige Kapelle, der die Kirche von San Vitale in Ravenna als Vorbild gedient hat. Ehemals gehörte sie zu einer Schloßanlage, die im Zweiten Weltkrieg nahezu vollständig zerstört wurde. Die Kapelle ist klein und dunkel, aber wunderschön mit ihrem Kuppeldach, den Streifen aus verschiedenfarbigem Marmor und den prächtigen Buntglasfenstern. Sogar zu Zeiten Karls des Großen muß sie oft überfüllt gewesen sein, denn mehr als etwa hundert Menschen passen nicht hinein, aber jeder Zentimeter ist eine Augenweide. Die Kapelle ist eines dieser Bauwerke, die man sich nicht so sehr anschaut, als vielmehr darin badet. Ich würde morgen nach Aachen fahren, um sie wiederzusehen.

Nach dem Besuch im Aachener Münster machte sich mein lädierter Knöchel wieder bemerkbar, und ich konnte meinen Stadtrundgang nur im Schneckentempo fortsetzen. Ich sah mir den großen, kopfsteingepflasterten Marktplatz an und humpelte zu einem übernatürlich friedlich wirkenden Wohnviertel am Lousberg Park. Die Vorstellung, daß diese angenehme Provinzstadt einst eine der bedeutendsten Städte Europas war, der Sitz des Heiligen Römischen Reiches, die Hauptstadt Karls des Großen, war schon sonderbar. Ein oder zwei Tage später schlug ich in Gilberts Geschichte des Zweiten Weltkriegs nach und erfuhr, daß Aachen als erste deutsche Stadt 1944 an die Alliierten gefallen war. Dem waren siebentägige Straßenkämpfe vorausgegangen, in deren Verlauf fast die ganze Stadt in Schutt und Asche gelegt worden war. Wer die Stadt heute sieht, wird das kaum für möglich halten.

Am Abend begab ich mich auf die Suche nach einem Restaurant. Das kann in Deutschland zu einem Problem werden, denn es besteht immer die Möglichkeit, daß plötzlich drei Jungs in Lederhosen auftauchen und eine Polka zum besten geben. Man muß also vorsichtshalber durch die Fenster schauen und eingehend den Wirt befragen, um sicherzustellen, daß nicht um Punkt halb neun Willi und die Bayern-Burschen eine kleine Bühne erklettern. Es gibt nämlich nichts Schlimmeres, als gerade im Begriff zu sein, kräftig zuzulangen, ein gutes Buch aufgeschlagen neben sich, und sich dann unversehens von rotbäckigen Deutschen umringt zu sehen, die Maßkrüge schwenken und aus voller Kehle das »Horst Wessel Lied« schmettern. Nach dem Krieg hätte man die Deutschen im Rahmen des Waffenstillstandsabkommens verpflichten müssen, zusammen mit ihren Waffen auch ihre Akkordeons niederzulegen.

Ich studierte die neben den Türen ausgehängten Speisekarten von sechs oder acht Restaurants, stieß aber nur auf so ominöse germanische Gerichte wie Schweineschnauze mit Spucke und Grütze, gefüllte Schafsdärme und dergleichen mehr. Vermutlich verbergen sich dahinter ganz schmackhafte, wahrscheinlich sogar köstliche Speisen, aber mich überkommt stets die quälende Angst, ich könnte aus Versehen etwas bestellen, das sich dann als ein dampfender Teller voller Kutteln und Augäpfel entpuppt. In Norddeutschland haben Katz und ich einmal leichtsinnigerweise Kalbsbregen bestellt. Eine Minute später erschien zögernd und verlegen der Wirt an unserem Tisch und wischte sich die Hände an seiner Schlachterschürze ab.

»Entschuldigen Sie vielmals, meine Herren«, sagte er auf Englisch, »aber wissen Sie denn, was Kalbsbregen ist?«

Wir sahen uns an und gestanden, daß wir es nicht wußten.

»*It is what ze little cows zinks wiz*«, klärte er uns auf.

Katz fiel beinahe in Ohnmacht. Ich dankte dem Mann von Herzen, uns darauf aufmerksam gemacht zu haben, obwohl ich zu behaupten wage, daß dahinter ein gewisser Eigennutz steckte, daß es nämlich das Anliegen war, zu verhindern, daß sich zwei junge Amerikaner mitten in seinem Restaurant erbrechen könnten, das ihn an unseren Tisch führte. Jedenfalls bat ich ihn, uns etwas zu bringen, das auch in Mittelamerika als eßbar durchgehen würde. Während wir darauf warteten, wurde uns bewußt, wie knapp wir dem Unheil entgangen waren. Wir schüttelten fassungslos die Köpfe, wie zwei Leute, die soeben unversehrt einem Autowrack entstiegen sind, und sprachen darüber, was für sonderbare Menschen doch die Europäer sind. Auf einer Reise durch einen Kontinent, auf dem die Leute freiwillig Zungen, Nieren, Pferdefleisch, Froschschenkel, Gedärme, Würste aus geronnenem Blut und die Hirne von kleinen Kühen essen, ist schon einiges an Wachsamkeit gefordert.

Endlich, nachdem ich eine ganze Weile gelaufen war, entdeckte ich in der Nähe meines Hotels an der Theaterstraße ein italienisches Restaurant namens Capriccio. Die Küche war italienisch, aber beim Personal handelte es sich ausnahmslos um Deutsche. Meine Kellnerin sprach kein Wort Englisch, und ich hatte die größte Mühe, mich verständlich zu machen. Ich bestellte ein Bier, und sie sah mich entgeistert an.

»Was? Tier?«

»Nein, Bier«, sagte ich, und ihre Verwirrung wuchs.

»Gier? Schmier? Stier? King Lier?«

»Nein, nein, *Bier.*« Ich deutete auf die Speisekarte.

»Ah, *Bier*«, sagte sie mit einer Spur von Mißbilligung, als hätte ich sie absichtlich irregeführt. Es war mir unangenehm, daß ich kein Deutsch sprach. Allerdings tröstete mich der Gedanke, daß ich, würde ich die Sprache verstehen, mitanhören müßte, womit der Wichtigtuer am Nachbartisch vor seiner Frau (oder vielleicht Geliebten) prahlte, was mich sicher ebenso gelangweilt hätte wie sie. Sie rauchte eine Zigarette nach der anderen und betrachtete mit unverhohlenem Interesse alle im Raum anwesenden Männer, natürlich mit Ausnahme meiner Wenigkeit. (Ich bin für jedermann unsichtbar, außer für Hunde und die Zeugen Jehovas.) Ihr Begleiter merkte nichts davon. Er war zu sehr damit beschäftigt, ihr zu berichten, wie er gerade eine Ladung Hula-Hoop-Reifen und Leo Sayer Alben an die Ostdeutschen verkauft hatte, und sonnte sich in seinem Erfolg.

Wenn er lachte, hatte der Mann eine ungeheure Ähnlichkeit mit Arvis Dreck, meinem Lehrer im Fach Werken an der Junior Highschool. Das war eine beunruhigende Übereinstimmung, denn Mr. Dreck war eben jener Mann, dem ich meine wenigen Deutschkenntnisse zu verdanken habe.

Ich hatte mich damals nur deshalb für den Deutschkurs eingeschrieben, weil er vom Traum meiner schlaflosen Nächte gegeben wurde. Sie hieß Miss Webster und hatte die wundervollsten Brüste und ein Hinterteil, das sich unter ihrem Rock wie zwei eingeschweißte Melonen abzeichnete. Sobald Miss Webster sich streckte, um etwas an die Tafel zu schreiben, begannen achtzehn pubertierende Jungs schwer zu atmen, und eine Hand nach der anderen glitt unter den Tisch. Doch kaum waren die ersten zwei Wochen des Schuljahres um, verließ Miss Webster unter mysteriösen Umständen die Schule, und Mr. Dreck sprang ein, bis Ersatz für sie gefunden war.

Das war eine Katastrophe. Mr. Dreck verstand rein gar nichts von der deutschen Sprache. Näher als bis zu einem Bierfest in Milwaukee war er Deutschland nie gekommen. Ich bin sicher, daß er nicht im mindesten qualifiziert war, um diese Sprache zu lehren. Er unterrichtete uns, indem er mit seinem Stummelfinger den Zeilen eines Buches folgte und dabei alles übersprang, was ihm zu schwierig war. Ich glaube nicht, daß es allzu viel akademischer Bildung bedurfte, um an der Junior Highschool Werken zu lehren, doch selbst das verlangte Mr. Dreck bereits das Äußerste seiner geistigen Leistungsfähigkeit ab.

Ich habe Mr. Dreck gehaßt, wie ich noch nie einen Menschen gehaßt habe. Zwei lange Jahre hat er mir das Leben zur Hölle gemacht. Während seiner endlosen, eintönigen Monologe über Handwerkzeuge aller Art, über deren Verwendung und Pflege, habe ich mich wirklich bemüht aufzupassen, doch schon nach wenigen Minuten wanderte mein Blick hilflos zum Fenster, vor dem eine Mädchenklasse ihren Gymnastikunterricht abhielt – sechsunddreißig pubertierende Mädchen, bekleidet mit kleinen, blauen Faltenröcken, die nicht ganz ihre kleinen frechen Hintern bedeckten –, und meine Gedanken rissen sich los, wie sich ein Hund von der Leine reißt, und tollten verspielt um sie herum, schnüffelten und hechelten um all die langen, braungebrannten Beine herum. Wandte ich mich dann nach ein oder zwei Minuten mit verträumt lüsternem Grinsen wieder dem Unterricht zu, mußte ich feststellen, daß alle Augen auf mich gerichtet waren. Offensichtlich hatte Mr. Dreck mir gerade eine Frage gestellt.

»Verzeihung, Mr. Dreck?«

»Ich sagte – was für ein Sägeblatt ist das hier, Mr. Bryson?«

»Das ist ein scharfes Sägeblatt, Mr. Dreck.«

Daraufhin stieß Mr. Dreck einen dieser verzweifelten Seufzer aus, den sich dumme Menschen für die wenigen glücklichen Momente aufheben, in denen sie zufällig jemandem gegenüberstehen, der noch dämlicher ist als sie. Mit müder Stimme sagte er: »Das ist ein ungarischer doppelter Nasenbohrer, Mr. Bryson.« Dann ließ er mich für den Rest der Stunde in der Ecke stehen, wo ich mit der Nase ein Stück grobes Schmirgelpapier gegen die Wand drücken mußte.

Ich besaß nicht das geringste handwerkliche Geschick. Alle anderen in der Klasse bauten Kisten aus Zedernholz oder hochseetaugliche Boote und durften mit gefährlichen, lärmenden Elektrowerkzeugen hantieren. Ich dagegen wurde nur mit leichten Bastelarbeiten beschäftigt, zusammen mit Tubby Tucker und einem Jungen, der so dumm war, daß keiner von uns jemals seinen Namen behielt. Wir nannten ihn einfach Drooler. Wir drei bekamen nichts Gefährlicheres als Schmirgelpapier und Leim in die Hände, womit wir dann Woche für Woche albernen Krimskrams bastelten, bis auf Drooler – der aß einfach den Leim auf. Mr. Dreck ließ keine Gelegenheit aus, mich zu demütigen. »Und was ist *das* hier?« rief er und griff nach dem übel zugerichteten Holzklotz, an dem ich die letzten siebenundzwanzig Wochen gearbeitet hatte, um ihn zur allgemeinen Belustigung in die Höhe zu halten. »Seit sechzehn Jahren unterrichte ich nun dieses Fach, und ich muß Ihnen sagen, Mr. Bryson, dies ist die am schlechtesten abgeschrägte Kante, die ich je gesehen habe.« Als er einmal ein von mir konstruiertes Vogelhäuschen in die Hände nahm, brach es prompt zusammen. Die Klasse brüllte vor Lachen. Tubby Tucker bekam einen solchen Lachanfall, daß er beinahe daran erstickt wäre. Er lachte zwanzig Minuten lang und hörte selbst dann nicht auf, als ich ihm drohte, seine Hoden abzuschrägen.

Die Kellnerin brachte mein Bier, und mir wurde unangenehm bewußt, daß ich die letzten zehn Minuten in meinem eigenen kleinen

Universum verbracht hatte, vermutlich nicht ohne dabei leise vor mich hin zu kichern und mit mir selbst zu reden. Ich blickte etwas irritiert um mich und stellte erleichtert fest, daß niemand es bemerkt zu haben schien. Der Mann am Nebentisch war vollauf damit beschäftigt, sich seiner Frau/Geliebten gegenüber damit zu brüsten, 2000 Jason King Videotapes, 170 Sinclair Elektroautos sowie die letzten 68000 Exemplare der amerikanischen Ausgabe von *Straßen der Erinnerung* als Isoliermaterial an die Rumänen verkauft zu haben. Seine Begleiterin schlief, ihren Blicken nach zu urteilen, währenddessen mit einem Mann, der allein am anderen Ende des Raumes saß, oder vielmehr war es ein Sichselbstbefriedigen, denn er war viel zu sehr von dem Gewirr aus meterlangen Spaghettischnüren auf seinem Teller in Anspruch genommen, um zu bemerken, daß er als Lustobjekt mißbraucht wurde.

Mir war von meinen Erinnerungen noch ganz warm ums Herz. Ich nahm einen kräftigen Schluck Bier und jubilierte im stillen, daß die Jahre meiner Schulzeit ein für allemal hinter mir lagen, daß ich nie im Leben wieder Kanten würde abschrägen müssen oder die Grundsätze des Prohibitionserlasses in nicht weniger als 250 Worten wiederzugeben hätte oder auch nur wissen müßte, welche entlegenen Länder zu welchem Zweck Jute produzieren. Ein Gedanke, der mir zuverlässig gute Laune beschert.

Andererseits würde ich nie wieder erleben dürfen, wie außerordentlich befriedigend es ist, Tubby Tucker eine Faust in die kissenartige Weichheit seines Unterleibes zu rammen. Halten Sie mich nicht für einen Rüpel. Mit Tubby war das etwas anderes. Gott hat Tubby nur aus dem einen Grund auf die Erde geschickt, damit die anderen Kinder jemanden hatten, den sie verprügeln konnten. Er wurde nicht nur von Mädchen verdroschen, er mußte sogar von Kindern, die vier Jahre jünger waren als er, Prügel einstecken. Das klingt grausam (es war grausam), aber er hatte es wirklich nicht besser verdient. Er hatte einfach nicht gelernt, die Klappe zu halten. Zu den knallhärtesten Typen der ganzen Schule sagte er Dinge wie: »Mein Gott, Buckley, wer hat dir denn die Haare geschnitten. Ich wußte gar nicht, daß die bei der Heilsarmee einen Friseur haben« oder »Hey, Simpson, ist das deine Mutter, die da am Busbahnhof die Toiletten saubermacht. Du solltest ihr mal sagen, daß Zigarettenstummel besser brennen, wenn man sie vorher trocknet.«

Wann immer man ihn auch sah, entweder wurde ihm gerade im Umkleideraum der wabbelige, rosa Hintern gnadenlos mit nassen Handtüchern versohlt, oder er stand in Unterhosen auf dem Schulhof unter einer Eiche und angelte mit einem langen Stock nach seiner Hose, die kurz zuvor von einer Menge aus bis zu vierhundert Leuten an einen der Äste gehängt worden war; denn gelegentlich beteiligten sich auch Passanten und die Bewohner benachbarter Häuser an diesen Aktionen. Tubby hatte irgendetwas an sich, das in jedem das Böse weckte. Beinahe täglich konnte man beobachten, wie Vorschulkinder ihn die Straße entlang jagten. Und ich wette, daß auch heute noch Fremde auf der Straße auf ihn zugehen und ihm ganz ohne Grund einen Hot Dog ins Gesicht klatschen. Ich jedenfalls würde das tun.

Am nächsten Morgen ging ich zum Bahnhof, um nach Köln weiterzufahren. Da ich eine halbe Stunde auf den Zug warten mußte, setzte ich mich ins Bahnhofscafé. Es war ein kleiner Einfraubetrieb. Die Besitzerin sah, wie ich Platz nahm, beachtete mich aber nicht, sondern räumte weiter die Regale hinter der Theke auf. Zwischen ihr und mir lag höchstens ein halber Meter. Hätte ich mich ein wenig vorgebeugt, hätte ich auf ihrem Hintern Schlagzeug spielen können. Allmählich dämmerte mir, daß ich schon vor die Theke treten und in aller Form meine Bestellung aufgeben mußte, wollte ich hier bedient werden. Daß ich ein ausländischer Besucher sein könnte, der mit den Gepflogenheiten nicht vertraut war, wäre ihr nie in den Sinn gekommen. Auf die freundliche Frage »Kaffee, junger Mann?« hätte ich also lange warten können. Die Frau würde mir nicht einmal zu verstehen geben, daß ich gefälligst an den Tresen kommen soll. Nein, ich verstieß gegen eine Regel und mußte daher ignoriert werden. Das ist der größte Fehler der Deutschen. Naja, eigentlich ist ihre Vorliebe, in Europa Kriege vom Zaun zu brechen, ihr größter Fehler, aber diese Borniertheit kommt gleich danach.

Ich kenne einen englischen Journalisten, der in Bonn lebt. Eines Tages rief ihn seine Vermieterin in der Redaktion an und sagte, er solle nach Hause kommen und seine Wäsche von der Leine nehmen und sie *ordentlich* wieder aufhängen, woraufhin er ihr unmißverständlich zu verstehen gab, daß sie ihn mal sonstwas könne. Aber jedesmal, wenn er seitdem Wäsche auf der Leine hängen hatte und am Abend nach Hause kam, mußte er feststellen, daß jemand sie abgenommen und wieder aufgehängt hatte. Und als derselbe Mann an einem Wochenende den Rasen mähte, fand er kurze Zeit später eine anonyme Mitteilung vor seiner Haustür, auf der man ihn davon in Kenntnis setzte, daß das Rasenmähen in Nordrhein-Westfalen zwischen samstags 12.00 Uhr und montags 9.00 Uhr per Gesetz verboten sei und daß weitere Zuwiderhandlungen umgehend der Rasenmäherpolizei oder wem auch immer gemeldet würden. Schließlich wurde er nach Bogotà versetzt, was für ihn der glücklichste Tag seines Lebens war, wie er beteuerte.

Mit einer gewissen Befriedigung stellte ich fest, daß Köln eine triste Stadt ist. Es tat gut zu sehen, daß die Deutschen eine Stadt ebenso verpfuschen können wie alle anderen. Köln ist dafür das beste Beispiel. Beim Verlassen des Bahnhofs erblickt man am oberen Ende einer Rolltreppe unversehens den Dom, das größte gotische Bauwerk der Welt. Er ist ehrfurchtgebietend und imposant, keine Frage, aber er steht mitten auf einem riesigen, windgepeitschten und erhabenen Betonplatz, der unbeschrieblich öde und verlassen wirkt. Stellen Sie in Gedanken die Kathedrale von Salisbury mitten auf den riesigen, leeren Parkplatz eines Einkaufszentrums und Sie haben eine ungefähre Vorstellung. Was haben sich die Verantwortlichen dabei wohl gedacht?

Auch während meiner ersten Europareise hatte ich einen kurzen Abstecher nach Köln gemacht, von dem ich allerdings kaum noch etwas in Erinnerung habe – nur die wuchtige Gegenwart des Doms und die Pension, in der ich wohnte. Sie lag im ewigen Schatten einer eisernen Brücke über den Rhein. Im Flur vor meinem Zimmer stand ein mit Stapeln von deutschen Wochenzeitschriften beladener Tisch. Die Zeitschriften schienen sich ausschließlich mit den Themen Sex und Fernsehen zu befassen. Und da sich auch das deutsche Fernsehen fast ausschließlich dem Thema Sex zu widmen schien, war Sex so etwas wie der Schwerpunkt dieser Publikationen. Es handelte sich wohlgemerkt nicht um Pornografie. Sie berichteten einfach über Sex, wie britische Zeitschriften über Gartenarbeit berichten. Ich verbrachte den Großteil eines Nachmittags und einen ganzen Abend damit, zwischen meinem Zimmer und dem Tisch hin- und herzulaufen und anhand dieser kurzweiligen Lektüre die Landeskultur zu studieren.

Besonders faszinierend fand ich eine Fortsetzungsreihe in der *Neuen Revue* – ich glaube, so hieß die Zeitschrift. Jede Woche wurde darin ein junges Paar vorgestellt; zum Beispiel ein Kfz-Mechaniker aus Duisburg namens Rudi und seine tolle Frau Greta, von Beruf Bibliothekarin. Jede Woche war es ein anderes Paar, aber alle sahen sie aus, als wären sie derselben Zahnpastatube entschlüpft. Alle waren sie jung und attraktiv, und alle hatten sie wohlgeformte Körper und ein strahlendes Lächeln. Zwei oder drei der Fotos zeigten das Paar bei der Ausübung ihrer täglichen Pflichten – Rudi, wie er mit einem Schraubenschlüssel in der Hand und einem breiten Lächeln auf den Lippen unter einem Lkw lag, Greta, wie sie im heimischen Supermarkt die tiefgefrorenen Hähnchen anstrahlte. Doch auf den restlichen Bildern durften wir zusehen, wie sich Rudi und Greta ohne einen Fetzen Stoff am Leib in ihrem Haus zu schaffen machen: wie sie gemeinsam das Geschirr spülen, sich über dem Herd einen Löffel Suppe teilen oder bäuchlings auf dem Plüschteppich liegen und Scrabble spielen.

Keines der Bilder hatte etwas offen Sexuelles an sich. Nie hatte Rudi einen Ständer – es machte ihm viel zu viel Spaß, das Geschirr abzutrocknen und die Suppe zu schlürfen. Er und Greta erweckten den Eindruck, als wäre jeder Moment ihres Lebens die reine Glückseligkeit. Sie strahlten in die Kamera, überglücklich, daß ihnen Nachbarn und Kollegen und die ganze Bundesrepublik Deutschland dabei zusahen, wie sie in den Kostümen von Adam und Eva Gemüse putzten und die Waschmaschine füllten. Und ich dachte darüber nach, was für sonderbare Leute doch die Deutschen sind.

Viel mehr ist mir von meinem ersten Besuch in Köln nicht in Erinnerung geblieben, und während ich über den Domplatz schlenderte und auf die trostlosen Einkaufsstraßen hinabsah, begann ich zu fürchten, daß das auch so ziemlich alles sein könnte, dessen es sich zu erinnern lohnte. Schließlich stand ich zu Füßen der Kathedrale und schaute lange an ihr empor, beeindruckt von ihrer jäh aufragenden Masse. Das Bauwerk ist gewaltig: es mißt über 150 Meter in der Länge und über sechzig Meter in der Breite; seine Türme ragen fast so hoch in den Himmel wie das Washington Monument. 40000 Menschen finden darin Platz, und man begreift, warum die Bauarbeiten 700 Jahre gedauert haben – und das, obwohl es Deutsche waren, die daran arbeiteten. In Großbritannien wären sie noch immer dabei, das Fundament auszuheben.

Ich ging hinein und betrachtete eine halbe Stunde lang pflichtbewußt das Innenleben der Kathedrale. Ein Hochgefühl wie am Tag zuvor in der wesentlich kleineren Kirche in Aachen wollte sich jedoch nicht einstellen. Also ging ich wieder hinaus und trat an den Rand einer Terrasse mit Blick auf den Rhein, ein breiter, brauner Fluß voller Frachtkähne. Dann machte ich mich auf zur Hohen Straße, der bekanntesten Einkaufsstraße Kölns, eine lange, schnurgerade Fußgängerader und eine der beiden Straßen mit den höchsten Ladenmieten Europas (die zweite ist die Kaufingerstraße in München). Die Hohe Straße ist teurer als die Bond Street in London und die Rue du Faubourg St Honoré in Paris. Bernard Levin schwärmte von ihr in seinem Buch *To the End of the Rhine*, doch ich konnte keinen Unterschied zu all den anderen Einkaufsstraßen dieser Welt erkennen – eine Ansammlung von Warenhäusern im C&A-Stil, Schuhgeschäften, Plattenläden und Fachgeschäften für Kameras und Videorekorder. Es wimmelte von Samstagseinkäufern, und auch sie wirkten nicht besonders anspruchsvoll und waren bei weitem nicht so gut gekleidet wie die Einwohner von Aachen. Ebensogut hätte ich in Milton Keynes oder Doncaster sein können.

Vor dem Fenster eines der vielen Elektronikgeschäfte blieb ich stehen. Ich fragte mich, ob es wohl deutsche Produkte waren, die hier angeboten wurden. Aber nein, es waren dieselben japanischen Videorekorder und Kameras, die es überall zu kaufen gibt, mit Ausnahme eines einzelnen Diaprojektors von Grundig und ein paar anderer Relikte aus vorsintflutlichen Zeiten. Da ich in einer Welt aufgewachsen bin, die von amerikanischen Produkten beherrscht wurde, überkam mich noch bis vor kurzem regelmäßig ein patriotischer Groll, wenn ich auf Schritt und Tritt auf japanische Produkte stieß. Zeitungsartikel, die sich besorgt damit auseinandersetzten, wie diese hinterlistigen, kleinen Asiaten die Welt an sich reißen, trafen bei mir auf vollstes Verständnis.

Doch dann, während eines Fluges in einer Boing 747, schloß ich meine Ohren an ein Paar Kopfhörer an, die die Klangqualität von an Schnüren befestigten Pappbechern hatten, und der Film, den sie uns zeigten, schien auf einen Badewannenvorleger projiziert zu sein. Und mir kam ein entsetzlicher Gedanke: Das war der neueste Stand der amerikanischen Unterhaltungselektronik. Wir hatten das technische Niveau von 1972 erreicht und waren dann einfach stehengeblieben. Hätten wir RCA und Westinghouse und den anderen amerikanischen Gesellschaften den Markt überlassen, würden wir heute Walkmen so groß wie Reisekoffer durch die Gegend schieben, und wir müßten per Hand die Filme in unsere Videorekorder fädeln. Seither bin ich den Japanern dankbar, daß sie mein Leben mit so nützlichen Dingen bereichert haben wie Armbanduhren, die Telefonnummern speichern und meinen Dispositionskredit berechnen können und die mir sagen, wann mein Frühstücksei lange genug gekocht hat.

Nun habe ich nur noch eins zu bemängeln, nämlich, daß wir mit diesen peinlichen Produktnamen leben müssen, die uns die Japaner vorsetzen. Was ist zum Beispiel *Walkman* für eine dumme und irreführende Bezeichnung! Diese Dinger können weder laufen, noch sind es Männer. Dem Namen nach scheint es sich um ein Gerät für Blinde zu handeln, mit dessen Hilfe sie sich auf der Straße besser orientieren können. Wären sie in Amerika entwickelt worden, hätte man ihnen einen flotteren Namen verpaßt – SoundBlaster oder MuzixMaster oder Dynam-O-Box. Aber in Amerika werden diese Dinge heutzutage nicht mehr entwickelt, also müssen wir mit den Namen Vorlieb nehmen, die sich die Japaner einfallen lassen – Sony Handy-Cam, Panasonic Explorer, Toyota Tercel. Ich persönlich käme mir komisch vor, ein Auto zu kaufen, dessen Name wie eine neuartige synthetische Faser klingt, mögen ihn die Japaner auch für noch so aufregend und galaktisch halten. Aber vermutlich kann man von Leuten, die an jedem Tag ihres Lebens weiße Hemden tragen, nicht mehr Phantasie erwarten.

Unschlüssig, was ich als Nächstes tun sollte, ging ich zum Bahnhof zurück, wo ich meinen Rucksack in einem Schließfach deponiert hatte. Eigentlich wollte ich ein paar Tage in Köln bleiben und einige der hervorragenden Museen der Stadt besichtigen, aber inzwischen konnte ich mich für diese Idee nicht mehr begeistern. Und dann sah ich etwas, das in mir das dringende Bedürfnis weckte, sofort zu verschwinden. Es war ein Nonstop-Pornokino, und zwar ein ziemlich übles, den Hochglanzbildern an der Kasse nach zu urteilen. Das Kino befand sich im Bahnhof, eine der Dienstleistungen, die das aufmerksame Management der Deutschen Bundesbahn den Reisenden zugestand. Ich weiß selbst nicht genau warum, aber ich fand das äußerst abstoßend. Ich hege keine besondere Abneigung gegen Pornografie, aber in einem Bahnhof? Die Vorstellung, daß ein Geschäftsmann am Ende seines Arbeitstages hier Zwischenstation macht, um zwanzig Minuten dem lüsternen Treiben zuzusehen, und dann den 17.40 nach Bensberg nimmt und in den Schoß der Familie zurückkehrt, hat etwas ausgesprochen Liederliches. Und noch liederlicher erscheint das Ganze, wenn man sich vor Augen führt, daß es von einer staatlichen Bahngesellschaft gebilligt wird.

In diesem Augenblick rasselte die riesige Anzeigetafel über mir ihr *tschickata tschickata*, und ein Schnellzug nach Amsterdam wurde angekündigt. »Haltet den Zug auf!« stammelte ich und hastete zum Fahrkartenschalter.

Amsterdam

Die Ankunft an der Amsterdamer Centraal Station ist ein Erlebnis für sich. Der Bahnhof liegt mitten in der Stadt, auf einem sonnigen Platz am Ende der Hauptstraße Damrak. Man tritt aus dem Haupteingang, und da sind sie – die letzten Hippies dieser Welt. Ich hatte keine Ahnung, daß es noch so viele sind. Es waren Dutzende, wenn nicht Hunderte. Sie hockten in Gruppen von sechs oder acht zusammen, spielten Gitarre, ließen Joints reihum gehen und sonnten sich. Sie sahen aus, wie man es von Leuten erwartet, die ein Vierteljahrhundert damit zugebracht haben, auf öffentlichen Plätzen herumzulungern und Dope zu rauchen. Vielen von ihnen fehlten Zähne und Haare, ein Mangel, den sie mit Unmengen von Kindern und Hunden kompensierten. Während die Kinder barfuß in der Sonne herumtobten, machten sich die Hunde einen Spaß daraus, mich ins Bein zu zwikken.

Voll gespannter Erwartung ging ich den Damrak hinauf. Katz und ich hatten Amsterdam zu unserer Lieblingsstadt in Europa erkoren, und zwar mit einem uneinholbaren Vorsprung vor jeder anderen Stadt. Amsterdam war schön, es war freundlich, es hatte ausgezeichnete Bars und legales Dope. Wären wir damals eine Woche länger geblieben, wäre ich vermutlich heute noch dort und säße mit einer akustischen Gitarre und einem Haufen Kinder mit Namen wie Sunbeam und Zippity-Doo-Dah auf dem Platz am Bahnhof. Viel hat nicht gefehlt.

Über den Damrak schoben sich Massen von Touristen, Hippies und Kauflustigen, und alle hatten ihre eigene Art, sich zu bewegen: Die Touristen schlurften, als hätte man ihnen die Schnürsenkel zusammengebunden, schauten nach rechts und links, nur nicht geradeaus; die Hippies marschierten gebeugt und eilig, und die Kauflustigen trippelten wie aufziehbares Spielzeug und schlüpften zwischen allen hindurch. Es war unmöglich, zügig seiner Wege zu gehen. Ich fragte in mehreren Hotels entlang der Straße nach einem Zimmer, doch sie waren alle voll. Also wich ich auf die Seitenstraßen hinter dem gefängnisartigen Bau des Königspalastes aus, denn ich meinte mich zu erinnern, daß sich dort einige kleine Hotels befanden. So war es auch, aber auch sie waren voll. Meistens brauchte ich gar nicht erst zu fragen, denn schon in den Fenstern verkündeten Schilder in den verschiedensten Sprachen, daß alle Zimmer belegt seien.

Offensichtlich hatte sich in der Stadt einiges verändert. Nachdem Katz und ich im Hochsommer aus dem Zug gestiegen waren, hatten wir uns zum Hafenviertel durchgefragt und dort gleich im erstbesten Hotel ein Zimmer gefunden. Das Hotel hieß Anco und war ein schönes, kleines Haus, ganz im Amsterdamer Stil: schmal, mit einem Giebeldach und einer steilen, dunklen Treppe. Vier Stockwerke unter unserem Fenster lag friedlich die O.Z. Voorburgwal Gracht. Das Zimmer kostete 5 Dollar pro Nacht, inklusive Frühstücksomelett. Allerdings mußten wir es mit zwei etwas älteren Typen teilen.

Unser erstes Zusammentreffen verlief nicht gerade vielversprechend. Wir öffneten die Tür und sahen, wie die beiden splitternackt auf dem Bett miteinander rangen – eine Begegnung, die uns vier gleichermaßen überraschte.

»Verzeihung, Ladies!« sprudelte es aus Katz und mir heraus, während wir rückwärts in den Flur stolperten und eilig die Tür schlossen. Verblüfft sahen wir uns an. In all den zwanzig Jahren unseres Lebens in Iowa hatte uns nichts, aber auch gar nichts auf einen solchen Anblick vorbereitet. Wir gaben ihnen eine Minute Zeit, um sich von einander zu lösen und die Bademäntel anzuziehen, bevor wir erneut hereinplatzten. Sie hielten uns offenbar für rüpelhafte Störenfriede, eine Auffassung, die wir im Laufe der folgenden zwei Tage mit Hilfe eines Tricks zu bestätigen wußten. Wir betraten das Zimmer nämlich immer dann, wenn sie gerade auf dem Höhepunkt ihrer Übungen angelangt waren. Entweder fanden diese Jungs nie ein Ende, oder unser Timing war perfekt.

Sie sprachen mit uns so wenig wie irgend möglich. Ihre Abneigung steigerte sich ins unermeßliche, als Katz mitten in der zweiten Nacht nach einem Galaabend im Club Paradiso geräuschvoll aus dem Bett stolperte und – unter einem gewaltigen Seufzer der Erleichterung – in den Papierkorb urinierte.

»Ich dachte, es wäre das Waschbecken«, erklärte er wenig überzeugend am nächsten Morgen. Nach dem Frühstück zogen unsere Zimmergenossen aus, und für den Rest der Woche hatten wir das Zimmer für uns allein.

Es dauerte nicht lange, und wir hatten uns unseren Tagesablauf aufs Vortrefflichste eingerichtet. Wir standen jeden Morgen zum Frühstück auf, gingen danach aufs Zimmer zurück, sperrten das Tageslicht aus und legten uns wieder ins Bett. Gegen vier Uhr wurden wir wach, sprangen unter die Dusche am anderen Ende des Flures, zogen saubere Sachen an, schmierten uns die Haare glatt an die Köpfe und begaben uns in die Bar des Anco, wo wir jeder mit einem Oranjeboom am Fenster Platz nahmen, die vorbeiziehenden Leute beobachteten und die Holländer dafür bewunderten, daß sie ihre größte Stadt mit so hübschen Kanälen, so reizenden Huren und so verschwenderisch mit Drogen ausgestattet hatten.

Im Anco arbeitete ein junger Barmann mit einem Bart wie aus Stahlwolle und einer roten Jacke, die ihm drei Nummern zu klein war. Man sah ihm an, daß er in seiner Jungend einen Joint zuviel geraucht hatte, so daß er nun den Eindruck erweckte, als sollte er stets ein Kärtchen mit seinem Namen bei sich tragen, für den Fall, daß er sich einmal schnell daran erinnern müßte. Er verkaufte uns kleine Mengen Haschisch, und um sechs Uhr genehmigten wir uns, als Appetitanreger sozusagen, den ersten Joint, um anschließend in das indonesische Restaurant nebenan überzuwechseln. Und wenn sich dann die Dunkelheit über die Stadt legte, wenn die Huren ihre Posten an den Straßenecken einnahmen und wenn sich die Abendluft mit den berauschenden Düften von Cannabis und Fritten mischte, dann zog es uns in die Straßen hinaus, wo wir uns bereitwillig ins Chaos entführen ließen.

Häufig gingen wir ins Paradiso, eine alte Kirche, die man in ein Nachtlokal umfunktioniert hatte, und versuchten erfolglos, Mädchen aufzureißen. Katz erprobte eine Methode, die ich als die schlechteste der Welt bezeichnen möchte. Mit ernster, fast besorgter Miene näherte er sich einem Mädchen und sagte: »Entschuldige, ich weiß, wir kennen uns nicht, aber könntest du mir helfen, etwas fünfzehn Zentimeter von der Stelle zu bewegen?«

»Was?« würde das Mädchen dann wissen wollen.

»Vierzig Gramm flüssiges Sperma«, pflegte Katz mit einem breiten Grinsen zu antworten. Es hat nie funktioniert, aber immerhin war diese Methode nicht weniger erfolgreich als meine Annäherungsversuche. Ich wandte mich grundsätzlich an das unscheinbarste unter den anwesenden Mädchen und fragte sie, ob ich ihr einen Drink spendieren dürfe, woraufhin ich mir regelmäßig sagen lassen mußte, daß ich mich verpissen soll. Es blieb uns also nichts anderes übrig, als die Nächte damit zu verbringen, uns in einen Zustand zu versetzen, den wir FKF, fortgeschrittene kognitive Funktionsstörung, nannten. Eines Abends gerieten wir an ein paar Afrikaner. Katz ermutigte sie, in ihrem Heimatland einen Aufstand anzuzetteln, und wurde nach und nach so betrunken, daß er ihnen seine Uhr schenkte (anscheinend war er der Meinung, Pünktlichkeit sei bei einer Revolution das A und O). Es war eine Bulova, die schon seinem Großvater gehört hatte. Sie war ein Vermögen wert. Immer wenn ich ihn von nun an versehentlich nach der Uhrzeit fragte, bekam ich die verdrießliche Antwort: »Das weiß ich nicht. Ich habe einen Mann in Zululand, der sich für mich um diese Dinge kümmert.« Am Ende der Woche stellten wir fest, daß wir genau die Hälfte unseres Reisebudgets von 700 Dollar pro Kopf ausgegeben hatten, und wir kamen zu dem Schluß, es sei nun an der Zeit, weiterzufahren.

Die Holländer sind den Engländern sehr ähnlich. Beide sind sie auf eine sympathische Art schlampig. Man sieht es an der Art, wie sie ihre Autos parken, wie sie ihre Mülltonnen an die Straße stellen, wie sie ihre Fahrräder gegen den nächsten Baum, die nächste Wand oder das nächste Geländer fallen lassen. Keine Spur von dieser zwanghaften Pingeligkeit, wie man sie in Deutschland oder in der Schweiz antrifft, wo die Autos in den Wohnstraßen aufgereiht stehen, als hätte jemand sie mit Hilfe eines Zollstocks und einer Wasserwaage gerade gerückt. In Amsterdam werden die Autos einfach an den Grachten stehengelassen, und oft hat es den Anschein, als könnten sie jeden Moment ins Wasser kippen.

Die Holländer sprechen sogar ähnlich wie die Engländer. Das hat mich immer verwirrt. Früher bei der *Times* habe ich lange Zeit mit einem Holländer zusammengearbeitet, und als ich ihn einmal fragte, ob man den Namen des Künstlers nun van Go oder van Gok ausspricht, sagte er: »Nein, nein, es heißt Vincent van –«, und es folgten eine Reihe von grauenhaft abgehackten Lauten, als hätte sich in seiner Kehle eine Motte eingenistet. Später fragte ich ihn nach den holländischen Entsprechungen einiger wahllos herausgegriffener Ausdrücke – Internationaler Weltwährungsfonds, Porreegemüse, Cunnilingus –, und jedesmal antwortete er mit diesen Geräuschen, die sich wie ein trockener Husten anhörten. Auf der Straße klopften ihm manchmal Passanten auf den Rücken oder boten sich an, ihm ein Glas Wasser zu holen.

Ich habe es auch mit anderen Holländern probiert. (Es ist ein netter Zeitvertreib, wenn man auf einer Party einen Holländer trifft und nicht weiß, worüber man mit ihm reden soll.) Immer bekam ich dasselbe Ergebnis. Doch das Komische ist, daß es ganz anders klingt, wenn Holländer miteinander reden. Dann hört sich die Sprache nämlich an wie ein englischer Dialekt, wenn auch wie ein etwas seltsamer.

Auch Katz und ich haben das damals oft bemerkt. Da schlenderten wir eine Straße entlang, und plötzlich trat ein Fremder aus dem Schatten und schien auf Englisch zu sagen: »Hallo, Ihr Süßen, wollt Ihr mir nicht die Flanken einschmieren?«, und hinterher stellte sich heraus, daß er lediglich Feuer für seine Zigarette wollte. Es war beunruhigend. Und auch jetzt, als ich in einem kleinen Hotel an der Prinsengracht stand und den Inhaber nach einem Einzelzimmer fragte, begegnete mir dieses Phänomen wieder. »Oh, ich glaube, es ist nichts mehr frei«, sagte der freundliche Mann, »aber warten Sie, ich frage meine Frau.« Er steckte seinen Kopf durch eine Tür aus Perlschnüren und rief: »Marta, was geschieht in deiner Hose? Bist du sehr feucht?«

Von hinten brüllte eine Stimme: »Nein, aber ich zittere vor Erregung, wenn ich spüre, wie ich feucht werde.«

»Und was ist mit deinen Brustwarzen? Soll ich heute abend an ihnen saugen?«

»Oh, ja. Von Herzen gern.«

Mit bedauerndem Blick wandte sich der Mann schließlich wieder an mich. »Tut mir leid, ich dachte, jemand hätte abgesagt.«

»Und überall hängt der Geruch von Petroleum in der Luft«, sagte ich zum Dank und ging hinaus.

Nirgends war ein Zimmer frei. Entmutigt trottete ich zurück in Richtung Bahnhof, zum Büro der staatlichen Fremdenverkehrszentrale VVV, wo es, wie ich vermutete, auch eine Zimmervermittlung gab. Ich ging hinein, stapfte eine Treppe hoch und fand mich in einer Halle wieder, die mich an Ellis Island erinnerte. Acht Warteschlangen, bestehend aus jeweils mindestens dreißig müden Touristen, zogen sich durch den Raum. Das VVV-Personal schickte die Leute überallhin – nach Haarlem, nach Delft, nach Rotterdam, nach Den Haag –, denn in Amsterdam gab es kein einziges freies Hotelzimmer mehr. Und das im April. Was, um Himmels willen, mag erst im Juli in dieser Stadt los sein? Vermutlich schicken sie die Leute dann nach Island. An der Wand verkündete ein großes Schild KEINE KARTEN FÜR DIE VAN-GOGH-AUSSTELLUNG. AUSVERKAUFT. Auch das fand ich großartig; denn unter anderem war ich wegen dieser Ausstellung nach Amsterdam gekommen.

Ich reihte mich in eine der Schlangen ein. Es ging nur langsam voran. Mir war heiß, ich war verschwitzt, ich war müde, ich war hungrig. Meine Füße schmerzten. Ich wollte ein Bad. Ich wollte ein üppiges Abendessen und literweise Bier. Nicht ein Teil von mir fühlte sich wohl.

Fast jeder in diesem Raum war Amerikaner. Wer den Schalter erreicht hatte, wurde nach seinen Ansprüchen gefragt, was die sanitären Anlagen betraf und das Frühstück, den Komfort des Zimmers, die Erreichbarkeit mit öffentlichen Verkehrsmitteln und die gewünschte Preisklasse. Wegen der diversen Kombinationsmöglichkeiten dauerte das Ganze eine halbe Ewigkeit. Waren dann ein paar geeignete Zimmer gefunden, wandte sich der Zimmersuchende unweigerlich an seinen Reisegefährten – der die ganze Zeit daneben gestanden und scheinbar aufmerksam zugehört hatte – und mußte ihm/ihr die verschiedenen Unterbringungsmöglichkeiten noch einmal ausführlich erklären, was zwangsläufig zu längeren Diskussionen und zu einer Reihe von zusätzlichen Fragen führte: Ist das Hotel auch mit dem Bus oder nur mit dem Zug zu erreichen? Gibt es ein vegetarisches Restaurant in der Nähe des Hotels? Hat das Hotel auch Nichtraucher-Zimmer? Stehen Taxis am Bahnhof, oder müssen wir erst eins rufen, und wenn wir erst eins rufen müssen, können Sie uns dann bitte die Nummer geben? Gibt es in Delft einen Waschsalon? Wann fährt der letzte Zug? Glauben Sie, man sollte mich hier rausschmeißen und für immer zum Schweigen bringen, weil ich einen so dicken Hintern habe und so viele dumme Fragen stelle? Es nahm einfach kein Ende.

Hatte man sich endlich im Grundsätzlichen geeinigt, führte der oder die Angestellte des VVV mit unendlicher Geduld und geringer Aussicht auf Erfolg an die zwanzig Telefonate mit Hotels außerhalb der Stadt – in den meisten Hotels ging man inzwischen nicht mal mehr ans Telefon –, um dann zu verkünden, daß in der gewünschten Preisklasse nichts mehr zu machen sei. Und so mußte man sich denn aufs neue mit einer Reihe von teureren oder entlegeneren Möglichkeiten auseinandersetzen. Das Ganze dauerte so lange, daß ich schon applaudieren wollte, wann immer jemand den Schalter verließ und die Schlange fünfzehn Zentimeter vorrücken konnte.

Zu meinem Entzücken saß an dem Schalter, vor dem ich Schlange stand, ein bildhübsches VVV-Mädchen. Sie war nicht umwerfend attraktiv, hatte auch nicht diese Art Hintern, bei dessen Anblick man feuchte Hände kriegt, wenn er sich zum Aktenschrank bewegt, aber sie war intelligent, lieb, geduldig, mitfühlend und sprach mit diesem herrlichen holländischen Akzent, bei dem einem einfach das Herz schmilzt. Sie kümmerte sich liebenswert und sachkundig um jeden Kunden und wechselte mühelos vom Französischen ins Deutsche und vom Englischen ins Holländische – und alles mit diesem köstlichen Akzent. Ich war verknallt. Ich gebe es offen zu. Da saß ich in dieser endlosen Schlange fest und konnte nicht anders, als sie dämlich anzustarren und alles an ihr zu bewundern – die Art, wie sie ihr Haar hinters Ohr schob, wie sie die Nase rümpfte, während sie im Telefonbuch blätterte, oder wie sie mit dem Radiergummiende ihres Bleistifts eine Telefonnummer wählte. Als ich endlich vor ihr stand, hätte ich am liebsten zu ihr gesagt: »Laß uns sofort ins Bett gehen und dann übers Heiraten reden.« Doch statt dessen bat ich sie nur schüchtern, mir eine Bleibe irgendwo in der nördlichen Hemisphäre zu suchen. Sie besorgte mir ein Zimmer in Haarlem.

Haarlem war sehr angenehm. Die Leute vor mir in der Schlange wären beinahe in Ohnmacht gefallen, als sie hörten, daß sie Amsterdam verlassen mußten, um noch ein Zimmer zu bekommen, aber mir war es ganz recht. Haarlem liegt nur zwanzig Minuten mit dem Zug von Amsterdam entfernt und ist eine schöne, kleine Stadt mit einer herrlichen Kathedrale auf einem gemütlichen Platz. Es gab jede Menge gute Restaurants, die preiswerter und weniger überlaufen waren als die in Amsterdam. Ich aß ein Steak von der Größe einer Wärmflasche, machte einen ausgiebigen Stadtbummel, stand beeindruckt im Schatten der Kathedrale, kehrte dann ins Hotel zurück, sprang unter die dampfende Dusche und ging wunschlos glücklich zu Bett.

Am nächsten Morgen fuhr ich wieder nach Amsterdam. Früher habe ich es genossen, sonntags morgens durch eine fremde Stadt zu schlendern, doch ein solcher Spaziergang wird immer unerfreulicher. Auf Schritt und Tritt stößt man auf die Überreste der Samstagnacht – auf Lachen aus Erbrochenem, auf Abfälle und zerbeulte Bierdosen.

Und die Läden sind fast ausnahmslos mit deprimierenden Gittern oder eisernen Rolläden versperrt, so daß jede Straße gefährlich und furchterregend wirkt, was in Europa ja geradezu absurd ist. In einer harmlosen Fußgängerstraße namens Heiligeweg hatte man beinahe jede Ladenfassade mit eisernen Rolläden verbarrikadiert – sogar das Büro von Aer Lingus. Was gibt es in einem Büro von Aer Lingus schon zu klauen? Das kleine Modellflugzeug im Fenster vielleicht?

Kaum hatte ich die Grachten erreicht – die Singel Gracht, die Herengracht, die Keizersgracht und die Prinsengracht – zeigte sich die Stadt wieder von ihrer freundlichen Seite. Ich bummelte aufs Geratewohl durch die Straßen und schlurfte, umgeben von schmalen, hohen Häusern und alten Bäumen, durch Laub und Abfälle. Entlang der Grachten ist Amsterdam eine ungewöhnlich schöne Stadt, besonders an einem Sonntagmorgen, wenn die Straßen fast menschenleer sind. Auf einer sonnenbeschienen Treppe saß ein Mann mit einer Tasse Kaffee und einer Zeitung. Ein anderer kam von irgendwoher mit einer Flasche Wein zurück. Ein junges Paar ging in postkoitaler Seligkeit Arm in Arm an mir vorbei, und gelegentlich überquerte ein Radfahrer gemächlich die Straße, um kurz darauf in einer Seitenstraße wieder zu verschwinden. Außer ihnen sah ich während meines zweistündigen Spaziergangs nicht eine Menschenseele.

Wieder und wieder beugte ich mich auf einer der kleinen, gewölbten Brücken über das Geländer, starrte auf das grüne Wasser hinab und verlor mich in einfältigen Träumereien, bis ein Ausflugsdampfer voller Touristen mit Kameras die sich spiegelnde Straßenszene unter mir durchschnitt und den Bann brach. In seinem Kielwasser schaukelte stets eine kleine bunte Ansammlung von Plastikflaschen, Zigarettenschachteln und Pappkartons von McDonald's oder Burger King und erinnerte mich daran, daß Amsterdam auch eine schmutzige Stadt ist, voller Hundescheiße, Müll und Graffiti. Telefonzellen, Parkbänke, die Wände fast aller Gebäude, sogar die marmornen Gewölbe der Passage unter dem Rijksmuseum – alles ist mit Graffiti beschmiert. Ich habe noch nie so viel Graffiti gesehen; und es ist nicht einmal gutes. Es sind nichtssagende Schnörkel, das Machwerk von Leuten mit

Gehirnen so groß wie Stecknadelköpfe. In den Niederlanden scheint der Vandalismus ein echtes Problem zu sein. Ich habe mir sagen lassen, daß Überfälle in Amsterdam zwar selten sind, daß aber jeder, der sein Auto abends an einer Straße irgendwo im Stadtzentrum parkt, davon ausgehen kann, daß jemand mit einem Schraubenzieher von oben bis unten den Lack zerkratzt.

Als ich zwanzig war, mochte ich Amsterdam. Ich bewunderte die Stadt leidenschaftlich wegen ihrer Aufgeschlossenheit, ihrer Toleranz und ihrer lockeren Einstellung gegenüber Drogen und Sex und all den anderen sündigen Dingen, von denen man mit zwanzig nicht genug bekommen kann. Aber nun fand ich die Stadt seltsam ermüdend. Die Amsterdamer sind ihrer traditionellen Toleranz treu geblieben, wie Leute, die eine politische Haltung annehmen und sie dann ihr Leben lang verteidigen, egal wie unhaltbar sie im Laufe der Zeit geworden ist. Weil sie sich selbst seit Jahrhunderten zu ihrer intelligenten Toleranz beglückwünschen, können sie nun nicht anders, als sich Graffiti und ausgebrannten Hippies und Hundescheiße und Müll gegenüber großmütig und nachsichtig zu verhalten. Es ist natürlich möglich, daß ich die Situation völlig falsch einschätze. Vielleicht mögen sie Hundescheiße und Müll. Jedenfalls hoffe ich das für sie, denn sie haben wirklich mehr als genug davon.

Von Zeit zu Zeit kam ich an einem dringend reparaturbedürftigen Haus vorbei, das mit Balken abgestützt werden mußte. Amsterdam wurde auf Sumpfland erbaut, und es ist eine nicht enden wollende Aufgabe, die Häuser an den Grachten davor zu bewahren, im Morast zu versinken. Der Bruder meines Kollegen bei der *Times* hatte an einer der kleineren Grachten ein Haus gekauft und mußte, nachdem er eingezogen war, feststellen, daß die Pfähle, auf denen man es vor 300 Jahren errichtet hatte, fast weggefault waren. Das Haus versank so schnell im Schlamm, daß sich innerhalb kürzester Zeit ein Stockwerk nach dem anderen in ein Kellergeschoß verwandelt hätte. Ein mehrere Tonnen schweres Bauwerk mit neuen Pfählen abzustützen ist ein wahres Kunststück, das ihn schließlich fast doppelt so teuer zu stehen kam, wie der Kauf des Hauses. Das liegt nun etwa zwanzig

Jahre zurück, und noch immer kann sich der Bruder meines Kollegen vor lauter Schulden keine neuen Socken leisten.

Vermutlich haben die Bewohner zahlloser Häuser überall in der Stadt diese Erfahrung gemacht, so daß die guten Amsterdamer unsere Bewunderung verdienen, weil sie es geschafft haben, daß ihre Häuser noch immer stehen, und vor allem weil sie dafür sorgen, daß die Straßen entlang der Grachten Wohngebiete bleiben. In Großbritannien hätten sich in den Erdgeschossen längst Kebab-Läden breitgemacht oder Bausparkassen oder chemische Reinigungen, und alle hätten sie riesengroße Fenster, als würde sich irgend jemand dafür interessieren, was im Inneren einer Reinigung oder einer Bausparkasse vor sich geht. Daher rechne ich es den Holländern hoch an, daß sie ihre schönsten Straßen erhalten, damit die Menschen darin wohnen.

Trifft man dann jedoch auf eine der unrühmlichen Ausnahmen, ist der Unmut um so größer. Als ich das Ende des Nieuwezijds Voorburgwal erreicht hatte, erhob sich dort, wo einst ein prächtiges Giebelhaus gestanden haben muß, ein neues Holiday Inn. Das Bauwerk war so häßlich, so nichtssagend, so plump, daß ich abrupt stehenblieb und es ungläubig anstarrte. Alles an diesem Bau war billig und einfallslos – die kastenartige Bauweise, die kackbraunen Ziegelsteine, die leeren, starrenden Fenster, das Vordach aus Acryl über dem Eingang, die grünen Plastikschilder, die an den Außenwänden angebrachten Kameras, die jeden Passanten unter die Lupe nahmen. Es sah aus wie ein Parkhaus. Man hatte sich nicht die geringste Mühe gegeben, dem Gebäude wenigstens einen Hauch von Stil zu verleihen.

In der Umgebung eines Flughafens wäre ein solcher Bau schon ägerlich genug, aber dieser Klotz stand im Herzen einer der großartigsten Städte Europas, in einer Straße, die ansonsten nur von schönen Patrizierhäusern gesäumt war. Wie kann ein Architekt durch eine solche Stadt laufen und glauben, ein so geschmackloses Bauwerk dort hinsetzen zu dürfen? Weshalb lassen die Behörden so etwas zu? Wie kann jemand darin schlafen? Ich ertappte mich dabei, wie ich mich sprachlos nach den anderen Passanten umwandte, als wollte ich sagen »Was sagen Sie zu diesem Bau?«, doch sie eilten nur ungerührt weiter. Manchmal verstehe ich die Welt nicht mehr.

Der Abend rückte heran, und es begann zu nieseln. Mit hochgeschlagenem Kragen ging ich die dunklen Straßen des Rotlichtviertels entlang und betrachtete durch meine regennasse Brille das Angebot. Das Rotlichtviertel hatte sich verändert. 1973 war das Unverblümteste, das man hier zu sehen bekam, das Werbeschild für einen Club, auf dem zu lesen stand TOLLE FICKY-FICKY SHOW – LIVE AUF DER BÜHNE. Inzwischen nennt man die Dinge deutlicher beim Namen. Die Schaufenster waren gefüllt mit einer verwirrenden Vielfalt von Plastikphalli, Vibratoren, Peitschen, Videos, Salben, Magazinen, Lederklamotten und anderen Exotica, die man im allgemeinen nicht bei Woolworth findet. In einem Fenster entdeckte ich eine lebensgroße und erstaunlich naturgetreue Plastiknachbildung des weiblichen Genitalbereichs mit geweiteten Schamlippen. Es war *scheußlich*. Das Ding sah aus wie ein Modell für den Anatomieunterricht, und selbst da würden die Studenten bei diesem Anblick vermutlich reihenweise in Ohnmacht fallen.

Die Magazine waren noch derber. Sie zeigten, wie sich alle erdenklichen Kombinationen von Paaren zusammenfanden, um unschöne Dinge miteinander zu treiben – Heterosexuelle, Homosexuelle, Sadomasochisten, grotesk fette Menschen und sogar Tiere. Auf einem Titelbild war eine Frau zu sehen, die – wie soll ich mich ausdrücken? – einem Pferd gewisse orale Dienste zuteil werden ließ, die ein Pferd normalerweise nicht von einem Menschen erwartet, nicht einmal von einem anderen Pferd. Ich staunte nicht schlecht. Und das war nur das Zeug, das sie im Fenster liegen hatten. Der Himmel weiß, was sich alles unter ihren Ladentischen verbirgt.

Die Huren waren noch da. In phosphoreszierenden Bodys saßen sie in rosa beleuchteten Fenstern und zwinkerten mir zu. (»Hey, die mögen mich!« dachte ich, bis ich merkte, daß sie jedem zuzwinkerten, der gerade vorbeikam.) Im Hintergrund konnte ich manchmal einen Blick auf die kleinen Zellen erhaschen, in denen sie ihre Arbeit verrichten.

Die Räume sahen weiß und steril aus, wie die Orte, an denen man sich von seinen Hämorrhoiden kurieren läßt. Vor zwanzig Jahren waren die Prostituierten allesamt Holländerinnen. Sie waren freundlich und lieb und oft herzzerreißend hübsch. Doch nun boten hier nur noch Asiatinnen oder Afrikanerinnen ihre Dienste an. Sie sahen schäbig und mißmutig aus, selbst wenn sie einen Schmollmund zogen oder so kokett und verführerisch wie möglich ihre Kußhändchen verteilten.

Diese Etablissements füllten eine ganze, mehrere Häuserblocks lange Straße und breiteten sich auch über einige angrenzende Seitenstraßen aus. Ich konnte nicht glauben, daß es in Amsterdam – oder selbst in der ganzen Welt – soviele Menschen geben sollte, die solcher Hilfsmittel bedurften, nur um zu ejakulieren. Gibt es denn heutzutage keine Eigeninitiative mehr?

Den Vormittag meines letzten Tages in Amsterdam verbrachte ich im Rijksmuseum. »Die Nachtwache« war nicht ausgestellt, denn ein paar Tage zuvor hatte ein Verrückter das Gemälde mit einem Messer traktiert, so daß sich nun beide, der Verrückte und das Bild, in fachmännischer Behandlung befanden. Das Museum ist mit seinen 250 Räumen jedoch so gewaltig und mit so vielen wunderbaren Gemälden angefüllt, daß es mehr als genug anzusehen gab.

Anschließend ging ich zum Anne Frank Haus an der Prinsengracht. Es war ziemlich überlaufen, aber dennoch ergreifend. Acht Menschen haben sich drei Jahre lang in einer geheimen Wohnung über Otto Franks Gewürzladen versteckt. Heute schieben sich Tag für Tag Massen von Besuchern durch dieses Haus, um das berühmte Bücherregal zu sehen, das die Geheimtür zu den fünf Zimmern der untergetauchten Familie verbarg. Das Tragische an der Geschichte ist, daß die Franks und ihre Gefährten kurz vor der Befreiung Hollands durch die Alliierten von Unbekannten verraten und schließlich im August 1944 verhaftet worden waren. Wären sie ein paar Wochen länger unentdeckt geblieben, wären sie gerettet worden. Doch so starben sieben der acht Menschen in den Konzentrationslagern. Nur Annes Vater überlebte.

Das Anne Frank Museum vermittelt hervorragend das entsetzliche Schicksal der Juden, doch leider werden die Holländer, die ihr eigenes Leben riskierten, um den Franks und anderen wie ihnen zu helfen, nicht einmal am Rande erwähnt. Miep Gies, die Sekretärin von Otto Frank, mußte während der striktesten Rationierung drei Jahre lang jeden Tag Lebensmittel für acht Personen sowie für sich und ihren Mann beschaffen. Das muß nicht nur extrem schwierig, sondern auch sehr gefährlich gewesen sein. Und dies war kein Einzelfall: Zwanzigtausend Menschen haben in Holland während des Krieges unter Lebensgefahr Juden versteckt. Auch sie haben es verdient, daß man sich an sie erinnert.

Was für eine Hölle muß es gewesen sein, im Europa der dreißiger Jahren ein Jude zu sein! Es begann damit, daß man ihnen die ungeheuerlichsten Demütigungen zufügte: Man verbot ihnen, in Parks und Cafés zu sitzen und mit der Straßenbahn zu fahren, und beschlagnahmte ihre Autos und Fahrräder, sogar die Fahrräder ihrer Kinder. Auch wenn das schon alles gewesen wäre, hätte es gereicht, um für immer einen dunklen Schatten auf Deutschland zu werfen. Doch die Judenverfolgung nahm unbeschreibliche Formen an, wie die Fotos und Dokumente in den anderen Räumen des Museums grauenhaft belegen – Menschen, die in Viehwaggons getrieben werden, Berge von erstarrten Leichnamen, die abgezehrten Gesichter der lebenden Toten, all die Bilder, die man schon tausendmal gesehen hat.

Starr vor Entsetzen blieb ich vor einem Foto stehen, das ich noch nicht gesehen hatte. Die unscharfe Aufnahme zeigte einen deutschen Soldaten, der mit seinem Gewehr auf eine vor einem Graben voller Leichen kauernde Frau und das Baby in ihren Armen zielte. Ich konnte nicht aufhören, es anzustarren, und versuchte, mir vorzustellen, was für ein Mensch zu so etwas fähig ist.

So ein Bild sollte man sich eigentlich nicht ansehen, wenn man im Begriff ist, zum Bahnhof zu gehen, um sich in einen Zug nach Deutschland zu setzen.

Hamburg

Über Osnabrück und Bremen reiste ich nach Hamburg, wo ich am frühen Abend ankam. Ich kannte die Stadt bisher noch nicht. Auf dem Weg nach Skandinavien waren Katz und ich mit dem Zug durch Hamburg gefahren, aber das war spät am Abend, und alles, woran ich mich erinnern konnte, war eine dunkle Stadt und ein dunkler Bahnhof, in dem wir eine halbe Stunde Aufenthalt hatten. Der Bahnhof war so gewölbt und widerhallend wie damals, nur daß er nun, um sechs Uhr abends, nicht so dunkel und viel belebter war. Überall wimmelte es von Menschen, die zu ihren Zügen eilten.

Da es in Amsterdam so schwierig gewesen war, ein Zimmer zu finden, bahnte ich mir nun den Weg zum Touristen-Informationsschalter und zahlte bereitwillig die stattliche Gebühr für die Vermittlung einer Unterkunft. Als ich dann aus dem Bahnhof trat, mußte ich jedoch zu meiner Verärgerung feststellen, daß das Hotel Popp, das Etablissement, an das mich der freundliche, junge Mann, nach Entgegennahme eines Bündels Geldscheine und einer Handvoll Münzen, in bestem Englisch verwiesen hatte, direkt gegenüber lag. Ich wäre innerhalb von dreißig Sekunden von selbst darauf gestoßen und hätte mir mit dem gesparten Geld einen flotten Abend auf der Reeperbahn machen können. Doch das Hotel war zentral gelegen und verfügte über eine Bar und ein Restaurant. Ich konnte mich also nicht beklagen. Das heißt, eigentlich konnte ich mich schon beklagen, denn das Zimmer war winzig und deprimierend einfach, mit einer Zwanzigwattbirne in der Leselampe, ohne Teppich, ohne Fernseher und mit einem Bett, das auch als Bügelbrett durchgegangen wäre. Wenigstens würde es mir bei einem Hotel mit einem so einprägsamen Namen erspart bleiben, nach einem Streifzug durch die Stadt einen Taxifahrer bitten zu müssen, mich so lange durch die Gegend zu kutschieren, bis ich das Haus irgendwo entdeckte. Das passiert mir in fremden Städten nämlich öfter, als mir lieb ist.

Vor dem Abendessen machte ich einen Spaziergang. Entlang der Seitenstraßen in Bahnhofsnähe standen einige der mit Abstand unattraktivsten Prostituierten, die ich je gesehen habe – fünfzig Jahre alte Frauen in Miniröcken und schwarzen Netzstrümpfen, mit verschmiertem Lippenstift und Titten, die ihnen bis an die Kniescheiben reichten. Mir drängte sich die Frage auf, wie sie sich bloß von ihrem Job ernähren können. Als eine von ihnen mir einen »Hallo, Süßer«-Blick zuwarf, stolperte ich vor Schreck rückwärts auf die Straße und wäre fast unter einen Bus gekommen. Doch nach ein, zwei Häuserblocks änderte sich das Straßenbild. Ich hatte meinen Stadtplan im Hotel gelassen und wußte nicht, wo ich war, aber in jeder Richtung sah es einladend aus. Es war ein milder Frühlingsabend. Nebel senkte sich so behaglich über die Stadt wie eine Decke, die man sich um die Schultern legt. Menschen bummelten ziellos durch die Straßen und sahen sich die Schaufenster an, und ich fühlte mich wohl unter ihnen.

Ich hatte mir Hamburg trostloser vorgestellt, wie eine Art deutsches Liverpool, voller Straßenüberführungen und leerer, verwahrloster Grundstücke. Da ich bereits wußte, daß Hamburg eine sehr hohe Arbeitslosenquote hatte, war ich auf das Schlimmste gefaßt. Doch Hamburg erwies sich als, zumindest oberflächlich betrachtet, alles andere als ärmlich. Die Kaufhäuser an der Mönckebergstraße, der größten Einkaufsstraße der Stadt, waren glänzend und picobello und gefüllt mit Luxuswaren, wesentlich eleganter als in den Geschäften an der Oxford Street, und in den Seitenstraßen leuchteten die Fenster von zahllosen vornehmen Restaurants und Cafés.

Ich schlenderte durch die stillen, schönen Straßen der Speicherstadt und über den großen Rathausplatz, bog um eine Ecke und stand unerwartet vor einer der atemberaubendsten Stadtansichten, die ich je gesehen habe – die Binnenalster, einer der beiden Seen, um die die Stadt angelegt ist. Auf dem Stadtplan hatte ich gesehen, daß es in

Hamburg diese Seen gibt, doch auf einen so herrlichen Anblick war ich nicht gefaßt gewesen. Die Binnenalster ist zwar der weitaus kleinere der beiden, sie ist aber dennoch groß genug, um mitten in der Stadt eine rechteckige Insel der Stille und Besinnlichkeit zu bilden. Das Ufer ist gesäumt von Bäumen und Parkbänken, hinter denen sich Bürogebäude und ein paar Hotels der alten Schule erheben, jene Hotels, in denen ständig reiche, alte Damen in Pelzmänteln, mit kleinen Schoßhunden im Arm, ein- und ausgehen und deren Portiers wie albanische Admiräle gekleidet sind.

Ich setzte mich in der Dunkelheit auf eine Bank, betrachtete wohl eine halbe Stunde lang die Lichter, die sich auf der Oberfläche spiegelten, und lauschte dem Plätschern des Wassers. Schließlich riß ich mich los und ging zur Kennedybrücke hinüber. Sie führt über die Stelle, an der die beiden Seen aneinanderstoßen. Von hier wirkte die Außenalster gewaltiger und unregelmäßiger und sogar noch schöner als die Binnenalster, aber diesen Teil der Stadt wollte ich mir für den nächsten Tag aufheben.

Mein leerer Magen trieb mich ins Popp zurück, wo ich ausgiebig und für ein kleines Bahnhofshotel überraschend gut zu Abend aß. Ich stopfte Brötchen und Salat und Fleisch und Kartoffeln in mich hinein, bis ich nicht mehr konnte, und füllte jeden verbliebenen Zwischenraum in mir mit gutem deutschen Bier. Nachdem ich ein halbes Buch gelesen hatte, erhob ich mich kurz nach Mitternacht von meinem Tisch, nickte würdevoll den sechs türkischen Kellnern zu, die seit Stunden auf diesen Moment gewartet hatten, und ließ mich von einem winzigen Lift im Zeitlupentempo in den vierten Stock tragen. Oben angekommen mußte ich etwa eine halbe Stunde mit meinem Schlüssel auf das Schlüsselloch einstechen, bis ich dann unerwartet ins Zimmer stürzte, die Tür mit einem Fußtritt schloß, mich einiger Kleidungsstücke entledigte (einer Socke, einem halben Hemd) und mich aufs Bett warf, wo ich auf der Stelle in einen tiefen, zufriedenen und aller Wahrscheinlichkeit nach geschwätzigen Schlaf sank.

Die Sonne weckte mich. Sie schien so heiß und hell aufs Bett, daß an Schlaf nicht mehr zu denken war. Also stolperte ich zum Fenster.

Draußen wartete ein herrlicher Morgen, viel zu schön, um verschlafen zu werden. Die Bahnhofshalle und die Kirchen-Allee dahinter erstrahlten im Sonnenlicht, daß mir die Augen schmerzten. Ich hatte einen Kater, an dem die Wissenschaft ihre helle Freude gehabt hätte, doch nach zwei Tassen starkem Kaffee auf der sonnigen Terrasse des Popp, nach einer Handvoll Aspirin und zwei Zigaretten fühlte ich mich soweit in der Lage, einen gemäßigten Spaziergang zum Elbeufer zu unternehmen. Als ich dort ankam, sah ich nicht viel mehr als Kräne, Werften und den breiten, trägen Fluß. Mir kamen die Worte Konrad Adenauers in den Sinn: »An der Elbe kann man Preußen riechen.« Ich roch nichts als toten Fisch, jedenfalls glaube ich, daß es toter Fisch war. Vielleicht waren es auch die Preußen.

In den dreißiger Jahren arbeiteten 100 000 Menschen im Hamburger Hafen, heute sind es knapp 1200. Dennoch ist er, nach Rotterdam, noch immer der zweitgrößte Umschlaghafen Europas, mit einem Handelsvolumen, das dem Österreichs entspricht. Noch bis vor einigen Wochen hätte ich hier das interessante Schauspiel verfolgen können, wie Frachtschiffe achtern Getreide entladen, um es kurz darauf wieder in ihre vorderen Laderäume zu schaffen. Auf diese Weise entlockten sie der so ungemein wohltätigen EG beträchtliche Extra-Zuschüsse. Mit ihrer Vorliebe für groben Unfug hat die EG jahrelang Sondersubventionen an Spediteure gezahlt, die in einem der Mitgliedsländer produziertes Getreide von einem anderen Land des Gemeinsamen Marktes aus reexportierten, so daß diese nur in Hamburg einen Zwischenstop einlegen mußten, um ihre Fracht sinnlos zu ent- und wieder zu verladen, und schon konnten sie ein Vermögen kassieren. Mit dieser kleinen List bereicherten sich einige Spediteure um sage und schreibe 100 Millionen Mark, bevor die Bürokraten der EG erkannten, daß sie das Geld nutzbringender ausgeben könnten – für sich selbst zum Beispiel –, und diesen Praktiken einen Riegel vorschoben.

Ich wanderte ein paar Hundert Meter landeinwärts zur Reeperbahn. Die sündige Meile wirkte enttäuschend fade. Natürlich zeigen sich sündige Orte bei Tageslicht nie von ihrer aufregendsten Seite. Ich kann mich daran erinnern, daß ich selbst in Las Vegas dachte, welch einen harmlosen Eindruck die ganze Szenerie doch bei Kaffee und Kuchen macht. All der Lärm und all die Lichter, die mit der Abenddämmerung hereinbrechen, erlöschen, sobald die Wüstensonne aufgeht, und sofort wirkt alles nichtssagend und erinnert an eine Filmkulisse. Doch auch wenn man das berücksichtigte, machte die Reeperbahn einen ausgesprochen zahmen Eindruck, besonders nach einer Stadt wie Amsterdam. Ich hatte eine schmale Fußgängerstraße erwartet, an der sich zu beiden Seiten Bars, Sexshops, Peepshows, Striptease-Lokale und all die anderen Dinge drängen, die einen einsamen Seemann wieder aufrichten. Doch dies hier unterschied sich kaum von einer normalen Stadtstraße. Dichter Verkehr schob sich Richtung Innenstadt. Zwar entdeckte ich eine Reihe von zwielichtigen Lokalen, aber dazwischen mischten sich jede Menge mehr oder weniger normale Etablissements – Restaurants, Cafés, Souvenirläden, Jeansshops, sogar ein Möbelgeschäft und ein Theater mit dem unvermeidlichen *Cats* auf dem Programm. Eigentlich gab es nur ein Anzeichen, das darauf schließen ließ, daß dies ein Viertel von zweifelhaftem Ruf war, und das war der müde Ausdruck auf den Gesichtern der Menschen. Fast alle sahen so ausgemergelt und kaputt aus wie die Leute, die Kirmesbuden betreiben.

Die wirklichen Spelunken befanden sich in den Nebenstraßen. In der Großen Freiheit zum Beispiel, in die ich nun einbog. Ich ging bis zum Kaiserkeller, Hausnummer 36. Dort haben früher die Beatles gespielt. Die meisten der anderen Läden an dieser Straße entpuppten sich als Veranstalter von live-Sexshows. Interessiert stellte ich fest, daß die draußen ausgestellten Fotos der auftretenden Künstlerinnen – ich möchte fast sagen unklugerweise – ungewöhnlich ehrlich waren. Nach meiner Erfahrung zeigen Lokale wie diese grundsätzlich Fotos von Frauen, die für ihre Schönheit berühmt sind, wie Christie Brinkley und Raquel Welch. Zweifellos ist auch dem unerfahrensten Matrosen von der »Tristan da Cunha« klar, daß er drinnen andere Frauen auf der Bühne sehen wird, aber zumindest bleibt ihm die Möglichkeit, sich *vorzustellen*, was ihn erwartet. Auf diesen Fotos waren dagegen Frauen beängstigend fortgeschrittenen Alters zu sehen – Frauen mit ergrauten Haaren und Schenkeln, die mich an fließende Lava erinnerten. Diese Damen müssen ihre besten Jahre schon hinter sich gehabt haben, als hier noch die Beatles spielten.

Auch die Sexshops konnten sich nicht mit denen in Amsterdam messen. Sie verfügten allerdings über eine stattliche Kollektion von Gummipuppen, die ich eingehend studierte, denn außer in einem Benny Hill Sketch hatte ich so etwas noch nie gesehen. Besonders angetan war ich von einer aufblasbaren Freundin namens Aphrodite, die zum Preis von 129 Mark zu haben war. Das Foto auf der Vorderseite der Verpackung zeigte eine hinreißende Brünette in transparentem Negligé. Entweder handelte es sich hier um grausame Irreführung, oder man hatte in der Herstellung von Vinyl im Laufe der letzten Jahre größere Fortschritte gemacht, als mir bekannt war.

In leuchtenden Lettern standen auf dem Pappkarton Aphrodites vielfältige Qualitäten aufgelistet: LEBENSGROSS!, ZARTE, FLEISCHÄHNLICHE HAUT!, EINLADENDER AFTER! (Bitte, was?), BEWEGLICHE AUGEN! (Ugh) und VAGINA, DIE AUF BEFEHL VIBRIERT!

Wow, aber kann sie auch kochen? dachte ich.

Eine andere Puppe, der man den Namen »Chinese Love Doll 980« gegeben hatte, versprach allen Ernstes eine »lebenslange Freundschaft«. Darunter stand in Fettdruck: EXTRA DICKES GUMMI. Wenn das nicht die Romantik zunichte macht! Offenbar handelte es sich hierbei um ein Modell für den eher praktischen Typ. Aber auch sie lockte mit Verheißungen wie: TITTEN, DIE HEISS WERDEN und RIECHT WIE EINE RICHTIGE FRAU.

All diese Versprechungen waren in den verschiedensten Sprachen abgedruckt. Interessanterweise hörten sich die deutschen Versionen allesamt derb und vulgär an, während dieselben Worte auf Spanisch sanft und romantisch klangen: ANO TENTADOR, DELICIOSA VAGINA QUE VIBRA A TU ORDEN, LABIOS AMOROSOS. Man könnte sich diese Worte beinahe als Bestellung in einem Restaurant vorstellen: »Ich nehme das Ano Tentador, leicht angebraten, und eine Flasche Labios Amorosos '88.« Auf Deutsch hört es sich an wie der Morgenappell in einem Gefangenenlager.

Das Thema faszinierte mich. Wer kauft so was? Vermutlich würden die Hersteller ihre Produkte nicht mit vibrierenden Vaginen oder Titten, die heiß werden, ausstatten, wenn keine Nachfrage bestünde. Also, wer schreit danach? Und wie bringt man es fertig, so ein Ding zu kaufen? Erklärt man dem Typen hinterm Ladentisch, es sei für einen Freund bestimmt? Können Sie sich vorstellen, mit dem Ding unterm Arm in die Straßenbahn zu steigen und die ganze Zeit befürchten zu müssen, die Tüte könnte reißen und es fiele heraus und würde sich selbst aufblasen oder, noch schlimmer, man käme auf dem Nachhauseweg bei einem Verkehrsunfall ums Leben und die ganze nächste Woche wären die Zeitungen voll mit Schlagzeilen wie: DIE POLIZEI HAT DEN GUMMIPUPPENMANN IDENTIFIZIERT, und darunter würde das eigene Foto aus dem Highschool-Jahrbuch prangen? Ich könnte die nervliche Belastung nicht ertragen. Und da ist man dann endlich zu Hause angelangt, will gerade den Sektkorken knallen lassen und sich mit seiner Gummifreundin einen romantischen Abend machen, und plötzlich klingelt es, und ein paar Freunde schauen unerwartet herein, so daß man seine Gefährtin schnell in den Kamin schieben muß und den Rest des Abends vor Angst vergeht, man könnte die Verpackung oder andere verräterische Dinge liegengelassen haben. (»Übrigens, Bill, für wen ist eigentlich das zweite Sektglas da?«)

Vielleicht bin nur ich so verklemmt. Vielleicht sind diesen Leuten ihre abnormen Leidenschaften überhaupt nicht peinlich. Womöglich reden sie mit ihren Freunden ganz offen darüber. »Habe ich dir schon erzählt, daß ich mir das Modell »Arabische Nacht 280« gekauft habe? Ihre Augen sind nicht beweglich, aber der After reagiert ausgezeichnet.« Vielleicht bringen sie sie sogar mit, wenn sie sich gegenseitig besuchen. »Helmut, ich möchte dir meine neue 440 vorstellen. Schau dir diese Brüste an. Sie werden heiß!«

Während mir all diese Überlegungen durch den Kopf gingen, befand ich mich bereits auf dem Rückweg ins Stadtzentrum. Ich kam vorbei an wuchtigen Gerichtsgebäuden und einer Konzerthalle und erreichte schließlich das Gewirr von Einkaufsstraßen und exklusiven Passagen zwischen Binnenalster und Rathaus.

Auf allen Plätzen saßen Menschen in der Sonne, aßen zu Mittag oder schleckten Eis. Fast ausnahmslos sahen sie gesund und wohlhabend aus, und häufig waren sie auffallend attraktiv. Noch vor zwanzig Jahren wimmelte es in deutschen Städten von Geschäftsleuten, die aussahen, wie man es von Deutschen erwartete – fett und arrogant. Zu jeder Tageszeit sah man sie Berge von Würsten und Kartoffeln in sich hineinschlingen und mit vollem Mund goldenes Bier hinunterkippen. Nun schienen sie sich von Salaten und Fisch zu ernähren und sahen blühend und braungebrannt aus – und obendrein glücklich und zufrieden. Vielleicht galt das nur für Hamburg, das ja Dänemark, Schweden und sogar England geographisch näher ist als München. Vielleicht ist Hamburg in dieser Hinsicht also keine typisch deutsche Stadt.

Jedenfalls hätte ich eine so entspannte und angenehme Atmospähre in Deutschland kaum für möglich gehalten, zumindest nicht unter Deutschen, die älter als fünfundzwanzig sind. Von Arroganz konnte hier keine Rede sein, vielmehr von einer stillen Zuversicht, die wohl auf den materiellen Wohlstand zurückzuführen war. All meine kleinen Bedenken, Deutschland die Herrschaft über Europa anzuvertrauen, lösten sich im Hamburger Sonnenschein in Wohlgefallen auf. Noch vor fünfundvierzig Jahren war Hamburg ein Trümmerhaufen. Praktisch jedes Bauwerk um mich herum war neueren Datums, auch wenn es alt zu sein schien. Mit Verstand und harter Arbeit haben die Hamburger ihre Stadt – und sich selbst – reich, elegant und stattlich werden lassen. Sie hätten Grund genug, deshalb stolz und überheblich zu sein, aber sie waren es nicht, und dafür bewunderte ich sie.

Ich glaube nicht, daß ich den Deutschen jemals ihre Vergangenheit verzeihen kann, jedenfalls nicht, solange ich mich fragen muß, ob der freundliche, alte Kellner, der mir meinen Kaffee bringt, seine Jugend damit verbracht hat, Babys auf Bajonette zu spießen oder Juden in die Gaskammern zu schicken. Es gibt Dinge, die sind zu abscheulich, um verziehen werden zu können. Dennoch bin ich der Ansicht, daß niemand, der heute nach Deutschland kommt, auch nur für einen Moment annehmen kann, daß etwas derartiges in diesem Land je wieder geschehen könnte. Es kam mir so vor, als wären die Deutschen auf dem besten Weg, die neuen Amerikaner zu werden – reich, ehrgeizig, fleißig, gesundheitsbewußt und ihres Stellenwertes in der Welt gewiß. Und wie ich mir Hamburg so ansah, wollte ich mein Schicksal gern in ihre Hände legen – auf jeden Fall würde ich es lieber ihnen anvertrauen als denen, die Großbritannien während der letzten vierzig Jahre in einen einzigen Ramschladen verwandelt haben.

Eins hatte sich nicht verändert: Die Frauen rasieren sich bis heute nicht die Achseln. Das hat mich schon immer gewundert. Alle sind sie so schön und elegant, und dann heben sie die Arme, und da hängt dieses Büschel Stahlwolle. Ich weiß, einige Leute halten das für natürlich, aber das sind Steckrüben auch, und trotzdem hängt sich niemand Rüben unter die Achseln. Sollte sich jedoch herausstellen, daß die Vernachlässigung ihrer Schamhaare die schlechteste Eigenschaft ist, die die Deutschen mit ins letzte Jahrzehnt dieses Jahrhunderts nehmen, dann habe ich nichts dagegen einzuwenden, daß sie uns ins nächste Jahrtausend führen. Allerdings wird man uns da wohl sowieso keine andere Wahl lassen.

All diese schlanken, gutaussehenden Menschen begannen mich zu deprimieren, ganz besonders, als ich zufällig in einem Schaufenster mein Spiegelbild erblickte und erkennen mußte, daß nun ich der Fettwanst hier war. Nachdem ich die ersten fünfundzwanzig Jahre meines Lebens ausgesehen habe, als stammte ich von einer Heuschrecke ab, trifft mich bei einem so unerwarteten Anblick meines wogenden Wabbelspecks noch immer fast der Schlag. Und jedesmal wieder muß ich mich davon abhalten, dem fetten Typen neben mir »Guten Morgen« zu sagen, wenn ich einen Fahrstuhl mit Spiegel betrete. Einmal habe ich es mit einer Diät versucht. Schon in der ersten Woche habe ich vier Pfund abgenommen, was mich zunächst ungemein gefreut hat, doch dann wurde mir klar, daß bei einem so rasanten Tempo innerhalb von nur einem Jahr nichts mehr von mir übrig sein würde. Daher war ich einigermaßen erleichtert, als ich in der zweiten Woche all meine Pfunde wieder bei mir hatte (es handelte sich um eine eigens von mir zusammengestellte Pizza- und Eiskrem-Diät), und ich mich nun mit dem Gedanken tröste, daß ich im Falle einer globalen Hungersnot noch immer auf den Beinen sein werde, ja, vermutlich sogar noch ein wenig Tennis spiele, wenn ihr alle längst aus dem letzten Loch pfeift.

Den Nachmittag widmete ich der gewaltigen Außenalster. Ich wanderte einmal ganz um den See herum. Eigentlich wollte ich mich dort nicht den ganzen Nachmittag aufhalten, doch es war so schön, daß ich mich nicht losreißen konnte. Unter dem mit Schönwetterwolken betupften Himmel schaukelten Segelboote auf dem Wasser, und unentwegt schipperten die kleinen roten und weißen Alsterdampfer zwischen den reichen Vierteln im Norden und dem gegenüberliegenden Stadtzentrum hin und her. Der See war umgeben von einem schmalen Park, in dem es von Joggern und Liebespaaren wimmelte. Dann und wann stieß ich auf eine von Pennern belagerte Bank, aber auch sie machten einen – in Anbetracht ihrer Lebensweise – erstaunlich gesunden und begüterten Eindruck. Jeder, von stämmigen Eichen und dem zitternden Laub der Weiden umrahmte, Blick über den See bot eine reizvolle Aussicht auf das andere Ufer: auf die Spitze eines Fernsehturms, auf vereinzelte Wolkenkratzer, auf Kupferdächer und Kirchtürme, die seit Ewigkeiten dort zu stehen schienen.

Rund um den See, und selbst noch in seiner weiteren Umgebung, säumten stattliche Villen aller erdenklichen Stilrichtungen die Straßen. Keine sah aus wie die andere, aber alle waren von erhabener Pracht. Dort, wo der See kleine, beschauliche Buchten bildete, reichten die weitläufigen Rasenflächen der Häuser bis ans Wasser, und im Schatten alter Bäume lagen Gartenlauben, Sommerhäuschen und private Bootsstege. Es muß herrlich sein, in einem so schönen Haus am See zu leben und jeden Morgen zu Fuß zur Arbeit gehen zu können oder um den See zu radeln oder sich von einem Dampfer in die Innenstadt bringen zu lassen oder sich sogar ins eigene Boot zu setzen, um am anderen Ufer wieder auszusteigen und mitten in dieser reichen, wundervollen Stadt zu sein. Wie perfekt man sich das Leben in Hamburg einrichten könnte!

Kopenhagen

Ich stieg in einen Zug nach Kopenhagen. In Dänemark reise ich gern mit dem Zug, denn man wird dort alle paar Kilometer auf eine Fähre verladen. Das dauert zwar länger, macht aber mehr Spaß. Ich kann nicht begreifen, wie jemand vor einem großen, weißen Schiff stehen kann, das gleich mit ihm in See stechen wird, ohne dabei in helle Aufregung zu geraten. Da ich tausend Meilen entfernt vom nächsten Ozean aufgewachsen bin, ist für mich jede Seereise ein kleines Abenteuer, mag sie auch noch so kurz sein. Mir fiel allerdings auf, daß auch Dänen und Deutsche, die doch daran gewöhnt sein müßten, erwartungsvoll aus den Fenstern schauten, als wir den Hafen von Puttgarden erreichten und der Zug auf die *Karl Carstens* rangiert wurde.

Und hier ein Tip für alle, denen eine Überfahrt auf einer skandinavischen Fähre bevorsteht: Verlassen Sie an Bord nie als erster den Zug, denn dann wird ihnen jedermann folgen und blind darauf vertrauen, daß Sie sich auf dem Schiff auskennen. Ich befand mich in einer Gruppe von etwa 300 Passagieren, die sich alle an die Fersen eines unruhigen Mannes mit grauem Filzhut hefteten. Er führte uns auf seiner drei Kilometer langen Wanderung kreuz und quer durch das Frachtdeck, vorbei an endlosen Reihen von Eisenbahnwaggons und riesigen Lkws, und warf uns immer wieder verwirrte Blicke zu, als wünschte er, wir würden endlich verschwinden. Für uns stand jedoch fest, daß er unsere einzige Hoffnung war. Und tatsächlich entdeckte er irgendwann einen roten Knopf an der Wand, den man nur zu drücken brauchte, und schon öffnete sich ein geheimer Durchgang zur Treppe.

Eilig stürmten wir die Metallstufen hinauf, um kurz darauf geschlossen über die Cafeteria herzufallen. Es war unschwer zu erkennen, wer welcher Nationalität angehörte, denn die Deutschen versorgten sich mit Tellern, auf denen sich Berge von Fleisch und Kartoffeln türmten, die Dänen entschieden sich für Carlsberg Bier und Sahnetörtchen und die Schweden für eine Scheibe Knäckebrot mit einem kleinen, toten Fisch obendrauf. Ich hatte keine Lust, mich an eine der langen Schlangen anzustellen, und begab mich aufs sonnige Oberdeck. Dort hielt ich meine Nase in den Wind, als das Schiff gerade ablegte und sich mit dem Getöse einer Waschmaschine beim Schleudergang in Bewegung setzte, um die zwölf Meilen aufgewühlter See zwischen Norddeutschland und der dänischen Insel Lolland zu durchqueren. An Deck standen acht Männer. Keiner ließ sich seine Angst anmerken, wir könnten vielleicht im Sturm untergehen. Allmählich verschwand Puttgarden hinter uns in der schäumenden Gischt, und wie ein riesiges Seeungeheuer, das sich uns langsam näherte, tauchte Lolland am Horizont auf.

Es geht nichts über eine Seereise, wenn Sie mich fragen, doch leider bietet sich dafür heutzutage nur noch selten Gelegenheit. Überall will man Brücken und Tunnels bauen – zwischen sämtlichen Hauptinseln Dänemarks, zwischen Kopenhagen und Schweden, und sogar mit diesem Stückchen Wasser zwischen Puttgarden und Rødbyhavn hat man große Pläne, damit die Leute in zehn Minuten von einer Küste zur anderen flitzen können und kaum noch merken, daß sie eine Grenze passieren. Diesen neuen europäischen Ehrgeiz, die Landesgrenzen verwischen zu wollen, halte ich für ziemlich überflüssig.

In Rødbyhavn stiegen wir alle wieder in den Zug und rollten durch den Nachmittag nach Kopenhagen. Dänemark kam mir wesentlich gepflegter und leerer vor als der Norden Deutschlands. Es gab weder Fabriken, wie ich sie in Deutschland gesehen hatte, noch Bauernhöfe, auf denen alte Traktoren und andere Gerätschaften vor sich hin rosteten, wie in Belgien und Holland. Statt dessen verteilten sich große, elektrische Energie erzeugende Windräder über die Hügellandschaft, oder sie standen aufgereiht entlang der Buchten. Ihre Rotoren drehten sich träge im Wind, und ich dachte flüchtig darüber nach, was für ein Jammer es doch ist, daß sie diese Windräder nicht ästhetischer gestalten konnten – wie überdimensionale holländische Windmühlen meinetwegen.

Jahrhundertelang ist es der Menschheit mühelos gelungen, die Landschaft mit Bauwerken zu schmücken, die sich in die Natur einfügten, als wären sie für sie gemacht – die kleinen, gewölbten Brükken, Bauernhäuser aus Stein, Kirchen, Windmühlen und gewundene Straßen. Warum bringt sie heute kaum noch etwas zustande, das nicht einer Beleidigung der Landschaft gleichkommt? Die heutigen Konstruktionen sind bestenfalls einfach und nützlich, wie die phantasielosen, aber praktischen Windräder, an denen ich gerade vorbeirauschte, oder sie sind schäbig und provisorisch, wie die Wellblechschuppen und Betonhallen, die am Rand jeder mittelgroßen Stadt als Riesensupermärkte dienen. Früher haben wir Kulturen geschaffen. Nun bauen wir Einkaufszentren.

Um kurz nach fünf lief der Zug im Kopenhagener Hauptbahnhof ein. Das Touristen-Informationsbüro im Bahnhof hatte bereits geschlossen. Vor seiner Tür stand eine Tafel mit den Namen von etwa dreißig Hotels, und neben jedem Namen gab ein rotes Lämpchen an, ob das jeweilige Hotel bereits voll war oder nicht. Etwa zwei Drittel der Lämpchen leuchteten. So weit, so gut. Aber nirgends war ein Stadtplan zu sehen, auf dem die Hotels eingezeichnet waren. Für einen Moment überlegte ich, ob ich mir einige der Namen und Adressen notieren sollte. Da ich dieser Tafel jedoch alles in allem wenig Vertrauen entgegenbrachte und all die Adressen sowieso bedeutungslos waren, solange ich keinen Stadtplan hatte, ließ ich es bleiben.

Als ich mich von der Tafel abwandte, stand ich einer Stadtstreicherin gegenüber, die sofort meinen Arm ergriff und fröhlich plappernd auf mich einredete. Woher wissen diese Leute immer, wann ich irgendwo eintreffe? Es ist beinahe unheimlich. Ich schätze, es kursieren irgendwelche Rundschreiben oder so was. Gemeinsam irrten wir durch den Bahnhof; ich verzweifelt auf der Suche nach einem ausgehängten Stadtplan, während sie sich an meinen Arm klammerte und mir verrückte Vertraulichkeiten zuflüsterte. Wir müssen ein komisches Bild abgegeben haben.

Weit und breit war kein Stadtplan zu sehen, also gestattete ich der Dame, mich bis zum Haupteingang zu begleiten. Dort löste ich mich aus ihrem Griff und drückte ihr ein paar kleine Münzen der verschiedensten Währungen in die Hand, woraufhin sie ihrer Wege ging, ohne sich noch einmal umzudrehen. Ich sah ihr nach und fragte mich, warum es verrückte Leute immer in die Bahnhöfe zieht. Man könnte meinen, Bahnhöfe seien ihr Arbeitsplatz. (»Schatz, ich geh zum Bahnhof, ein bißchen im Müll rumstochern und Fremde anquatschen. Um fünf bin ich zurück!«) Warum suchen sie sich keine angenehmeren Orte aus, wie die Alpen oder einen Strand?

Ich fragte in einem halben Dutzend Hotels in unmittelbarer Nachbarschaft des Bahnhofs nach einem Zimmer, aber alles war belegt. Als ich mich in einem der Hotels erkundigte, ob es einen besonderen Grund für diesen Andrang gäbe, einen Kongreß oder einen Feiertag oder dergleichen, erklärte man mir, daß es in Kopenhagen immer so schwer sei, ein Zimmer zu finden.

Ja, ist denn das nicht ärgerlich? Kann man auf einem Kontinent, dessen wirtschafliche Eckpfeiler Handel und Tourismus sind, nicht erwarten, daß die Dinge so geregelt sind, daß ein Reisender auch am späten Nachmittag noch ein Bett für die Nacht findet, ohne stundenlang durch die Gegend latschen zu müssen? Da stand ich nun – bereit, in den Hotels und Restaurants dieser Stadt mein Geld auszugeben, ihren Museen und Straßenbahnen finanziell unter die Arme zu greifen, mit vollen Händen Devisen unters Volk zu bringen und, ohne zu murren, ihre horrende Mehrwertsteuer von zweiundzwanzig Prozent zu zahlen, und alles, was ich von ihnen wollte, war ein Bett für die Nacht.

Wie das so ist, wenn man etwas sucht, schienen Hotels in Kopenhagen plötzlich dünn gesät zu sein. Ich marschierte einmal quer durch die Altstadt, vergeblich, und wollte gerade wieder zum Bahnhof gehen, um mit der Suche von vorn zu beginnen, da entdeckte ich das Hotel Sophie Amalienborg. Es war groß, sauber, modern und furchtbar teuer, aber dort hatte man für zwei Nächte ein Einzelzimmer frei, das ich ohne zu zögern nahm. Ich sprang unter die Dusche, zog mir frische Sachen an und fühlte mich wie neugeboren, als ich mich wieder unter die Leute mischte.

Gibt es etwas Schöneres – natürlich abgesehen von einer wirklich guten Schokoladenkremtorte und einem saftigen Scheck, der unerwartet mit der Post kommt – als an einem milden Frühlingsabend durch eine fremde Stadt zu laufen, sich in den langen Schatten eines Sonnenuntergangs durch unbekannte Straßen treiben zu lassen, hier und dort stehen zu bleiben, um ein Schaufenster, eine Kirche oder einen hübschen Platz zu betrachten oder um eine Straßenecke zu schauen und sich zu fragen, ob das nette, gemütliche Restaurant, an das man sich noch jahrelang sehnsüchtig erinnern wird, nun in dieser oder in jener Richtung liegt? Ich finde es herrlich. Ich hätte nichts dagegen, an jedem Abend meines Lebens in einer anderen Stadt anzukommen.

Kopenhagen ist nicht unbedingt eine besonders schöne, aber eine unglaublich sympathische Stadt. Dort leben anderthalb Millionen Menschen, ein Viertel der Bevölkerung Dänemarks, und dennoch herrscht in dieser Stadt eine Atmosphäre und eine beschauliche Lebensart wie in einer kleinen Universitätsstadt. Anders als die meisten Großstädte ist Kopenhagen frei von jeglicher Überheblichkeit. Hier gibt es keine Denkmäler, die an die glorreiche Vergangenheit eines Königreichs erinnern, und kaum etwas deutet darauf hin, daß dies die Hauptstadt eines Landes ist, das einst ganz Skandinavien regierte. In anderen Städten stellt man Statuen von Generälen und Potentaten auf. In Kopenhagen steht eine kleine Meerjungfrau. Ein feiner Zug, wie ich finde.

Ich schlenderte die Nyhavn entlang, eine drei Häuserblocks lange Straße mit einem Kanal in der Mitte, in dem Schiffe mit hohen Masten vor Anker lagen, gesäumt von schmalen Giebelhäusern aus dem siebzehnten und achtzehnten Jahrhundert, die sich von Amsterdam hierher verirrt zu haben schienen. Das Viertel wurde tatsächlich ursprünglich von holländischen Seeleuten besiedelt und blieb lange ein beliebter Treffpunkt von angetrunkenen Matrosen. Und noch heute haben einige Ecken etwas von einer liederlichen Atmosphäre – ein Tätowiersalon und ein oder zwei Spelunken, hinter deren Fenstern man eine Rauferei zwischen Popeye und Brutus zu sehen erwartet – doch das sind die letzten, verblassenden Relikte. Schon seit Jahren geben sich die Gastwirte die größte Mühe, eine anspruchsvollere Klientel in die Nyhavn zu locken, so daß die meisten der alten Giebelhäuser heute Yuppie-Bars und Designer-Restaurants beherbergen. Trotzdem sind es durchweg sehr angenehme Lokale, was wohl vor allen Dingen daran liegt, daß es den Dänen ganz und gar nicht peinlich ist, gut zu leben. Und das ist ja auch richtig so.

Vor den Restaurants entlang der Straße standen Tische aufgereiht, an denen blonde, prächtige junge Leute saßen, tranken, aßen und sich des für die Jahreszeit zu warmen Wetters erfreuten. Es ist mir ein Rätsel, was sie in Kopenhagen mit den alten Leuten machen. Vermutlich halten sie sie in ihren Kellern versteckt oder schicken sie nach Arizona, denn auf den Straßen sieht man ausnahmslos jugendliche, herausgeputzte, gesunde, blonde und ausgesprochen attraktive Menschen. In Kopenhagen hätte man innerhalb von fünfzehn Sekunden die komplette Besetzung für einen Pepsi-Cola-Werbespot zusammen. Und wie glücklich sie alle aussahen!

Die Dänen sind so voller Lebensfreude, daß sie sie förmlich ausschwitzen. Ihre lockere Einstellung zum Leben ist nicht nur erfrischend, sie ist vor allem erstaunlich, wenn man bedenkt, daß sie in einem Teil Europas leben, dessen Einwohner eine traurige Vorstellung von Vergnügen haben (in Norwegen hält man drei Leute und eine Flasche Bier für eine Party; der Nationalsport der Schweden ist Selbstmord). Wissen Sie, wie lange der Zweite Weltkrieg für Dänemark gedauert hat? Nicht einmal einen Tag. Hitlers Panzer überquerten die Grenze im Schutz der Dunkelheit und hatten bereits im Morgengrauen das ganze Land besetzt. Ein damaliger Politiker formulierte es so: »Wir wurden per Telegramm erobert.« Und schon am Abend saßen die Dänen wieder in ihren Bars und Restaurants.

Kopenhagen ist außerdem die einzige Stadt, die ich kenne, in der die weiblichen Büroangestellten ihre Mittagspause nutzen, um oben ohne in den städtischen Parks ein Sonnenbad zu nehmen. Allein deshalb hat Kopenhagen in meinen Augen den Titel »Kulturhauptstadt Europas« verdient, und zwar Jahr für Jahr aufs neue.

Ich aß in einem schicken, überfüllten Kellerrestaurant auf halber Höhe der Nyhavn zu Abend und war der einzige unter den Gästen, der nicht aussah, als käme er soeben von den Dreharbeiten zu *Miami Vice*. Alle Männer trugen bis zum Hals geknöpfte Hemden, und die Frauen schmückten sich mit großen Ohrringen und wirren Frisuren, so daß sie jedesmal ihr Haar beiseite schieben mußten, wenn sie sich über den Teller beugten. Jeder hier war schön. Ich kam mir vor wie Barney Rubble und rechnete jeden Moment damit, daß der Geschäftsführer an meinen Tisch treten würde, um zu sagen: »Entschuldigen Sie, mein Herr, aber würde es Ihnen etwas ausmachen, sich ein wenig von diesem Schaumfestiger ins Haar zu schmieren?«. Doch das Personal behandelte mich wie einen alten Freund, und das Essen war so ausgezeichnet, daß ich mich leichten Herzens von dem ansehnlichen Bündel Banknoten trennte, das eine Mahlzeit in Kopenhagen nun mal kostet.

Es war schon dunkel, als ich die Treppe zur Straße wieder hinaufstieg. Obwohl sich die Luft deutlich abgekühlt hatte, saßen die Leute noch immer draußen an den Tischen, hatten sich ihre Jacken über die Schultern gehängt und unterhielten sich angeregt. Ich überquerte den grünen Kongens Nytorv, einen der Hauptplätze der Stadt, und stand wenig später auf der Strøget, der längsten Fußgängerzone der Welt. Auf einer Länge von knapp zwei Kilometern vereinen sich fünf Straßen, um den Kongens Nytorv mit dem anderen Hauptplatz der Stadt, dem Rådhus Pladsen am Tivoli, zu verbinden. Jeder Bericht über Kopenhagen ist voll des Lobes für die Strøget, doch ich bin immer ein wenig enttäuscht. Jedesmal, wenn ich sie sehe, scheint sie ein kleines bißchen schäbiger geworden zu sein. Zwar gibt es in der Nähe des Kongens Nytorv noch immer viele todschicke Geschäfte, aber die andere Hälfte der Strøget verkommt allmählich zu einer Ansammlung von billigen Souvenirläden, McDonald's, Burger Kings und anderen hell erleuchteten Fast-food-Tempeln. Die Straße könnte ein paar Bänke vertragen, und auch ein paar Kübel mit den guten, alten Geranien würden ihr nicht schaden. Jedenfalls ist es eine Schande, daß sie es in einem so wohlhabenden und auf guten Geschmack bedachten Land wie Dänemark nicht geschafft haben, dieser Straße mehr Charme zu verleihen.

Dennoch ist es angenehm, von einem Ende der Innenstadt zum anderen zu laufen, ohne auch nur einem Auto zu begegnen. Und wenn man das westliche Ende der Strøget erreicht hat und gerade meint, daß die Gegend nun aber wirklich zu trostlos wird und daß es an der Zeit sei umzukehren, steht man auf dem großen, bunten Rådhus Pladsen, dem Rathausplatz. Es hat mich in Europa schon immer beeindruckt, daß sie auf den Dächern und an den oberen Stockwerken der Gebäude, die rund um ihre größten Plätze stehen, farbenprächtige Neonschilder anbringen. Tagsüber fallen sie nicht auf, weil sie so hoch angebracht sind, und die strenge Würde der Gebäude, die ihrer Funktion entspricht, bleibt gewahrt. Aber wenn die Dunkelheit hereinbricht und wir ein wenig optische Aufheiterung gebrauchen können, dann erstrahlen dieselben Gebäude im Glanz dieser Leuchtreklamen, die den ganzen Platz erhellen und deren Farben sich auf den Gesichtern der Leute widerspiegeln.

Ich ging zum Tivoli hinüber, obwohl ich schon von weitem sehen konnte, daß es geschlossen war. Am Eingang verkündete ein Schild, daß der Vergnügungspark erst in einigen Wochen wieder öffnen würde. Auf dem Weg zurück über den Platz in Richtung Strøget kam ich an einem kleinen Menschenauflauf vorbei und blieb neugierig stehen.

Zwei Polizisten, ein Mann und eine Frau, beide jung und blond und so prächtig wie jedermann in dieser Stadt, redeten ruhig und verständnisvoll auf einen Jungen von etwa siebzehn Jahren ein. Er stand offenbar unter der Einwirkung jener Sorte von Droge, die das menschliche Gehirn in einen Hochgeschwindigkeitsfahrstuhl zum Pluto verwandelt. Von seiner Blitzreise durch den Kosmos verwirrt, mußte der Junge ins Stolpern geraten sein und hatte sich den Kopf aufgeschlagen; ein paar Tropfen Blut rannen ihm vom Haaransatz auf die flaumige Wange. Die beiden Ordnungshüter trugen die flottesten Polizeiuniformen, die ich je gesehen habe – marineblaue Overalls mit Unmengen von Reißverschlüssen und Taschen und Schlaufen, in denen Taschenlampen, Notizbücher, tragbare Telefone und sogar Enterhaken und Raketenwerfer steckten. Sie machten den Eindruck, als würden sie gemeinsam mit allen Eventualitäten fertig werden, ob es nun darum ging, das Lassafieber einzudämmen oder ein Atom-U-Boot zu entwaffnen.

Dabei haben sie es nur selten mit schwerwiegenderen Delikten zu tun, denn die Dänen sind geradezu absurd gesetzestreue Bürger. Das schlimmste Verbrechen in diesem Land ist der Fahrradklau. Zufällig habe ich gerade die Statistiken des Jahres 1982 zur Hand. Damals wurden in Kopenhagen sechs Morde verzeichnet; demgegenüber standen 205 Morde in Amsterdam, eine Stadt von vergleichbarer Größe, und 1688 in New York. Die Stadt ist so ungefährlich, daß Königin Magarethe früher jeden Morgen das Schloß Amalienborg verließ, um wie ein normaler Bürger zu Fuß Blumen und Gemüse einzukaufen. Als ich einmal einen Dänen fragte, wer sie bei dieser Gelegenheit beschützte, sah er mich überrascht an und antwortete: »Wieso? Wir beschützen sie doch alle.« Ist das nicht rührend?

Die Polizeibeamten halfen dem Jungen auf die Beine und führten ihn zum Streifenwagen. Während sich die kleine Menschenmenge auflöste, folgte ich ihnen fast gegen meinen Willen. Ich weiß nicht, was mich so faszinierte – abgesehen von der Tatsache, daß ich noch nie so freundliche Polizisten gesehen hatte. Am Streifenwagen fragte ich die Polizistin auf Englisch, was sie mit dem Jungen machen würden.

»Wir bringen ihn nach Hause«, sagte sie einfach, zog kaum merklich die Augenbrauen hoch und fügte hinzu: »Ich denke, er gehört ins Bett.«

Ich war beeindruckt und mußte unwillkürlich daran denken, wie ich in Amerika selbst einmal von der Polizei angehalten worden war. Ich mußte mich mit ausgestreckten Armen und gespreizten Beinen an eine Mauer stellen und wurde gefilzt. Dann schleppten sie mich aufs Polizeirevier und verpaßten mir einen Strafzettel – und alles nur wegen einer abgelaufenen Parkuhr. Ich war damals auch um die siebzehn Jahre alt. Gott weiß, was sie mit mir gemacht hätten, wenn ich im Drogenrausch auf einer Parkbank aufgegriffen worden wäre. Vermutlich würde ich jetzt erst aus dem Gefängnis entlassen. »Wird er Schwierigkeiten bekommen?« fragte ich.

»Von seinem Vater wahrscheinlich schon. Aber nicht von uns. Wir sind doch alle manchmal ein bißchen verrückt, oder? Gute Nacht. Und einen angenehmen Aufenthalt in Kopenhagen.«

»Gute Nacht«, sagte ich und sah ihnen voller Bewunderung nach.

Am nächsten Morgen hatte ich Lust auf ein paar Museumsbesuche. Kopenhagen hat großartige Museen, für die sich allerdings kaum jemand zu interessieren scheint, nicht einmal die Dänen selbst. Zuerst ging ich ins riesige Nationalmuseum, gegenüber vom Schloß Christiansborg. Ich hatte es fast für mich allein. Besonders in kleinen Ländern erweisen sich Nationalmuseen oft als eine recht langweilige Angelegenheit – ein paar Kaufhaus-Mannequins in bäuerlichen Kostümen aus dem sechzehnten Jahrhundert, ein Schaukasten mit sechs römischen Münzen, die jemand in seinem Garten gefunden hat, und das ist dann auch schon so ziemlich alles. Doch das dänische Nationalmuseum ist sowohl ungeheuer groß als auch gut bestückt. Den ganzen Vormittag wanderte ich glücklich durch seine zahllosen hallenden Räume.

Anschließend besichtigte ich die Ny Carlsberg Glyptothek. Einige Museen besitzen herrliche Kunstschätze, sind aber in nichtssagenden Bauwerken untergebracht; in anderen sind die Ausstellungsstücke nichtssagend, aber das Bauwerk ist eine Augenweide. Die Glyptotek ist in beiderlei Hinsicht ein Hochgenuß. Sie verfügt über eine hervorragende Sammlung römischer Statuen und einige der schönsten impressionistischen Gemälde überhaupt, und das Bauwerk ist eine wahre Freude – hell, luftig, mit tadelloser Innenausstattung und einem ruhigen Innenhof voller Palmen.

Das beste Museum hatte ich mir jedoch bis zum Schluß aufgehoben – die Hirschsprungsche Sammlung im Østre Park. Alles an dieser Sammlung ist wunderbar, und kein Park eignet sich meiner Meinung nach besser, um die Sekretärinnen zu sehen, die ihre Brüste in der Sonne baden (meine Erkenntnis ist in dieser Beziehung zwar sicher lükkenhaft, aber um so gewissenhafter zusammengetragen). Doch auch ohne diesen zusätzlichen Anreiz lohnt das großartige, aber etwas abseits gelegene Museum einen Besuch. Es beherbergt 884 Gemälde, fast ausnahmslos Vertreter der Skagener Malerschule aus dem neunzehnten Jahrhundert, die ungefähr zwanzig, überwiegend kleine Räume füllen. Sie stellen durchweg Szenen aus dem täglichen Leben dar – Sommerlandschaften, Freunde, die bei einem zwanglosen Abendessen beisammensitzen, der Blick aufs Meer durch ein offenes Fenster, eine Frau am Spülbecken –, doch sie hinterlassen beim Betrachter eine so anregende Wirkung, daß er sich nach dem Museumsbesuch so frisch und munter fühlt, als hätte er den Nachmittag in einer Art Ionisator verbracht.

In dieser gehobenen Stimmung machte ich einen langen, glücklichen Spaziergang durch den Park, wanderte systematisch von einer sonnenbadenden Sekretärin zur nächsten und erkundigte mich, ob sie vielleicht Hilfe beim Einreiben mit Sonnenöl bräuchten. So ganz stimmt das leider nicht. Für ein Sonnenbad war es nämlich noch zu kühl. Außerdem waren um vier Uhr nachmittags alle Sekretärinnen Kopenhagens in ihren düsteren Büros eingesperrt, so daß ich mich auf meinem Spaziergang mit meiner Phantasie begnügen mußte.

Am frühen Abend unternahm ich einen Streifzug durch den überraschend reizlosen Hafen der Stadt. Außer Fischfabriken und Kränen gab es dort nicht viel zu sehen. Auf einer Werft in einiger Entfernung wehrte sich ein verrosteter Frachter mit schrillen Tönen und sprühenden Funken gegen die eisernen Werkzeuge und Maschinen. Ich ging bis zur Kleinen Meerjungfrau, die einsam und verlassen, aber sehr hübsch auf ihrem Stein am Rande des Hafens hockte. Dann schlenderte ich durch den naheliegenden Kastellet Park, der nach einer sternförmigen Festung am Eingang des Hafens benannt worden war und landete schließlich in einem Bistro an der Stockholmsgade, wo ich leicht und einfach zu Abend aß.

Das Essen war zwar nicht der Rede wert, aber das Bier war gut, und der Service war ausgezeichnet, denn ich war der einzige Gast. Ich brauchte nur aufzusehen und hoffnungsvoll zu lächeln, und schon brachte man mir eilig ein frisches Bier. Nach einer Weile brauchte ich überhaupt nichts mehr zu tun. Sobald eine Flasche bis auf den letzten Tropfen geleert war, stand wie durch Zauberhand die nächste auf dem Tisch. Kurz gesagt, es war ein Bistro nach meinem Geschmack.

So vergingen zwei Stunden. Zwischendurch blätterte ich in einer dänischen Zeitung, die jemand auf dem Tisch liegengelassen hatte, und versuchte, dem Wust unbekannter Worte zu entnehmen, ob Margaret Thatcher vielleicht aus einem fahrenden Auto gefallen war oder ob der Dritte Weltkrieg schon begonnen hatte. Doch auf dem Planeten Erde schien in den drei Wochen, die ich nun unterwegs war, im großen und ganzen alles beim alten geblieben zu sein. Also legte ich die Zeitung beiseite und sah aus dem Fenster, betrachtete den vorbeifließenden Verkehr und verlor mich in diesen müßigen Träumereien, mit denen der einsame Reisende seine Abende verbringt.

Schließlich erhob ich mich, zahlte die stattliche Rechnung und wankte in die Nacht hinaus. Ich war meilenweit von meinem Hotel entfernt. Auf der langen Wanderung hielt ich mich bei Kräften, indem ich immer dann eine Pause einlegte, wenn ich an einem Haus vorbeikam, dessen helle, einladende Lichter mir signalisierten, daß man dort Bier ausschenkte. Von diesen Örtlichkeiten gibt es in Kopenhagen erfreulich viele, so daß ich den Abend damit verbrachte, allein in irgendwelchen Ecken zu sitzen, Unmengen von Bier zu trinken, Fremde dämlich anzugrinsen und mein Hemd mit Asche zu beschmutzen. Irgendwann gegen ein Uhr morgens, als ich über die Strøget torkelte und den Wunsch unterdrückte, ein Liedchen zu trällern, kam mir ein Ire entgegen getaumelt, der jedem, der ihm über den Weg lief, wüste Beschimpfungen an den Kopf warf.

»Ihr verdammten Ärsche!« schrie er ein elegantes Paar an, dessen

Schritte sich umgehend beschleunigten. »Du Wichser! Du dänischer Scheißkerl!« rief er einem jungen Mann zu, der den Kopf senkte und weitereilte.

Das Komische war, daß er einen gepflegten, grauen Anzug trug und wie ein erfolgreicher Geschäftsmann aussah. Der Himmel weiß, was in seinem benebelten Kopf vor sich ging. Als er mich erblickte, schien er in mir einen betrunkenen Gesinnungsgenossen zu erkennen und ließ mich mit einer müden Handbewegung passieren, wurde danach aber sofort wieder munter, um einen Mann mittleren Alters mit seinen Beschimpfungen zu überschütten. »Du bist auch so ein Stück Scheiße, du blöder, alter Saftarsch!« ließ er den Mann zu dessen großer Überraschung wissen und fügte geheimnisvoll hinzu: »Und ich wette, du wohnst in so einem Scheißnobelhotel!« Ich blieb mit verschränkten Armen stehen und sah zu, wie der Ire die Straße entlang wankte und seinen Schwall von Beschimpfungen nun gegen die Häuser losließ, bis er plötzlich, wie von einem unsichtbaren Seil gezogen, ruckartig links abbog und in einer Seitenstraße verschwand.

Als ich am Morgen erwachte, fühlte sich mein Kopf an, als hätte man ihn die ganze Nacht an eine dieser Maschinen geschnallt, mit denen man Stoßdämpfer testet. Ich sah auf die Uhr. Es war Viertel vor zehn. Eigentlich wollte ich mit dem Zug um halb elf nach Schweden fahren, aber ich mußte noch packen und die Hotelrechnung bezahlen. Ich ging ins Bad und mühte mich röchelnd mit der morgendlichen Körperpflege ab, lief dann im Zimmer umher und sammelte meine Habseligkeiten ein – eine Socke gehörte an meinen Fuß, ein Stadtplan wurde in den Rucksack gestopft, eine Big-Mac-Schachtel, von der ich nicht wußte, woher sie kam, wanderte in den Papierkorb. Endlich war alles gepackt. Was ich brauchte, war ein Kaffee, und zwar so dringend, wie Dan Quayle Hilfestellung bei einem IQ-Test braucht.

Ich begab mich zum Empfang und kam gerade rechtzeitig, um mich hinter siebenundzwanzig italienischen Besuchern anzustellen, die auf diese interessante italienische Art und Weise alle gleichzeitig ihre Rechnungen bezahlen wollten. In meiner Verfassung war das alles andere als Balsam für die Nerven. Schließlich zogen die Italiener ab, das heißt, sie bewegten sich durch die Empfangshalle, als hätte man sie aneinandergenäht, und versuchten, sich zusammen durch die Drehtür zu zwängen. Ich händigte der jungen Dame an der Rezeption meinen Zimmerschlüssel aus und wartete, während der Computer mindestens eine Minute brummte, als käme er erst jetzt so richtig in Schwung, um dann unvermittelt massenweise Papier auszuspukken. Das Papier wurde in sechzehn Bögen zerteilt. Den schwächsten Ausdruck legte man mir zur Durchsicht vor.

Zu meiner Überraschung enthielt die Rechnung Gebühren für diverse Telefongespräche. In der vergangenen Nacht – es schien alles schon so lange her zu sein – hatte ich versucht, zu Hause anzurufen. Doch ich hörte nur eine dänische Ansage vom Band, mit der man mich vermutlich davon in Kenntnis setzen wollte, daß die internationalen Leitungen derzeit besetzt seien oder daß ich mich verwählt hatte oder daß ich mich schlicht und einfach zum Teufel scheren solle. Jedenfalls kam ich nicht durch und gab nach drei Versuchen auf. So wunderte es mich doch sehr, daß man mir drei Telefonate in Rechnung stellte, was ich der Empfangsdame dann auch zu verstehen gab.

»Ja«, sagte sie, »Sie müssen für jedes Telefongespräch bezahlen, ob Sie verbunden wurden oder nicht.«

»Aber das ist doch absurd.«

Sie zuckte die Schultern, als wollte sie sagen: Vielleicht, vielleicht aber auch nicht.

»Sie meinen«, begann ich langsam, während jedes Wort in meinem Schädel dröhnte wie ein Paukenschlag, »ich muß für Telefongespräche zahlen, die ich nicht geführt habe?«

»Ja, so ist es.«

»Ich habe die zweite Decke nicht benutzt. Muß ich für die auch bezahlen?« Sie sah mich unverwandt an und war sich offensichtlich nicht bewußt, daß sie es mit jemandem zu tun hatte, der sich von einem Moment zum nächsten in einen gewalttätigen Hysteriker verwandeln kann. »Ich habe die Duschhaube nicht benutzt«, fuhr ich fort, »wollen Sie mich dafür auch zur Kasse bitten? Ich habe eins der Seifenstücke und die Hosenpresse nicht benutzt. Das wird mich ein Vermögen kosten, stimmt's?«

Die junge Frau sah mich nur weiter ruhig an, wenn auch mit deutlich weniger Wohlwollen als bisher. Scheinbar war sie an derartige Ausbrüche gewöhnt. »Es tut mir leid, wenn Sie diese Gebühren für ungerechtfertigt halten, aber in Kopenhagen ist das so üblich.«

»Und ich sage Ihnen, das stinkt zum Himmel!« bellte ich, als ich im Spiegel ein ernstlich geistesgestörtes Individuum erblickte – wirres Haar, rotes Gesicht, an allen Gliedern bebend – und im nächsten Augenblick mich selbst erkannte. Ich übergab der Dame meine Kreditkarte, kritzelte eine wilde Unterschrift auf die Quittung und stolzierte erhobenen Hauptes zum Ausgang. Schade, daß ich bei diesem Auftritt keinen Umhang dabei hatte, den ich mir über die Schultern hätte schleudern können, oder einen Stock aus Ebenholz, um damit die Hotelpagen aus dem Weg zu scheuchen.

Warum habe ich mich nicht in ein Café gesetzt, zwei Tassen Kaffee getrunken und einen späteren Zug genommen? Das wäre das Vernünftigste gewesen. Statt dessen marschierte ich schäumend vor Wut in Richtung Bahnhof, in einem Tempo, das meinem Körper überhaupt nicht gut bekam. Unterwegs ging ich in eine Bank an der Strøget, um einen Reisescheck einzulösen. Es handelte sich nur um einen Fünfzig-Dollar-Scheck (in Skandinavien nichts weiter als ein kleines Taschengeld), für den man mir Gebühren in Höhe von, sage und schreibe, fünfunddreißig Kronen abnahm, weit über zehn Prozent des Gesamtbetrages. Plötzlich verstand ich, warum der Ire, der mir in der Nacht begegnet war, zeternd durch die Straßen lief. Er hatte eine dänische Rechnung zu viel bezahlt. »Das ist ein Skandal«, rief ich aus und zerknüllte den Beleg der Bank in meiner Hand. »Warum stecke ich mir das Geld nicht einfach an die Jacke, damit ihr euch alle selbst bedienen könnt?« kreischte ich und stürmte aus der Bank, während sich Kunden und Angestellte fragend ansahen, als wollten sie sagen: Was ist denn mit *dem* los? Hat wahrscheinlich keinen Kaffee gekriegt.

Und in dieser jämmerlichen Verfassung stieg ich in den Vormittagszug nach Göteborg, beschimpfte einen jungen Schaffner, weil er mir die unerfreuliche Mitteilung machte, daß es im Zug keinen Speisewagen gab, und kauerte mißmutig in einer Ecke, während die grünen Vororte Kopenhagens an mir vorüberzogen und jeder Nerv meines Körpers nach Koffein schrie.

Göteborg

Auf der Fähre über den Øresund zwischen Dänemark und Schweden bekam ich endlich meinen Kaffee, und sofort ging es mir besser. Ich sah auf die schiefergraue See hinaus oder studierte meine Kümmerly-und-Frey-Karte von Südskandinavien. Die Form Dänemarks ähnelt einem Teller, der auf einem harten Steinboden zerbrochen ist: Das Land besteht aus tausend Stücken, aus Unmengen von großen und kleinen Buchten und Halbinseln, so schmal wie der Stachel eines Skorpions. Die Namen der Dörfer und Städte klangen einladend – Aerøskøbing, Skærbæk, Holstebro –, und von Dutzenden dieser Städte führten gepunktete rote Linien zu lauschigen kleinen Inseln wie Anholt, Endelave und vor allem Bornholm, das in der Ostsee treibt und Polen näher ist als Dänemark. Ganz unvermittelt verspürte ich den Wunsch, mir all diese Inseln anzusehen, doch dafür reichte die Zeit nicht. Dafür reicht nicht einmal ein ganzes Leben. Ich hatte ja nicht mal genug Zeit, um eine zweite Tasse Kaffee zu trinken.

In Helsingborg wartete ein rötlichbrauner Zug, der uns nach Göteborg bringen sollte. 250 Kilometer ging es die Westküste entlang nach Norden, vorbei an roten Scheunen, kleinen Städten mit senffarbenen Rathäusern, durch dichte Kiefernwälder, an vereinzelten Seen entlang, die von schindelgedeckten Ferienhäusern, Bootsanlegern und Reihen von Ruderbooten gesäumt waren. Hin und wieder machte der Zug einen Schlenker zur Küste, und wir konnten durch die Bäume das kalte Meer glitzern sehen. Es dauerte nicht lange, und die ersten Regentropfen streiften das Fenster.

Ich teilte das Abteil mit einem braungebrannten jungen Mann mit Nickelbrille und Pferdeschwanz. Er war so blond, wie es nur ein

Schwede sein kann, und befand sich auf der Heimreise von Marrakesch, wo er seine Freundin besucht hatte, wie er sich ausdrückte. Später stellte sich jedoch heraus, daß es sich um eine Ex-Freundin handelte, die inzwischen mit einem marokkanischen Teppichhändler zusammenlebte, was er allerdings erst bei seiner Ankunft in Marrakesch erfahren hatte (irgendwie hatte sie es versäumt, ihn auf ihren Postkarten davon zu unterrichten). Und dieser Teppichhändler zog sofort sein Krummschwert, als der Schwede auf der Bildfläche erschien, und drohte, ihn mit den Hoden in der Brotdose nach Hause zu schicken, wenn er nicht augenblicklich wieder verschwinden würde. Dafür, daß er soeben eine vergebliche Reise von einigen tausend Kilometern hinter sich hatte, machte der junge Mann einen erstaunlich gelassenen Eindruck. Fast während der ganzen Fahrt saß er im Schneidersitz auf seinem Platz, löffelte aus einem riesigen Becher violetten Joghurt in sich hinein und las in einem Roman von Thomas Mann.

In Ängelholm gesellten sich zwei weitere Fahrgäste zu uns – eine mürrische, ältere Frau in Schwarz, die aussah, als hätte sie seit 1937 nicht mehr gelacht, und mich während der gesamten Fahrt nicht aus den Augen ließ, als hätte sie mein Gesicht auf einem Fahndungsfoto gesehen, und ein pingeliger, älterer Mann, den ich für einen vor kurzem pensionierten Oberstudienrat hielt und der mir von vornherein unsympathisch war.

Der junge Schwede saß auf dem für den Oberstudienrat reservierten Platz. Der Oberstudienrat forderte daraufhin den jungen Schweden nicht nur auf, diesen Platz zu räumen, sondern veranlaßte ihn außerdem, seine persönliche Habe aus der Gepäckablage über jenem Sitz auf die Gepäckablage des Nachbarsitzes zu schaffen. Das zeugt von einer gehörigen Portion Kleinkariertheit, wenn Sie mich fragen. Dann begann der Oberstudienrat, auf seinem Platz für Ordnung zu sorgen – er entnahm seinem Koffer eine zusammengefaltete Zeitung und eine kleine Tüte Pflaumen, verstaute den Koffer auf der Gepäckablage, untersuchte den Sitz eingehend auf etwaige Verunreinigungen, wischte mehrmals mit dem Handrücken darüber, faltete mit ritueller Sorgfalt seine Jacke und seinen Pullover zusammen, öffnete nach vorheriger Absprache mit der Dame, aber ohne sich an mich oder an den jungen Schweden zu wenden, ein wenig das Fenster, holte seinen Koffer nochmals herunter, um ihm erneut etwas zu entnehmen, verstaute ihn wieder und öffnete das Fenster anderthalb Zentimeter weiter. Jedesmal, wenn er sich vorbeugte, tauchte sein Arsch vor meiner Nase auf. Was hätte ich für eine Smith & Wesson gegeben! Und jedesmal, wenn ich mich umsah, blickte ich in das Gesicht dieser alten Schachtel, die mich mit Argusaugen beobachtete.

So verging der Vormittag.

Ich fiel in diesen sabbernden Halbschlaf, den ich mehr und mehr für eine Begleiterscheinung meines fortgeschrittenen Alters halte. Als ich wach wurde, stellte ich fest, daß meine Reisegefährten ebenfalls eingenickt waren. Der Oberstudienrat schnarchte mit weit offenem Mund. Ich bemerkte, daß mein hin und her schwingender Fuß an seiner marineblauen Hose einen staubigen Fleck hinterlassen hatte. Ich entdeckte außerdem, daß es mit vorsichtigen Bewegungen meines Fußes möglich war, diesen Fleck von seinem Knie bis fast zum Knöchel zu verlängern und so sein Hosenbein mit einem interessanten Streifen zu versehen. Auf diese Weise vertrieb ich mir ein Weilchen die Zeit, bis ich bei einem kurzen Seitenblick erkennen mußte, daß die Augen der alten Dame wieder auf mich gerichtet waren. Sofort gab ich vor zu schlafen. Ich wußte, wenn sie nur einen Laut von sich geben würde, müßte ich sie mit meiner Jacke ersticken. Aber sie sagte nichts.

Und so verging der Nachmittag.

Seit der Kleinigkeit im Bistro am Abend zuvor hatte ich nichts mehr gegessen. Ich war so hungrig, daß ich mir fast alles einverleibt hätte, sogar den berühmten pürierten Schinken meiner Großmutter mitsamt ihrer gewürfelten Karotten – das einzige Gericht in der Geschichte der Kochkunst, dem Erbrochenes als Vorlage gedient hat. Am späten Nachmittag wurde ein quietschender Erfrischungswagen durch den Gang geschoben, und eine Welle fieberhafter Aufregung erfaßte unser Abteil. Jeder von uns zeigte ein eifriges Interesse für das

Angebot an Erfrischungen. Ich besaß vierundzwanzig schwedische Kronen und hatte das für ein nettes Sümmchen gehalten. Wie sich herausstellen sollte, reichte dieser Betrag jedoch gerade, um ein bescheidenes halbes Brötchen zu erstehen, das mit einem kümmerlichen Salatblatt und acht Fleischklößchen, jedes etwa so groß wie eine Murmel, belegt war. Eine Mahlzeit in Schweden ist wirklich ein Trauerspiel.

Ich kaufte das halbe Brötchen und wickelte es vorsichtig aus seiner Cellophan-Hülle. Doch als ich gerade hineinbeißen wollte, ruckelte der Zug so erbarmungslos über ein paar Weichen, daß die Flaschen im Erfrischungswagen klapperten und all meine Fleischklößchen vom Brötchen sprangen, als wären es Matrosen, die von Bord eines brennenden Schiffes fliehen. Entsetzt sah ich zu, wie sie über den Boden kullerten und sich in acht ungenießbare Staubkugeln verwandelten.

Ich hätte es kaum für möglich gehalten, aber die Dame in Schwarz schaffte es tatsächlich, mich mit einem noch verächtlicheren Blick zu strafen, und der Oberstudienrat nahm aus Angst, ein Kloß könnte einen seiner glänzenden Schuhe streifen, mit einem eleganten Schwung seine Füße beiseite. Nur der junge Schwede und der Begleiter des Erfrischungswagens zeigten Mitgefühl und deuteten hilfreich mit dem Finger auf die Klöße, während ich einen nach dem anderen einsammelte und im Aschenbecher deponierte. Danach knabberte ich an meinem Salatblatt und dem trockenen Brötchen und wünschte mich an irgendeinen anderen Ort dieser Welt. Nur noch zweieinhalb Stunden, versuchte ich mich aufzumuntern und warf der alten Dame einen Blick zu, der ihr hoffentlich zu verstehen gab, welch ein Vergnügen, welch ein übergroßes, tiefempfundenes Vergnügen es mir gewesen wäre, sie von ihrem Platz zu zerren und aus dem Fenster zu stoßen.

Als wir kurz nach sechs in Göteborg ankamen, goß es wie aus Kübeln. Der Regen trommelte auf das Pflaster und strömte in Sturzbächen durch die Rinnsteine. Ich zog mir die Jacke über den Kopf und rannte über den offenen Platz vor dem Bahnhof, wich im letzten Moment einer Straßenbahn aus, umschiffte eine riesige Pfütze, schlängelte mich zwischen geparkten Autos hindurch, stieß mit einer Straßenlaterne und zwei älteren Passanten zusammen (wenn ich einmal renne, dann hält mich nichts mehr auf; dann bilde ich mir ein, ich führe die Chicago Bears zum Sieg) und stolperte atemlos und pitschnaß ins erstbeste Hotel.

Ich stand in der Empfangshalle und trocknete meine Brille mit dem Zipfel meines Hemdes, während sich um mich herum eine kleine Pfütze bildete. Kaum hatte ich mir die Brille wieder aufgesetzt, war mir klar, daß ich in ein viel zu vornehmes Hotel geraten war. Für einen Moment spielte ich mit dem Gedanken, mich still und heimlich wieder zu verdrücken, doch dann bemerkte ich, daß der junge Mann an der Rezeption wie ein Reptil jede meiner Bewegungen verfolgte, als hätte er mich in Verdacht, mit einem der Teppiche unterm Arm verschwinden zu wollen. Sofort wurde ich aufmüpfig. Von einem neunzehnjährigen Grünschnabel mit Pickeln im Gesicht und einem Ansteck-Schlips am Kragen würde ich mich nicht einschüchtern lassen. Schnurstracks ging ich zur Rezeption und erkundigte mich nach dem Preis eines Einzelzimmers. Er nannte mir einen Betrag, der es erforderlich machen würde, sich mitsamt einer Schubkarre zur Bank zu begeben, wollte man ihn in bar bezahlen.

»Verstehe«, sagte ich und versuchte, möglichst ungerührt zu klingen. »Ich nehme an, das Zimmer hat ein Bad und einen Farbfernseher?«

»Selbstverständlich.«

»Und sicher finde ich dort auch eine kostenlose Duschhaube?«

»Ja, Sir.«

»Und neben dem Waschbecken steht ein kleines Körbchen mit einer Auswahl von Duschgels und Körperlotionen?«

»Natürlich, Sir.«

»Wie sieht's aus mit Nähzeug und einer Hosenpresse?«

»Alles da, Sir.«

»Föhn?«

»Ja, Sir.«

Nun spielte ich meinen Trumpf aus. »Einwegschuhputzschwamm mit garantiertem Glänzt-ja-wie-neu-Effekt?«

»Selbstverständlich, Sir.«

Verdammt. Ich hatte damit gerechnet, daß er auf mindestens eine meiner Fragen mit »nein« antworten würde, woraufhin ich in schallendes Gelächter ausgebrochen wäre und ihm kopfschüttelnd den Rücken gekehrt hätte. Aber nun blieb mir nichts anderes übrig, als mich entweder kleinlaut zu verziehen oder das Zimmer zu nehmen. Ich nahm das Zimmer.

Das Zimmer war nett, wenn auch nüchtern und klein, mit einer Zwanzigwattbirne in der Leselampe (wann werden die Europäer endlich kapieren, daß zwanzig Watt einfach nicht ausreichen?), einem kleinen Fernseher, einem Radiowecker, einem geräumigen Badezimmer mit Dusche. Als erstes kippte ich die Gels und Lotionen aus dem Badezimmer in meinen Rucksack und packte schließlich auch das Weidenkörbchen ein – na und, warum nicht? Im Anschluß daran machte ich einen Rundgang durchs Zimmer und sammelte die vielen Streichholzheftchen ein und das Briefpapier, eigentlich alles, was nicht niet- und nagelfest war. Dann trieb mich der Hunger in die Stadt hinaus.

Es goß in Strömen. Ich marschierte in die Innenstadt, um es mit einem Schaufensterbummel zu versuchen. Mit platschenden Schritten rannte ich von Geschäft zu Geschäft, von einer tropfenden Markise zur nächsten. Es hatte keinen Zweck. Am besten, ich machte mich gleich auf die Suche nach einem Restaurant, nach einem einfachen, normalen Restaurant, aber so etwas schien es nicht zu geben. Ich war völlig durchnäßt und fror. Als ich gerade dachte, mir bliebe nichts anderes übrig, als zum Hotel zurückzugehen und dort zu essen, was immer es gab und was immer es auch kosten möge, kam ich an einer Einkaufspassage vorbei. Ich stürmte hinein und schüttelte mich wie ein Hund. Alle Geschäfte, überwiegend Billigläden à la Woolworth, waren geschlossen, aber trotzdem wimmelte es von Menschen, als wäre dies der perfekte Ort für einen Abendspaziergang. Und überall hingen betrunkene junge Leute herum. Die meisten befanden sich in diesem lärmenden, unangenehmen Zustand, in dem alkoholisierte Menschen dazu neigen, sich für deinen Freund zu halten oder einen

Streit vom Zaun zu brechen oder einem vor die Füße zu kotzen. Ich machte einen großen Bogen um sie.

Es ist doch erstaunlich, auf wie viel Trunkenheit man in Schweden und Norwegen trifft. Da haben wir nun zwei Länder, in denen man sich kein Bier kaufen kann, ohne vorher einen Kredit bei der Bank aufzunehmen, in denen die Regierungen seit Jahrzehnten alles in ihrer Macht Stehende tun, um den Genuß von Alkohol so unattraktiv und so teuer wie möglich zu machen, und dennoch stößt man auf Schritt und Tritt auf volltrunkene Menschen – in Bahnhöfen, auf Parkbänken, in Einkaufszentren. Ich begreife das nicht.

Allerdings begreife ich in Schweden und Norwegen so manches nicht. Es hat fast den Anschein, als wären sie dort fest entschlossen, jegliches Vergnügen aus ihrem Leben zu verbannen. Sie haben die höchsten Einkommensteuersätze, die höchste Mehrwertsteuer, die strengsten Alkoholgesetze, die trostlosesten Bars, die langweiligsten Restaurants und ein Fernsehprogramm, das so einschläfernd ist wie zwei Wochen in Nebraska. Und alles kostet ein Vermögen. Selbst wenn man nur eine Tafel Schokolade kauft, starrt man ungläubig auf den Kassenbon, und jede größere Anschaffung treibt einem Tränen der Verzweiflung in die Augen. Die Winter sind lausig kalt, und während der restlichen Monate des Jahres regnet es unaufhörlich. Das Unterhaltsamste, das man in diesen Ländern unternehmen kann, ist, nach Ladenschluß in halbdunklen Einkaufspassagen herumzulaufen und sich die unbezahlbaren Schubkarren und Gartenmöbel aus Plastik in den Schaufenstern anzusehen.

Obendrein bestrafen sie sich mit den irrsinnigsten und einschränkensten Gesetzen, die man sich vorstellen kann, Gesetze, bei denen man sich fragt, was in aller Welt sie sich dabei gedacht haben. In Norwegen ist es einem Barmann zum Beispiel verboten, einem Gast den nächsten Drink zu servieren, wenn der sein letztes Glas noch nicht geleert hat. Ist das vielleicht eine Angelegenheit, die einer gesetzlichen Regelung bedarf? Außerdem darf ein norwegischer Bäcker an Samstagen und Sonntagen kein Brot backen. Na, dem Himmel sei dank, kann ich da nur sagen. Stellen Sie sich vor, wohin das führen würde, wenn ein skrupelloser Bäcker an Wochenenden frisches Brot unter die Norweger bringt. Aber das absurdeste Gesetz von allen, ein Gesetz, das so sinnlos ist, das es sich am Rande des Surrealen bewegt, haben sie sich in Schweden einfallen lassen. Es besagt, daß das Autofahren nur mit eingeschalteten Scheinwerfern erlaubt ist, egal, ob an einem trüben Regentag oder an einem strahlenden Sommernachmittag. Wie gern würde ich dem Kerl begegnen, der sich das ausgedacht hat! Sicher ist er ein hohes Tier im »Ministerium für Beschränkte Angelegenheiten«. Es würde mich überhaupt nicht wundern, wenn die Fußgänger bei meinem nächsten Besuch in Schweden Grubenlampen mit sich führen müssen.

Ich landete in einem Pizza Hut im Untergeschoß der Passage. Ich war der einzige Gast. Während ich auf meine Pizza wartete, starrte ich gedankenverloren in die Leere um mich herum, nippte an meinem Glas Wasser und dachte mir skandinavische Rätsel aus:

F. Wieviele Schweden braucht man, um eine Wand zu streichen?
A. Siebenundzwanzig. Einer streicht, und sechsundzwanzig kümmern sich um die Zuschauer.

F. Was macht ein Norweger, wenn er sich in einen Rauschzustand versetzen will?
A. Er reißt den Filter seiner Zigarette ab.

F. Eines der beiden Hauptnahrungsmittel in Schweden ist der Hering. Welches ist das andere?
A. Der Hering.

F. Woran erkennt man einen Norweger an einem Mittelmeerstrand?
A. Er ist der mit den Schneeschuhen.

Dabei kicherte ich leise und ein wenig übergeschnappt vor mich hin, wie das eben jemand tut, der bis auf die Haut durchnäßt allein in einem leeren Restaurant mitten in einem sonderbaren Land sitzt und auf eine 25-Dollar-Pizza wartet.

Nach dem Essen ging ich zum Bahnhof, um mir für den nächsten Vormittag eine Fahrkarte nach Stockholm zu besorgen. In Schweden kann man nämlich nicht einfach in einen Zug steigen; eine Bahnfahrt will gut durchdacht sein, und die Fahrkarte muß man im voraus kaufen. In der Fahrkartenausgabe mußte ich mir an einem Automaten neben der Tür eine Nummer ziehen und warten, bis diese Nummer über einem der Schalter aufleuchtete. Ich hatte die Nummer 415, und die höchste der angezeigten Nummern war die 391. Da sie zwanzig Minuten später erst bei Nummer 393 waren, schlenderte ich zum Bahnhofskiosk, um mir zwischendurch in den Zeitschriften ein paar nackte Mädchen anzusehen. Leider war der Kiosk geschlossen, und ich mußte mit den ausgehängten Reiseplakaten vorliebnehmen. Als ich nach einer Weile wieder in der Fahrkartenausgabe stand, stellte ich nicht unbedingt zu meiner Überraschung fest, daß sich dort während meiner Abwesenheit einiges getan hatte und daß die 415 längst aufgerufen worden war. Also zog ich eine neue Nummer – diesmal die 432 –, nahm Platz und wartete eine halbe Stunde. Als meine Nummer endlich an der Reihe war, trat ich an den Schalter und bat den Mann, mir eine Fahrkarte für den Zug nach Stockholm um 10.05 Uhr am nächsten Morgen auszustellen.

Er sah mich traurig an und sagte: »*I'm sorry. I do not speak English.*«

Ich war erstaunt. »Aber jeder in Schweden spricht Englisch«, protestierte ich schwach.

»*I don't*«, erklärte er und wurde noch trauriger. »*Please you must go to window sree. She speaks vair good English.*«

Ich ging zum Schalter drei und bat um eine Fahrkarte für den Zug am nächsten Morgen nach Stockholm. Die Frau erblickte die zerknitterte Nummer 432 in meiner Hand und zeigte auf die über ihrem Schalter angezeigte Nummer. »Sie sind am falschen Schalter. An diesem Schalter ist die Nummer 436 an der Reihe.« Und während sie das sagte, erhob sich eine grauhaarige Dame aus ihrem Stuhl und stürmte auf mich zu. Ich versuchte, mein Problem mit dem »Einsprachigen« von Schalter fünf zu erklären, doch die Frau an Schalter drei schüttelte nur den Kopf und teilte mir mit: »Sie müssen eine neue Nummer ziehen. Dann rufe ich Sie vielleicht auf. Jetzt muß ich mich um diese Dame kümmern.«

»*You are at zer wrong window!*« brüllte die alte Dame mit den grauen Haaren in einer Lautstärke, die verriet, daß ihr Gehör sie allmählich im Stich ließ. »*This is my window*«, fügte sie hinzu und warf allen Anwesenden einen hochmütigen Blick zu, der wohl soviel heißen sollte wie »Mein Gott, sind diese Ausländer blöd!«

Resigniert trottete ich zum Automaten hinüber und zog eine weitere Nummer. Das heißt, vorsorglich zog ich drei Nummern, ließ mich auf einen Stuhl fallen und wartete. Was für ein netter Abend! Irgendwann erschien auch meine Nummer wieder, und zwar an Schalter fünf – am Schalter des einzigen Mannes in Schweden, der kein Englisch spricht. Ich zerknüllte das Nummernticket und wartete, bis die nächste Nummer aufgerufen wurde. Aber auch sie wurde von dem Mann an Schalter fünf aufgerufen. Ich wetzte zu ihm hinüber und flehte ihn an, nicht auch noch meine letzte Nummer aufzurufen, aber genau das tat er.

Der Gedanke, daß nun alles von vorn beginnen sollte, war unerträglich. »Bitte«, sagte ich langsam und deutlich, »ich möchte nur eine einfache Fahrkarte nach Stockholm für den Zug morgen um 10.05 Uhr.«

»Aber natürlich«, sagte der Mann, als hätte er mich nie zuvor gesehen, nahm mein Geld entgegen und reichte mir die Fahrkarte. Kein Wunder, daß so viele Schweden Selbstmord begehen.

Stockholm

Am nächsten Morgen regnete es noch immer, und ich gab jede Hoffnung auf, vor meiner Abfahrt noch etwas von Göteborg zu sehen. Ich ging zum Bahnhof und investierte ein kleines Vermögen in zwei Tassen Kaffee und ein belegtes Brötchen. Pünktlich um 10.05 Uhr fuhr der Zug ab, und nach knapp viereinhalbstündiger Fahrt durch die endlosen Kiefernwälder Schwedens bahnte ich mir bereits den Weg durch die Menschenmassen im düsteren Hauptbahnhof von Stockholm.

Bei der Zimmervermittlung der Touristen-Information im Bahnhof mußte ich ein ungefähr 700 Fragen umfassendes Formular ausfüllen, doch die Mühe sollte sich lohnen, denn das Hotel, das Castle on Riddargatan, erwies sich als ein kleiner Glückstreffer. Es lag nur etwa anderthalb Kilometer vom Bahnhof entfernt und war freundlich, sauber und bezahlbar – soweit sich das überhaupt von irgendetwas in Schweden sagen läßt.

Ich machte mich gleich auf den Weg zur Gamla Stan, der Altstadt von Stockholm, an der anderen Seite der Strömbron. Sie besitzt einen ausgesprochen mitteleuropäischen Charme: schmale, hügelige Straßen, an beiden Seiten gesäumt von strengen, massigen Gebäuden, deren Farbe an ausgeblichene Terrakotta erinnert. Stellenweise fehlte der Putz an den Wänden, und manchmal waren an den Ecken der Häuser ganze Stücke herausgebrochen, als wäre ein Lkw rückwärts dagegen gefahren. Das Ganze hatte etwas vom Charme des Verfallenden. Erstaunlicherweise gab es keinerlei Anzeichen von Wohlstand. Die meisten Fenster waren schmutzig, die Namensschilder und Türklopfer aus Messing waren stumpf, und fast jedes Gebäude brauchte dringend einen neuen Anstrich. So ungefähr stelle ich mir Kraków oder Bratislava vor. Vielleicht lag es nur am Regen, der nun wieder unablässig fiel und sich wie ein Grauschleier über die Stadt legte. Hört es denn in Schweden nie auf zu regnen?

Mit hochgezogenen Schultern, den Blick auf den Boden gerichtet, ging ich weiter, wich dem Wasser aus, das die abschüssigen, kopfsteingepflasterten Gassen hinunterströmte, und wünschte, ich hätte einen Hut oder einen Schirm oder ein Ticket auf die Bermudas. Fröstelnd setzte ich mich in ein düsteres Café, wo ich mit beiden Händen eine Tasse Kaffee für drei Dollar umklammert hielt und spürte, daß mir eine Erkältung in den Knochen saß.

Ich ging ins Hotel zurück, nahm ein heißes Bad, zog mir trockene Sachen an und fühlte mich gleich besser. Den Nachmittag verbrachte ich damit, über dem Stadtplan von Stockholm zu hocken und auf besseres Wetter zu warten. Gegen fünf klarte der Himmel auf. Sofort schlüpfte ich in meine feuchten Treter, um die Straßen zwischen dem Norrmalmstorg, einem Platz in der Nähe des Hotels, und dem Kungsträdgården, einem kleinen, rechtwinkligen Park am Hafen, zu erkunden. Nun sah die Stadt viel freundlicher aus. Es war ein Samstagabend, und in den Straßen tummelten sich gutgelaunte Menschen. Sie trafen sich mit Freunden und bevölkerten die kleinen, über das ganze Viertel verstreuten Restaurants und Bistros.

Hungrig wie immer hielt auch ich nach einem geeigneten Lokal Ausschau und entschied mich schließlich für ein Bistro am Norrmalmstorg, das mir das geselligste und beliebteste von allen zu sein schien. Es hieß Matpalatset und war freundlich, überfüllt und herrlich gemütlich, nur das Essen war wahrscheinlich das schlechteste, das ich jemals außerhalb einer Krankenhauskantine gegessen habe – ein gräulicher Salat mit wäßrigen Gurken und Pilzen, die nach altem Zeitungspapier schmeckten, und eine Lasagne, die nicht nur überbacken, sondern regelrecht verbrannt war. Ich staunte still vor mich hin. In jedem anderen Land Europas hätte ein Restaurant mit einer so schlechten Küche längst schließen müssen, doch hier standen die Leute für einen Tisch Schlange. Ich aß den Teller leer, denn erstens war ich hungrig und zweitens würde mich diese Mahlzeit so teuer zu stehen kommen wie ein Wochenende in Brighton.

Nach diesem unerquicklichen Akt der Nahrungsaufnahme brach ich zu einem langen Spaziergang auf. Seit es nicht mehr regnete, fand ich entschieden mehr Gefallen an Stockholm. Es ist wirklich eine außergewöhnlich schöne Stadt. Sie verfügt über mehr Quadratmeter Grünfläche pro Kopf als jede andere Stadt Europas und ist von mehr Wasser durchzogen als selbst Venedig. Die Stadt wurde auf vierzehn Inseln erbaut, und in ihrer unmittelbaren Nachbarschaft befinden sich weitere 25000 Inseln, die fast ausnahmslos mit kleinen Ferienhäusern übersät sind – die Wochenenddomizile der Stadtbevölkerung. Über breite Alleen und kleine Nebenstraßen gelangte ich in den Norden der Innenstadt. Jede Straße war gesäumt von sechsstöckigen Wohnhäusern, allesamt ernste, wuchtige und dennoch irgendwie heimelige Gebäude, und ungefähr drei Viertel aller Fenster waren dunkel. Von Freitagabend bis Sonntagnachmittag muß Stockholm ein Paradies für Einbrecher sein.

Früher wollte ich immer in Häusern wie diesen wohnen. Es mußte nicht unbedingt Europa sein – ich wäre auch nach Buenos Aires oder Dar es Salaam gegangen; Hauptsache, ich wohnte mitten in einer großen, fremden Stadt, in der es all die Dinge zu hören, zu riechen und zu sehen gab, die in Iowa unbekannt waren. Auch heute üben diese Viertel noch eine starke Anziehungskraft auf mich aus. Stundenlang kann ich durch ihre Straßen wandern, so wie jetzt. Auf dem Rückweg ins Stadtzentrum stellte ich befriedigt fest, daß Stockholm meinen Erwartungen voll und ganz entsprach. Ich war rundum zufrieden. Nur mein Magen rebellierte.

Ich kam an dem Kino vorbei, vor dem im März 1986 Olof Palme erschossen worden war. Der Premierminister hatte sich mit seiner Frau einen Film über Mozart angesehen. Als sie gerade aus dem Kino kamen, um sich zu Fuß auf den Heimweg zu ihrer nahegelegenen Wohnung zu machen, trat ein Verrückter aus dem Schatten und schoß. Für mich zählt dieses Attentat zu den tragischen Ereignissen unserer Zeit.

Die schwedische Polizei hat sich bei der Aufklärung des Falles nicht gerade mit Ruhm bekleckert. Palme wurde um 23.21 Uhr getötet, der Befehl, die Straßen zu beobachten, erfolgte aber erst um 0.50 Uhr, und selbst dann wußten die Polizisten in den Streifenwagen noch nicht, wonach sie suchen sollten. Erst um 1.05 Uhr wurden die Flughäfen geschlossen. Die Polizei sperrte den Bereich um das Kino großräumig ab, Experten der Spurensicherung wurden herbeigeholt und suchten minuziös den Tatort ab; und dennoch waren es Passanten, die beide Kugeln des Attentäters fanden und der Polizei übergaben. Die 300 Mann starke Polizeieinheit, die den Fall untersuchte, brauchte elf Monate und zehn Millionen Mark, um schließlich einen Unschuldigen zu verhaften. Bis heute weiß man nicht, wer es war.

Ich schlenderte ziellos über die Kungsgatan, eine der größten Einkaufsstraßen der Stadt, vorbei am PUB Kaufhaus, in dessen Hutabteilung einst Greta Garbo gearbeitet hat, und dann über die lange Fußgängerstraße Drottninggatan, und es kam mir vor, als befände ich mich in einer anderen Stadt. Die Drottninggatan ist eine fast zweieinhalb Kilometer lange Asphaltpiste ohne jeden Reiz. Überall lagen vom Regen aufgeweichte Abfälle herum, und hier stolperte mir auch ein Betrunkener nach dem anderen über den Weg. Als ich einmal stehenblieb, um mir ein Schaufenster anzusehen, bemerkte ich ein paar Meter rechts von mir einen Mann mittleren Alters. Er pinkelte direkt an das Fenster, so diskret wie das auf einer beleuchteten Straße vor einem beleuchteten Fenster eben möglich ist. Auch er stand eindeutig unter Alkoholeinfluß, trug einen Anzug und machte einen wohlhabenden und gebildeten Eindruck. Ich war schwer enttäuscht – von ihm und von all den Hunderten von Menschen, die ihre Hamburger-Schachteln und ihr Knäckebrotpapier achtlos auf die Straßen geworfen hatten. Das hatte ich von den Schweden nicht erwartet. Das war ihrer unwürdig.

Ich bin voller Bewunderung für die Schweden aufgewachsen, denn sie hatten es geschafft, gleichzeitig reich und sozialistisch zu sein, was meiner Ansicht nach jeder sein sollte. Da ich aus einem Land stamme, in dem es passieren kann, daß ein Kind mit einem Gehirntumor nach Hause geschickt wird, um dort zu sterben, weil sein Vater nicht das nötige Kleingeld für einen Chirurgen besitzt, oder daß eine Versicherungsgesellschaft von einer staatlichen Kommission die Erlaubnis erhält, die Policen ihrer 14 000 kränkesten Mitglieder zu kündigen, weil sie gerade ein nicht so besonders gutes Jahr hinter sich hat (wie 1989 in Kalifornien geschehen), galt meine ganze Bewunderung der Nation, die sich zum Ziel gesetzt hat, ungeachtet der Kosten jedem ihrer Bürger die gleiche Fürsorge zuteil werden zu lassen.

Doch damit nicht genug; außerdem haben es die Schweden zu Erfolg und Reichtum gebracht. In Großbritannien scheint es dagegen seit jeher das vorrangige Ziel der Sozialisten zu sein, daß jedermann so arm und unwissend wird wie ein gewerkschaftlicher Vertrauensmann bei British Leyland. Jahrelang war Schweden in meinen Augen die perfekte Gesellschaft. Es ist mir schon schwer genug gefallen, mich mit der Tatsache abzufinden, daß all das mit ungeheuer hohen Lebenshaltungskosten bezahlt werden muß und nicht zuletzt mit einer Lebensweise, bei der das Vergnügen praktisch auf der Strecke bleibt. Aber nun feststellen zu müssen, daß sich in den Straßen der Abfall häuft und daß gebildete Menschen an Schaufenster pinkeln, das war fast zuviel.

Da ich noch immer Hunger hatte, griff ich an einem Imbißwagen am Hafen tief in die Tasche und leistete mir einen Hamburger. Es war einer dieser Hamburger, bei denen man sich fragt, ob man sich nach dem Verzehr wohl in ärztliche Behandlung begeben muß. Zu sagen, er hätte beschissen geschmeckt, wäre eine Beleidigung für die Exkremente. Ich aß nicht mal die Hälfte und warf den Rest in den nächsten Abfalleimer. Es hatte wieder angefangen zu regnen. Außerdem machte mir meine Erkältung zu schaffen. In übelster Laune kehrte ich in mein Zimmer zurück.

Als ich wach wurde, war mein Kopf voller Rotz, und in meinen Schuhen stand das Wasser. Aber Stockholm sah verlockend aus. Die Sonne lachte, die Luft war sauber und so frisch, als wäre es Ende Oktober und nicht Anfang April, und im Hafen leuchtete das Wasser so blau wie in einem Swimming-pool. Ich schlenderte über den Strandvägen, ein großer Boulevard, an dessen einer Seite der Hafen, der voller schaukelnder Boote war, lag und an dessen anderer Seite eine Reihe imposanter Wohnhäuser standen. Ich wollte zu einem Park namens Djurgården. Er erstreckt sich über eine ganze Insel mitten in der Stadt und ist ein kleines Paradies.

Im Grunde ist es nur ein Stadtpark voller Bäume und grüner Hügel, doch dazwischen liegen die verschiedensten Attraktionen versteckt – das Nordiska, das Nordische Museum, ein Rummelplatz, ein Zirkus, das »Komedie Teatern«, ein naturwissenschaftliches Museum, das riesige Freilichtmuseum Skansen, ein Museum für Technik und vieles mehr. Und gerade als ich dort ankam, erwachte alles zum Leben. Vor dem Skansen kurbelte ein Kioskbesitzer seine Markisen herunter, vor den kleinen Cafés wurden Tische und Stühle nach draußen gestellt, und an den Eintrittskartenschaltern bereitete man sich auf den fröhlichen Trubel vor, der bald über sie hereinbrechen würde.

Im morgendlichen Sonnenschein spazierte ich über die Insel. Alle paar Hundert Meter teilte sich die Straße in drei oder vier Nebenstraßen, und welche ich auch nahm, jede führte mich in eine Landschaft von bezaubernder Schönheit – zu einer Aussicht über das Wasser auf die grünen Kupferdächer der Innenstadt, zur Statue eines Helden namens Adolphus oder Gustavus auf einem tänzelnden Pferd, in ein kleines, bewaldetes Tal von zartestem Grün, in dem sich golden die Sonnenstrahlen brachen. Ich entdeckte auch ein Internat auf der Insel und die italienische Botschaft und andere Dinge, die ich in einem öffentlichen Park nicht vermuten würde.

Diese Parks zählen zu den zahlreichen Vorzügen europäischer Städte. Da gibt es das Tivoli, den Bois de Boulogne, den Prater in Wien. Das sind mehr als nur Parks. Das sind nicht nur Orte, die man aufsucht, wenn man frische Luft schnappen oder einen Spaziergang machen will. Dort kann man anständig essen oder einen Vergnügungspark besuchen oder ein Observatorium, einen Zoo oder ein Museum besichtigen. Und der Djurgården ist vielleicht der schönste von allen. Ich verbrachte dort einen halben Tag, machte einen gemütlichen Rundgang um die Insel und viele Pausen, um die Aussicht zu genießen oder vor dem Skansen einen Kaffee zu trinken und zuzusehen, wie eine Familie nach der anderen eintraf. Und ich war wieder voller Bewunderung für Stockholm.

Ich ging in die Innenstadt zurück, zur Drottninggatan. Im strahlenden Sonnenschein machte die Straße einen nicht halb so schlimmen Eindruck. Zwei Wagen der Straßenreinigung waren damit beschäftigt, den Müll vom Samstagabend einzusammeln, was ich für ein ermutigendes Zeichen hielt. Allerdings nahmen sie es mit ihrer Arbeit nicht allzu genau, denn was in den Hauseingängen lag oder unter einer Bank oder an einem anderen dieser zahllosen Orte, an denen Müll meistens landet, befand sich außerhalb der Reichweite der Bürsten. Alles in allem ließen die Reinigungswagen etwa ebenso viel Abfall zurück, wie sie einsammelten. Und sie waren noch nicht verschwunden, da lagen schon die nächsten Zigarettenschachteln und Coca-Cola Dosen auf dem Pflaster.

Ich wollte mir eine englische Zeitung kaufen, und außerdem brauchte ich Taschentücher für meine verschnupfte Nase, aber weit und breit hatte kein Geschäft geöffnet. Sonntags ist Stockholm die wohl ausgestorbenste Stadt Europas. Ich trank einen Kaffee bei McDonald's und deckte mich mit rund fünfundsiebzig Servietten ein. Anschließend schlenderte ich über eine niedrige Brücke zu den beiden hübschen, verschlafenen Inseln Skeppsholmen und Kastelholmen im Hafen und von dort zurück in die Gamla Stan, die nun, im Sonnenschein, wie verzaubert schien. Die senf- und ockerfarbenen Häuser glühten förmlich, und die Schatten in den Türen und Fenstern verliehen allem eine Plastizität und Schwere, von der am Tag zuvor nichts zu spüren gewesen war.

Ich machte einen Rundgang um den kolossalen Königspalast (mit seinen 600 Räumen ist er tatsächlich ein Koloß), der wohl zu den langweiligsten Gebäuden gehört, die je gebaut wurden. Ich würde ihn nicht unbedingt häßlich nennen; er ist einfach langweilig und besitzt ungefähr so viele Besonderheiten wie ein mit Löchern versehener Pappkarton. Doch an den Wachtposten hatte ich meine helle

Freude. In ihren Uniformen sahen sie aus wie die sympathischsten Waschlappen, die man sich vorstellen kann. Seit 150 Jahren leben die Schweden in Frieden mit der Welt und vertreten eine entschlossen antimilitaristische Haltung. Vermutlich wollen sie es daher vermeiden, daß ihre Soldaten allzuviel Ähnlichkeit mit wilden Machos haben, und lassen sie deshalb weiße Helme tragen, die Badekappen zum Verwechseln ähnlich sehen, und weiße Gamaschen, die auch Donald Duck gehören könnten. Jedenfalls muß man sich schon sehr beherrschen, um nicht auf einen von ihnen zuzugehen und ihm unauffällig ins Ohr zu flüstern: »Hey, Lars, weißt du eigentlich, wie bescheuert du aussiehst?«

Als ich wieder auf der Strömbron stand, war ich einmal mehr gefangen von dem Blick auf Brücken, Inseln und Wasser. Und während ich so am Geländer lehnte, fiel aus dem Nichts ein Regentropfen auf mich herab, und dann der nächste und noch einer.

Ich sah zum Himmel auf und erblickte eine graue Wolkenwand, die sich von Westen her auf die Stadt zuwälzte. Innerhalb von Sekunden verdunkelte sich der Himmel, und der Regen prasselte los. Menschen, die eben noch Hand in Hand durch den Sonnenschein gebummelt waren, rannten mit Zeitungen über den Köpfen umher und suchten Schutz. Ich war von der Wankelmütigkeit des schwedischen Wetters zu verblüfft, um mich von der Stelle rühren zu können. Also blieb ich, wo ich war, und starrte über das nun graue, vom Regen gepeitschte Wasser hinaus, schneuzte mir mit den McDonald's Servietten lautstark die Nase und dachte flüchtig darüber nach, was für ein reicher Mann ich wäre, wenn sich mit Rotz Geld verdienen ließe. Schließlich sah ich wieder zum unfreundlichen Himmel hinauf und traf eine wichtige Entscheidung.

Ich würde nach Rom fliegen.

Rom

Ich muß mich bei Ihnen entschuldigen. Ursprünglich hatte ich ja die Absicht, mich Rom so systematisch und logisch zu nähern, wie man es erwarten könnte – einmal der Länge nach durch Deutschland, durch Österreich und die Schweiz, dann durch einen Zipfel Frankreichs, durch die Lombardei und die Toskana, um endlich verschwitzt, schmutzig und erschöpft dort anzukommen. Doch nach fast einem Monat unter dem regnerischen Himmel Nordeuropas sehnte ich mich nach Sonnenschein. So einfach war das. Ich wollte in Hemdsärmeln durch die Straßen laufen, im Freien sitzen und Cappuccino trinken und mir die Sonne ins Gesicht scheinen lassen. Also warf ich meine geplante Reiseroute über den Haufen und überwand, von gelegentlichen Gewissensbissen geplagt, mit einem einzigen Satz die 2500 Kilometer zwischen Stockholm und Rom. Denn was wäre schließlich das Reisen – was wäre das ganze Leben – ohne Spontaneität?

Es war meine erste Reise nach Rom. Dabei wollte ich diese Stadt schon kennenlernen, seit ich denken kann, zumindest seit ich als Teenager zum ersten Mal *La Dolce Vita* gesehen habe. Ich liebe italienische Filme, vor allem die wirklich miesen – die, die von Leuten in Szene gesetzt wurden, die es einfach nicht zulassen, daß ihr absoluter Mangel an schauspielerischen Fähigkeiten ihrer Karriere irgendwie im Wege steht. Die Hauptrollen sind immer mit Giancarlo Giannini und der reizenden Ornella Muti besetzt. Da schon die Titel verraten, wie schlecht die Filme sind – *In einer Regennacht, Ein Sommer voller Zärtlichkeit* –, braucht man gar nicht erst zu fürchten, man könnte von so etwas wie einer Handlung abgelenkt werden, sondern kann sich ganz auf die beiden wichtigsten Dinge konzentrieren: auf Ornella Muti, die dann und wann die Hüllen fallen läßt, und auf die guten Außenaufnahmen, von denen es in italienischen Filmen jede Menge gibt. Meistens knattern Ornella und Giancarlo dann auf einer Vespa am Colosseum vorbei und an der Piazza Navona und an den anderen touristischen Sehenswürdigkeiten Roms, um sich anschließend auf irgendeinem Bett zu tummeln oder mit viel Gefühl zu erörtern, wie es mit ihnen weitergehen soll, denn gewöhnlich lebt einer von beiden mit Marcello Mastroianni zusammen.

Früher waren alle Filme voll von dieser Art Lokalkolorit – wenn ich nicht irre, existierte in den sechziger Jahren in Großbritannien ein Gesetz, demzufolge jeder Film mindestens eine Szene enthalten mußte, in der vier lachende junge Leute in einem offenen Morgan über die Tower Bridge fahren. Bis auf die Italiener scheinen inzwischen alle diese Technik abgelegt zu haben, was ich jammerschade finde, denn mein ganzes Weltbild wurde von den Außenaufnahmen in Filmen wie *Über den Dächern von Nizza* und *Außer Atem* und *Drei Münzen im Brunnen* und sogar den Inspektor-Clouseau-Filmen geprägt. Hätte ich diese Filme nicht gesehen, würde ich heute in Peoria, Illinois, leben und glauben, das Paradies auf Erden gefunden zu haben.

Rom war so schön, wie ich gehofft hatte, zigmal besser als Peoria. Es war alles, was Stockholm nicht war – warm, sonnig, temperamentvoll, an jeder Ecke gab es gut zu essen und billig zu trinken. An meinem ersten Abend traf ich mich mit einem amerikanischen Freund zum Essen, der seit zwanzig Jahren in Rom lebte. Er beklagte sich die ganze Zeit darüber, wie teuer und unmöglich das Leben dort geworden sei. Mir dagegen kam alles herrlich billig vor, vor allem nach einer Stadt wie Stockholm, und ich fragte ihn, wie er an einem warmen Frühlingsabend vor einer vorzüglichen Mahlzeit unter freiem Himmel sitzen und ständig nörgeln könne.

»Ja, ja, aber du solltest mal versuchen, hier einen Klempner kommen zu lassen«, sagte er, als würde das alles erklären. Nach dem Essen führte er mich durch die Stadt und zeigte mir, wie der Verfall um sich griff – die Bars an der Via Veneto, die keine Klasse mehr hatten und in denen es von deutschen und amerikanischen Touristen wimmelte, die zu dämlich waren, um zu kapieren, daß sie gnadenlos ausgenommen wurden; das Rugantino's, der Nachtclub in der Nähe der Spanischen Treppe, der durch den Film *La Dolce Vita* berühmt wurde, ist jetzt ein McDonald's; all die einst entzückenden, kleinen Restaurants und Hotels, die von ihren geschmacklosen Inhabern aus bloßer Geldgier zugrunde gerichtet wurden.

Ich ließ ihn reden und hörte nicht zu. Ich fand alles wunderbar, selbst die unglaublich arroganten Kellner, selbst die Taxifahrer, selbst jenen Taxifahrer, der mich um 30 000 Lire betrogen hatte – der Fahrpreis, den er mir für die Fahrt vom Roma-Termini zu meinem Hotel abknöpfte, ohne mich darauf aufmerksam zu machen, daß das Hotel ganze zweieinhalb Häuserblocks entfernt lag und daß ich es in dreißig Sekunden zu Fuß erreicht hätte –, denn er brachte mich mit einem solchen Charme um mein Geld, daß ich mir verzieh, auf ihn hereingefallen zu sein. Ich war so begeistert von ihm, daß ich ihm sogar ein Trinkgeld gab.

Mein Hotel befand sich in einem heruntergekommenen Viertel unweit der Via Cavour. Es war eines dieser Viertel, in denen man an die Gebäude pinkeln kann, ohne daß sich jemand daran stört, aber es lag zentral genug, um von dort aus jeden Teil der Innenstadt zu Fuß erreichen zu können. Und von dieser Möglichkeit machte ich ausgiebig Gebrauch. Tagelang lief ich durch die Straßen. Kurz nach Sonnenaufgang brach ich auf, in dieser perfekten Stunde, in der die Luft noch frisch und unverbraucht ist, und sah zu, wie die Stadt erwachte, wie Ladenbesitzer pfeifend vor ihrer Tür den Gehsteig fegten, Markisen herunterließen und die Rolläden vor ihren Fenstern hochschoben.

Ich wanderte durch die Gärten der Villa Borghese, kletterte die Spanische Treppe rauf und runter, bummelte über die Via dei Condotti und sah mir die Schaufenster an, bewunderte das Colosseum und das Forum Romanum, überquerte den Fluß an der Isola Tiberina, um die hügeligen Straßen von Trastevere zu durchwandern, und erklomm die Anhöhe von Gianicolo, von wo man einen herrlichen Blick über die Stadt hat und wo auf schmalen Felsvorsprüngen junge

Paare sich unter heftigem Stöhnen umschlangen. Die Italiener scheinen eine Methode entwickelt zu haben, die es ihnen erlaubt, miteinander zu schlafen, ohne sich ihrer Kleidung entledigen zu müssen, und genau das praktizierten sie hier oben. Es ging so lebhaft zu, daß ich mich fragte, wann wohl der erste über den Rand stürzen und auf den Felsen darunter zerschmettern würde. Ich schleckte ein Eis und wartete, aber es stürzte niemand. Zum Glück. Sie müssen Saugnäpfe am Rücken haben.

Eine Woche lang lief ich durch Rom. Ich lief und lief, daß mir die Socken qualmten. Wurde ich müde, trank ich irgendwo einen Kaffee oder sonnte mich auf einer Bank, bis ich weiterlaufen konnte.

Dabei ist Rom alles andere als eine fußgängerfreundliche Stadt. Auf Schritt und Tritt ist man der Gefahr ausgesetzt, überfahren zu werden. Da überquert man den Zebrastreifen eines breiten Boulevards, ist in Gedanken bei Ornella Muti, und plötzlich wird einem bewußt, daß die Autos, die da auf sechs Fahrspuren angerast kommen, nicht die leiseste Absicht haben, zu halten, denn auf Zebrastreifen achtet hier niemand.

Anders als in Paris fahren sie einen in Rom nicht vorsätzlich über den Haufen. Es geschieht eher zufällig, was zum Teil daran liegt, daß italienische Autofahrer dem, was vor ihnen auf der Straße passiert, keinerlei Beachtung schenken. Sie sind viel zu sehr damit beschäftigt zu hupen, wild zu gestikulieren, andere Autos davon abzuhalten, sich in ihre Spur zu drängeln, Liebe zu machen, ihren Kindern auf dem Rücksitz eine runterzuhauen und ein Sandwich von der Größe eines Baseballschlägers zu verdrücken, manchmal auch alles auf einmal. So nehmen sie einen Fußgänger frühestens im Rückspiegel wahr, wenn er leblos hinter ihnen auf der Straße liegt.

Aber auch wenn sie einen sehen, halten sie nicht. Das meinen sie nicht persönlich. Sie glauben einfach, Hindernisse seien dazu da, um aus dem Weg geräumt zu werden. Das gilt für Telegrafenmasten ebenso wie für einen Besucher aus dem Mittleren Westen. Nur bei Nonnen machen sie eine Ausnahme. Selbst ein römischer Autofahrer würde keine Nonne über den Haufen fahren. Scharenweise sieht man sie wie vom Wind aufgewirbelte schwarzweiße Papierfetzen absolut ungehindert über achtspurige Straßen huschen. Wer also einen so belebten Platz wie die Piazza Venezia überqueren will, dessen einzige Hoffnung ist zu warten, bis eine Gruppe von Nonnen vorbeikommt, und sich dann an ihre Fersen zu heften.

Ich liebe es, wie die Italiener parken. Um welche Ecke man in Rom auch biegt, in jeder Straße sieht es aus, als hätte man soeben einen Einpark-Wettbewerb für Blinde verpaßt. Die Autos stehen kreuz und quer durcheinander, mal auf dem Gehsteig, mal daneben, mal längsseits, mal vorwärts, mal rückwärts eingeparkt. Sie blockieren Garagen, Seitenstraßen und Telefonzellen und wurden in so winzige Parklükken gezwängt, daß die Insassen nur durch das Schiebedach ausgestiegen sein können. Die Römer parken ihre Autos, wie ich es tun würde, wenn ich mir gerade einen Becher Salzsäure über den Schoß gekippt hätte.

Als ich eines Morgens über die Via Sistina schlenderte, schoß ein Fiat Croma an mir vorbei und kam dreißig Meter weiter quietschend zum Stehen. Noch im selben Augenblick hatte der Fahrer den Rückwärtsgang eingelegt und steuerte mit kaum verminderter Geschwindigkeit in umgekehrter Richtung auf eine Parklücke zu, die exakt so groß war wie sein Fiat, vielleicht einen knappen Meter kürzer. Ohne den Fuß vom Gas zu nehmen, scherte er ein und krachte geräuschvoll in einen geparkten Renault.

Etwa eine Minute geschah gar nichts. Nur ein leises Zischen war zu hören. Dann sprang der Fahrer aus dem Wagen, starrte verblüfft und ungläubig auf das Bild der Verwüstung, das sich ihm bot – verbeultes Metall, zersplitterte Rücklichter, ein lose herabbaumelndes Auspuffrohr – und tat, was vermutlich fast jeder Italiener tun würde. Er versetzte dem Renault einen wütenden Tritt in die Seite, so daß auch die Tür eine Delle bekam, stieg wieder in seinen Fiat und raste genauso wahnsinnig davon, wie er gekommen war. Es kehrte wieder Friede ein in der Via Sistina, abgesehen von dem gelegentlichen Scheppern, wenn ein Metallteil des lädierten Renaults zu Boden fiel. Außer mir schien niemand davon Notiz zu nehmen.

Italiener parken überall. In der ganzen Stadt kann man beobachten, wie sie ihre Autos in Zwischenräume von der Größe eines Sofakissens manövrieren, während sie in beiden Fahrtrichtungen den Verkehr aufhalten, so daß sich jeder Fahrer im Umkreis von fünf Kilometern veranlaßt sieht, sich wie besessen auf seine Hupe zu lehnen. Ist die Lücke zu klein für ein Auto, schmücken die Römer sie mit Abfall – mit einer leeren Zigarettenschachtel, einer halb verzehrten Pizza, siebenundzwanzig Zigarettenkippen, einer Waffel in einer kleinen Lache aus altem Eiskrem, über der die Fliegen tanzen, mit einer öligen Sardinenbüchse, einer zerfetzten Zeitung oder mit so unerwarteten Dingen wie einer Schaufensterpuppe oder einer toten Ziege.

Nicht einmal der Müll hat mich besonders gestört. Ich weiß, daß Rom schmutzig und überfüllt und ein einziges Verkehrschaos ist, doch auf seltsame Weise gehört auch das zu den Reizen dieser Stadt. Neben Rom ist New York die einzige Stadt, die ich kenne, von der sich das sagen läßt. Und tatsächlich erinnerte mich Rom in vielerlei Hinsicht an New York – da gab es dieselben Geräusche, denselben Dreck, dieselbe Redseligkeit, dasselbe Gehupe. Sogar die Polizisten standen ebenso träge und untätig in der Gegend herum, und die Leute hatten eine ähnliche Art und Weise, mit Händen und Füßen zu reden. Und in der Luft lag dieselbe unkoordinierte, spannungsgeladene Energie. Der einzige Unterschied besteht darin, daß in Rom ein so wunderbares Chaos herrscht, während New York ziemlich gut organisiert ist. Die Leute stehen geduldig Schlange, befolgen im großen und ganzen die Verkehrsregeln und beachten die Sitten und Gebräuche, die das Leben in geordneten Bahnen halten.

Die Italiener fühlen sich der Ordnung dagegen nicht im geringsten verpflichtet. Sie leben in einer Art Chaos, das ich als sehr verlockend empfinde. Sie stehen nicht geduldig Schlange, zahlen ihre Steuern nicht, erscheinen bei Verabredungen grundsätzlich unpünktlich, rühren ohne Bestechung keinen Finger; sie glauben überhaupt nicht an Vorschriften irgendwelcher Art. An den Fenstern italienischer Züge verkündet ein Aufkleber in drei Sprachen, daß man sich nicht aus dem Fenster lehnen soll. In Französisch und Deutsch klingt es wie ein Befehl, auf Italienisch ist es eher ein Vorschlag. Anders wäre es auch wohl kaum denkbar.

Selbst bei italienischen Entführern geht es zuweilen recht formlos zu. Im Januar 1988 wurde ein Achtzehnjähriger namens Carlo Celadon gekidnappt. Seine Entführer versteckten ihn in einer zwei Meter tiefen Grube in der Erde und versorgten ihn mit Lebensmitteln, ließen sich aber neun Monate Zeit, bis sie schließlich im Oktober des Jahres ihre Lösegeldforderung stellten. Ist das nicht unglaublich? Sie verlangten fünf Milliarden Lire (ca. 6,5 Millionen Mark), und die verzweifelten Eltern zahlten sofort. Doch dann stellten die Entführer weitere Forderungen, auf die die Eltern nicht eingingen. Letzten Endes wurde der Junge nach zwei Jahren und 100 Tagen freigelassen.

Als ich dort war, plagte sich Italien gerade mit der achtundvierzigsten Regierung innerhalb von fünfundvierzig Jahren ab. Das Land weist die sozialen Strukturen einer Bananenrepublik auf und ist erstaunlicherweise dennoch erfolgreich. Mittlerweile sind die Italiener die fünftstärkste Wirtschaftsmacht der *Welt*, was ich in Anbetracht der chaotischen Zustände für eine atemberaubende Leistung halte. Hätten sie die Arbeitsmoral der Japaner, würden sie wohl bald die Vorherrschaft auf unserem Planeten übernehmen. Gott sei Dank sind sie weit davon entfernt, denn sie ziehen es vor, ihre beträchtlichen Energien für den alltäglichen Kleinkram aufzuwenden – für die Kinder, für gutes Essen, für Streitereien in Cafés –, und so sollte es ja auch sein.

Eines Morgens saß ich in einer Bar an der Via Marsala, als drei Arbeiter in Blaumännern eintraten. Sie setzten sich an den Tresen und bestellten Kaffee. Es verging nicht einmal eine Minute, da begann einer von ihnen, einem anderen heftig gegen die Brust zu stoßen und ihm irgendwelche Vorwürfe an den Kopf zu werfen, während der Dritte wild mit den Armen gestikulierte, Klagelaute von sich gab und nach Luft schnappte, als wäre er dem Ersticken nahe. Ich rechnete jeden Moment damit, Messer aufblitzen und Blut fließen zu sehen, bis mir schließlich dämmerte, daß sie sich lediglich über die Qualität des am Vortag gegen Belgien erzielten Tores von Schillaci oder über den

Benzinverbrauch eines Fiat Tipo oder über etwas ähnlich Belangloses unterhielten. Kurz darauf kippten sie ihren Kaffee hinunter und verließen einträchtig das Lokal.

Was für ein wundervolles Land.

An einem Vormittag wollte ich das Museo Borghese besichtigen. Ich hatte irgendwo gelesen, daß es 1985 wegen dringend erforderlicher Renovierungsarbeiten für zwei Jahre geschlossen worden war. Als ich nun davor stand, war die Villa noch immer von Gerüsten und einem verbeulten Wellblechzaun umgeben. Es hatte den Anschein, als würde es noch eine ganze Weile dauern, bis das Museum der Öffentlichkeit wieder zur Verfügung stehen würde – und das fünf Jahre nach seiner Schließung und drei Jahre nach dem ursprünglich vorgesehenen Termin zur Wiedereröffnung. Und genau das ist diese Unzuverlässigkeit, mit der zu leben ziemlich nervenaufreibend sein muß, die man aber bald als einen unvermeidlichen Bestandteil des Lebens hinnimmt – wie in England das Wetter.

Die Pflege seines kulturellen Erbes ist nicht gerade Italiens starke Seite – das muß einmal gesagt werden. Das Land läßt sich dessen Instandhaltung und Restaurierung jährlich ungefähr 350 Millionen Mark kosten. Das scheint jedoch nur solange eine beachtliche Summe zu sein, bis man erfährt, daß allein der Bau von zwanzig Kilometern Autobahn teurer ist oder daß das Land für die Fußballweltmeisterschaft 1990 ein Vielfaches in seine Stadien investiert hat. Dieser Betrag entspricht nicht einmal 0,2 Prozent des italienischen Haushaltsetats. Dementsprechend stapeln sich zwei Drittel der italienischen Kunstschätze in Lagerhäusern oder werden der Öffentlichkeit auf sonstige Weise vorenthalten, während viele andere Kulturdenkmäler mangels Pflege langsam verrotten. So stürzte im März 1989 der 900 Jahre alte Turm von Pavia ein. Er kippte einfach um und tötete vier Menschen. Und viele Kostbarkeiten liegen so ungeschützt herum, daß Diebe sie nur einzusammeln brauchen. Allein 1989 verschwanden annähernd 13 000 Kunstwerke aus den Museen und Kirchen des Landes, und während ich hier schreibe, werden 90 000 Kunstschätze vermißt. Achtzig Prozent aller Kunstraube in Europa werden in Italien verübt.

Diese gleichgültige Haltung dem nationalen Erbe gegenüber hat in Rom eine lange Tradition. Tausend Jahre benutzten Baumeister und Architekten die antiken Bäder, Tempel und all die anderen zeitlosen Denkmäler der Stadt als Steinbrüche, und zwar im allgemeinen mit dem Segen der römisch-katholischen Kirche (die an den Gewinnen beteiligt war und eine Menge Fragen zu beantworten hätte, wenn sie meine Meinung hören wollen). Das Colosseum ist nicht die Ruine, die es heute ist, weil der Zahn der Zeit so verheerend daran genagt hat, sondern weil die Leute über Hunderte von Jahren mit Vorschlaghammern brockenweise Gestein abgeschlagen und in die nahen Kalköfen gekarrt haben, um es dort zu Zement zu verarbeiten. Als Bernini große Mengen Bronze für den Bau seines aufwendigen Baldachins im Petersdom brauchte, bediente er sich an der Kuppel des Pantheons. Es ist ein Wunder, daß überhaupt etwas vom alten Rom die Jahrhunderte überdauert hat.

Da sich meine Pläne, das Museo Borghese zu besichtigen, zerschlagen hatten, machte ich statt dessen einen Spaziergang durch die umliegenden Gärten, heute der größte und schönste öffentliche Park Roms. Ich genoß jede Minute, mit Ausnahme jener Schrecksekunde, als ich in einem Wäldchen einen Mann mit groben Gesichtszügen auf der Erde hocken und an einen Baum scheißen sah, wobei er mich mißmutig beobachtete. Zum ersten Mal wurde mir bewußt, daß sich Europäer offensichtlich mit Vorliebe unter freiem Himmel ihrer unbrauchbaren Stoffwechselprodukte entledigen. In Frankreich und Belgien sieht man an jeder Landstraße jemanden neben einem geparkten Wagen stehen und nur einen halben Meter von der Straße entfernt in die Büsche pinkeln. In Amerika würde man diese Leute in Handschellen abführen und verprügeln. Und in Paris stößt man noch immer auf diese Pissoirs mit den halbhohen Trennwänden in metallischem Grau, die nur dem einen Zweck dienen, daß nämlich alle Welt sehen kann, wer da drin was tut. Ich habe nie begriffen, aus welchem Grund man uns Passanten den Anblick der Unterschenkel und Oberkörper der Benutzer zumutet. Warum konnten sie die Wände nicht zwei Meter hoch bauen? Wenn jemand da hinein geht, dann ist doch klar, was er zu tun gedenkt. Warum sollen wir also einen Blick auf ihn werfen?

Einmal sind mir ein Mann und zwei Frauen aufgefallen, vermutlich Arbeitskollegen auf dem Weg zur Mittagspause, die sich ungeniert zu dritt weiter unterhielten, während der Mann in einem dieser Dinger stand. Ich empfand den Anblick als äußerst befremdlich. Gäbe es in England diese Art von Bedürfnisanstalten, hätten sich die Frauen abgewandt und so getan, als würden sie ihren urinierenden Kollegen nicht bemerken. Aber andererseits fanden es schon die aristokratischen Damen und Herren im Frankreich des achtzehnten Jahrhunderts ganz und gar normal, gemeinsam die Toilette zu besuchen (nachzulesen in Reay Tannahills *Sex in History*). Es kam sogar vor, daß sie sich nach dem Essen grüppchenweise auf den Abort begaben, um ihre angeregte Unterhaltung nicht unterbrechen zu müssen. Das bringt uns das Wesen der Franzosen sicher ein wenig näher. Was nun die Italiener betrifft, so fragt man einen Bekannten, den man auf der Straße trifft, heutzutage nicht mehr »Wie geht's?« oder »Was macht die Familie? Alles gesund?«; im Jargon der römischen Arbeiterklasse heißt es vielmehr »Gut gekackt heute?« Im Ernst.

Und nach diesem aufschlußreichen Exkurs wollen wir uns zum Vatikan und dem Petersdom begeben – der größten Kirche der Welt in ihrem kleinsten Land, wie es in so manchem Reiseführer heißt. Ich hatte immer gedacht, die Vatikanstadt sei uralt. Als Staat existiert der Vatikan jedoch erst seit 1929, als Mussolini und der Papst die Lateranverträge unterzeichneten. Auf dem Weg dorthin überlegte ich, ob ich wohl so etwas wie eine Grenzkontrolle passieren würde und eine saftige Gebühr zu entrichten hätte, doch das einzige Hindernis, das sich mir in den Weg stellte, waren zwei Dutzend schnatternde Männer, die mir Postkarten verkaufen oder mich mit einer Polaroid-Kamera ablichten wollten. Ich schickte sie zu einer Dame, die ein paar Meter entfernt stand und eine Trainingsjacke der Denver Broncos trug, und sagte ihnen, sie sei meine Frau und hätte all mein Geld. Sofort fielen sie über die Frau her, und ich konnte unbehelligt über den großartigen Platz schreiten. Auf halber Höhe gesellte ich mich kurz zu einer amerikanischen Reisegruppe und erfuhr nicht nur von den eben erwähnten Lateranverträgen, sondern schnappte außerdem auf, auf welchem Balkon der Papst erscheinen würde, wenn er denn in Erscheinung treten sollte, was er nicht tat. Es war alles sehr interessant, und ich wäre gern länger bei ihnen geblieben; doch schon nach wenigen Minuten hatte mich die Reiseleiterin entdeckt, denn ich trug weder eine Baseballmütze noch eine Trainingsjacke oder eine Hose in einer dieser schreienden Grundfarben. Sie gab mir zu verstehen, daß dies eine geschlossene Gesellschaft sei, und ließ keinen Zweifel daran, daß sie nicht eher mit ihren Ausführungen fortfahren würde, als bis ich mich verzogen hätte.

Von außen wirkt der Petersdom gar nicht mal so atemberaubend, geht man aber hinein, bleibt einem unwillkürlich der Mund offen stehen, ob man will oder nicht. Die Kirche ist ein Wunder. Sie ist so gewaltig und schön und kühl und voller Kostbarkeiten und luftiger Höhen und bleicher Strahlen himmlischen Lichts, daß man nicht weiß, wo man hinschauen soll. Nie zuvor habe ich ein Bauwerk betreten, in dem ich meinte auf die Knie fallen zu müssen, um meine gefalteten Hände gen Himmel zu heben und zu rufen: »Nimm mich zu dir, Gott!« Kein Gebäude auf Erden wird je wieder einen solchen Eindruck auf mich machen.

Ich wandelte den breiten Mittelgang entlang und ließ mir die Ausmaße der Kathedrale durch den Kopf gehen. Sie ist 211 Meter lang, 137 Meter breit und mißt 133 Meter vom Boden bis zum höchsten Punkt der Kuppel. Da jedoch, wie Mark Twain in *Die Arglosen im Ausland* schrieb, alles an diesem Bauwerk von so gewaltiger Größe ist, muß man sich selbst immer wieder an die außerordentlichen Maßstäbe erinnern. Die vier Hauptsäulen, die die Kuppel tragen, wirken in dieser Umgebung nicht so mächtig, wie sie sind. Erst wenn man sich einer der Säulen nähert, begreift man, daß sie einen Durchmesser von fünfzehn Metern hat. Und der Baldachin sieht wirklich aus wie ein übergroßes Bettgestell, wie Twain es formulierte, ist aber mehr als halb so hoch wie die Niagara Fälle. Als ich zurückschaute und in der Ferne Besucher eintreten sah, die so winzig wie Insekten schienen, da hatte ich plötzlich eine überwältigende Vorstellung davon, wie enorm groß dieser Ort war. Obwohl es beinahe still war und das Gebäude fast leer zu sein schien – jedes Häufchen von Besuchern hatte soviel Platz, als stünde es allein auf einem Fußballfeld –, wurde mir jetzt bewußt, daß sich mehrere hundert Menschen darin aufhielten.

Ich sah mir die Pietà an. Das Gemälde war in einem Seitengewölbe hinter Glas ausgestellt, und eine Absperrung hielt die Besucher in so großem Abstand, daß man kaum etwas erkennen konnte – und das nur, weil vor Jahren ein Verrückter einen Anschlag auf das Bild verübt hatte. Dann ging ich zur Sixtinischen Kapelle und in die Museen, und alles war natürlich sehr eindrucksvoll, aber ich muß zugeben, daß sich meine visuelle Aufnahmefähigkeit in der erhabenen Weite des Petersdoms so ziemlich erschöpft hatte.

Auf dem Rückweg zum Hotel entdeckte ich an der Via della Conciliazione zu meiner großen Freude Unmengen von Souvenirläden. Ich habe eine Schwäche für geschmacklose Andenken, und nach meiner Erfahrung ist in dieser Beziehung nichts so zuverlässig, wie Läden, die sich auf religiöse Kuriositäten spezialisiert haben. In Council Bluffs, Iowa, stand ich einmal eine Stunde lang vor einem elektrisch hinterleuchteten Christus-Bild und habe mir den Kopf zerbrochen, ob ich dafür 49.95 Dollar bezahlen sollte. Das Interessante an dem Bild war, daß die Hintergrundbeleuchtung den Eindruck entstehen ließ, als flösse Blut aus seinen Wunden, was ich nach reiflicher Überlegung selbst für meine Verhältnisse für zu geschmacklos hielt. Nebenbei konnte ich es mir sowieso nicht leisten. Jedenfalls hoffte ich nun, hier eine Entschädigung von angemessener Geschmacklosigkeit zu finden – ein Christi-Geburt-Schreibset, einen klingenden Toilettenpapierhalter mit Motiven aus dem Abendmahl, etwas in der Art. Doch in allen Läden bestand das mehr oder weniger identische Angebot aus Rosenkränzen, Kruzifixen in 120 verschiedenen Größen, Gipsmodellen der Basilika und Papst-Johannes-Paul-Tafeltellern. Nichts davon zeugte von wirklich schlechtem Geschmack (es sei denn, man kaufte ein Dutzend päpstlicher Teller für die nächste Grillparty, aber das würde ein Vermögen kosten). Tief enttäuscht zog ich weiter. Eines der furchtbarsten Dinge des Lebens in den neunziger Jahren ist es, daß es so schwierig geworden ist, wirklich scheußliche Andenken zu finden.

An meinem letzten Vormittag in Rom besuchte ich das Mausoleum der Kapuzinermönche in der Kirche Santa Maria della Concezione an der Piazza Barberini – ein Abstecher, den ich wärmstens empfehlen kann. Im sechzehnten Jahrhundert kam irgendein Mönch auf die geniale Idee, die Kirche mit den Knochen seiner verstorbenen Klosterbrüder zu schmücken. Hört sich doch großartig an, oder? An einer Seite der Kirche waren ein halbes Dutzend düsterer Kammern mit so sonderbaren Dingen ausstaffiert wie einem aus Brustkörben errichteten Altar, fein säuberlich aus Schädeln und Beinknochen zusammengesetzten Schreinen, mit Unterarmen abgesetzten Deckengewölben, aus Rückenwirbeln gebildeten Rosetten an den Wänden, aus Hand- und Fußknochen gebastelten Kronleuchtern. In einer Ecke stand das komplette Skelett eines Kapuzinermönchs, das wie eine Gestalt aus einem Gruselfilm mit einem Umhang und einer Kapuze bekleidet war. An der anderen Wand verkündeten eine Reihe von Tafeln in sechs Sprachen so erheiternde Botschaften wie WIR WAREN WIE IHR. IHR WERDET SEIN WIE WIR. Was müssen das für wunderliche Käuze gewesen sein.

Viertausend Mönche leisteten zwischen 1528 und 1870 ihren Beitrag zu dieser Ausstellung, dann wurde den Praktiken wegen grenzenloser Abgeschmacktheit ein Riegel vorgeschoben. Niemand weiß, wer diese Konstruktionen zu welchem Zweck angefertigt hat, und was bleibt, ist das unbestimmte Gefühl, daß die Kapuziner einst einen halbverrückten Mönch mit viel Zeit und einer gewissen Neigung zur Perfektion in ihren Reihen hatten. Für die Kirche ist die Ausstellung sicher ein nettes kleines Zubrot. Ständig strömten Touristen ein und aus und ließen sich diesen morbiden Nervenkitzel gern einen Stapel Lire-Scheine kosten. Ich bedauerte nur, daß es dort keinen Andenkenladen gab, in dem ich einen Satz Serviettenringe aus Rückenwirbeln oder, sagen wir, einen Rückenkratzer aus echten Arm- und Handknochen erstehen konnte. Daß mich Rom in dieser Hinsicht enttäuschen würde, wurde allmählich zur Gewißheit.

Neapel, Sorrent und Capri

Ich bezahlte meine Hotelrechnung und begab mich zum Bahnhof Roma-Termini. Wie in den meisten öffentlichen Einrichtungen Italiens ging es dort zu wie im Tollhaus. Vor jedem Fahrkartenschalter gebärdeten sich die Kunden, als redeten sie sich bei den absolut desinteressiert und müde wirkenden Schalterbeamten ihren ganzen Ärger von der Seele. Dabei wollten sie lediglich eine Fahrkarte kaufen. Es ist immer wieder erstaunlich, mit wie viel Gefühl die Italiener selbst bei den simpelsten Angelegenheiten bei der Sache sind.

Vierzig Minuten mußte ich in der Schlange warten. Vor mir rauften sich Leute die Haare und schienen der Verzweiflung nahe, bis sie schließlich ihre Fahrkarten ausgehändigt bekamen und mit plötzlich glücklichen Gesichtern abzogen. Ich konnte nicht herausfinden, was sie für Probleme hatten, denn ich war zu sehr damit beschäftigt, die vielen Leute zu verscheuchen, die sich wie selbstverständlich vordrängeln wollten, als hielte ich ihnen eine Tür auf. Einer versuchte es sogar zweimal. Um sich in einer römischen Warteschlange zu behaupten, braucht man eine Spitzhacke.

Endlich, eine Minute vor der Abfahrt meines Zuges, war ich an der Reihe. Ich kaufte eine einfache Fahrkarte zweiter Klasse nach Neapel – es war ganz leicht; keine Ahnung, warum die Leute vor mir so ein Theater gemacht hatten. Dann rannte ich auf den Bahnsteig und tat, was ich schon immer tun wollte: Ich sprang auf einen fahrenden Zug auf – oder, um genauer zu sein, ich plumpste hinein, wie ein vom Bahnsteig geschleuderter Postsack.

Der Zug war überfüllt, aber ich fand dennoch einen Fensterplatz, kam langsam wieder zu Atem und wischte mir ein paar Tropfen Blut vom Schienbein. Unterdessen rumpelte der Zug durch die Wohnsilos in den endlosen Vorstädten Roms, wurde schneller und rollte schließlich in eine staubige Landschaft, übersät von halbfertigen Häusern, an denen kein Anzeichen dafür sprach, daß sie jemals fertiggestellt werden würden. Die Fahrt nach Neapel sollte zweieinhalb Stunden dauern, und fast jeder der Fahrgäste nutzte die Zeit für ein Nickerchen und öffnete nur gelegentlich die Augen, um festzustellen, an welchem verschlafenen Bahnhof der Zug gerade hielt, oder um dem Schaffner seine Fahrkarte zu zeigen. Die meisten Leute wirkten ärmlich und waren unrasiert (selbst einige Frauen), was im krassen Gegensatz zur weltgewandten Eleganz Roms stand. Ich mutmaßte, daß im Zug überwiegend Neapolitaner saßen, die in Rom arbeiteten und nun nach Hause zu ihren Familien fuhren.

Ich betrachtete die Landschaft – eine von blaßgrünen Bergen umgebene Ebene mit vereinzelten leblosen Dörfern, die ebenfalls von unfertigen Häusern durchsetzt waren – und frönte meinen Ornella Muti Phantasien. Es war warm im Zug, kein Lüftchen regte sich, so daß auch ich bald einnickte. Doch schon nach wenigen Minuten wurde ich durch ein herzzerreißendes Wehklagen aufgeschreckt. Eine übergewichtige Zigeunerin zog mit ihrem schmutzigen Baby durch alle Wagen, trug lautstark ihre unglückliche Lebensgeschichte vor und bat um Geld, aber niemand gab ihr etwas. Schließlich schob sie mir das Baby unter die Nase. Sein kleines, schokoladenbraun besabbertes Gesicht war so unglaublich häßlich, daß ich um ein Haar »Iiihh!« geschrien und schützend meine Arme vors Gesicht gehalten hätte. Um nicht von dem klebrigen, braunen Tropfen bekleckert zu werden, der sich von Juniors Unterlippe zu lösen drohte, zog ich, so schnell ich konnte, tausend Lire aus der Tasche und gab sie der Frau. Mit der Gleichgültigkeit eines Schaffners, der eine Fahrkarte kontrolliert, nahm sie das Geld ohne ein Wort des Dankes und setzte lamentierend ihren Weg durch den Zug fort. Der Rest der Reise verlief ohne Vorkommnisse.

Kaum war ich in Neapel aus dem Zug gestiegen, wurde ich von siebenundzwanzig Taxifahrern in Empfang genommen. Alle wollten sie mich an einen hübschen und höchstwahrscheinlich weit entfernten Ort bringen, doch ich winkte ab und begab mich zu Fuß vom verwahrlosten Hauptbahnhof zum benachbarten und ebenfalls verwahrlosten Circumvesuviana Bahnhof. Auf dem Weg dorthin bot sich mir ein einziges Bild der Verwahrlosung. Den gesamten Gehsteig entlang saßen Leute an wackligen Tischen und verkauften Zigaretten oder billigen Krimskrams. Alle entlang der Straße geparkten Autos waren schmutzig und verbeult. Alle Geschäfte wirkten finster und staubig, und die Auslagen in ihren Fenstern waren ausgeblichen und manchmal in der sengenden Sonne bis zur Unkenntlichkeit verblaßt. Ich wollte eigentlich ein oder zwei Tage in Neapel bleiben, um dann nach Sorrent und Capri weiterzufahren, doch was ich hier sah, war so abstoßend, daß ich beschloß, mich gleich wieder auf den Weg zu machen und Neapel erst dann einen Besuch abzustatten, wenn ich mich der Stadt gewachsen fühlte.

Ich stand mit der Fahrkarte in der Hand auf dem Bahnsteig des Circumvesuviana und merkte, daß die Rush Hour allmählich begann. Der Zug war vollgestopft mit schwitzenden Menschen und obendrein langsam. Ich saß zwischen zwei fetten Frauen, die sich die ganze Zeit über meinen Kopf hinweg unterhielten, so daß ich weder in meinem Buch lesen, noch mich meinen Ornella Muti Phantasien widmen konnte. Dennoch schätzte ich mich glücklich, überhaupt einen Sitzplatz ergattert zu haben, wenn er auch nur fünfzehn Zentimeter breit war. Dafür saß es sich herrlich weich so eingepfercht zwischen dem schwabbelnden Fleisch der beiden Frauen. Fast während der ganzen Fahrt ruhte mein Kopf auf der Schulter der einen oder anderen, und ich blickte voller Bewunderung zu ihren Gesichtern auf, was sie nicht im geringsten zu stören schien.

Wir ließen die Slums von Neapel hinter uns, dann die Slums der Vorstädte und fuhren dann durch den verwahrlosten Landstrich zwischen dem Vesuv und dem Meer und hielten alle paar hundert Meter an irgendeinem vorstädtischen Bahnhof, an dem 100 Leute aus- und 120 Leute einstiegen. Selbst die Städte Pompeji und Herculaneum oder Ercolano, wie sie es heute nennen, waren unansehnlich. Nichts als Wäscheleinen und schäbige Betonkästen. Von den Ruinen war vom Zug aus nichts zu sehen. Dann ging es bergauf, durch eine Reihe von Tunnels. Und plötzlich änderte sich das Bild. Es wurde kühl, und die Dörfer – manchmal nur eine Handvoll Häuser und eine Kirche in einer Lücke zwischen zwei Tunnels – waren unglaublich malerisch. Und in der Ferne schimmerte das blaue Meer.

Ich habe mich auf den ersten Blick in Sorrent verliebt. Vielleicht lag es an der Tageszeit oder am Wetter oder an meiner Erleichterung, Neapel entronnen zu sein, jedenfalls schien es ein perfektes Städtchen zu sein, wie es sich da vor mir, vom Bahnhof bis hinunter an den Golf von Neapel, ausbreitete. In seinem Herzen lag ein kleiner, von Straßencafés umgebener Platz, die Piazza Tasso. Von dort zweigte ein Gewirr kühler, schattiger Gassen ab, in denen das italienische Leben pulsierte. Ansonsten schien Sorrent aus etwa einem Dutzend gewundener Straßen zu bestehen, gesäumt von netten Geschäften und Restaurants und von kleinen, angenehm altmodischen Hotels, die hinter dichtem Laubwerk versteckt lagen. Es war wunderschön, perfekt. Hier wollte ich leben, und zwar ab sofort.

Ich nahm ein Zimmer im Hotel Eden, ein mittelgroßes Hotel aus den fünfziger Jahren. Es befand sich in einer Seitenstraße, war nicht gerade billig, aber tadellos in Schuß. Von meinem Zimmer aus konnte ich über den Dächern der Häuser und durch die Bäume das Meer glitzern sehen. Nachdem ich mich fünf Minuten im Zimmer umgesehen und mir zu meinem Glück gratuliert hatte, brach ich zu einem Streifzug durch das Labyrinth von Gassen an der Piazza Tasso auf und bewunderte die schicken, prall gefüllten Schaufenster am Corso Italia. Schließlich ließ ich mich an einem Tisch vor Tonino's Snack Bar an der Piazza nieder, bestellte eine Cola und sah den Menschen zu, die gutgelaunt an mir vorüberzogen.

In der Stadt wimmelte es von englischen Touristen mittleren Alters. Hin und wieder schnappte ich von einem der Nachbartische ein paar Gesprächsfetzen auf. Es war immer dasselbe. In dieser geräuschvollen und leicht quengeligen Tonart, die sich englischer Frauen mittleren Alters bemächtigt, plapperte die Frau unaufhörlich drauf los. »Ich wollte mir doch heute Strumpfhosen kaufen. Hab ich ganz vergessen. Du solltest mich doch daran erinnern, Gerald! Diese hier haben eine Laufmasche von hier bis Amalfi. Hoffentlich haben die hier überhaupt Strumpfhosen. Wenn ich nur wüßte, nach welcher Größe ich fragen muß. Hätte ich mir doch bloß zu Hause noch ein Paar eingesteckt! …« Aber Gerald hörte grundsätzlich nicht zu, natürlich nicht, denn er schielte heimlich zu einer BH-losen Schönheit hinüber, die lässig an einer Laterne lehnte und mit ein paar einheimischen Jünglingen auf Vespa-Rollern plauderte. Seine Frau schien er nur vage als chronisches Ärgernis am Rande seiner Existenz wahrzunehmen. Überall in Sorrent begegneten mir diese englischen Paare: Sie beäugte alles mit einem kritischen Blick, als wäre sie als Geheimagent des Ministeriums für Hygiene im Einsatz, und er trottete müde und resigniert hinterher.

In einem Restaurant etwas abseits der Piazza aß ich zu Abend. Es war voll, aber sehr freundlich, und das Essen war ebenso reichlich wie vorzüglich – Sahneravioli mit einer ordentlichen Portion Scallopine alla Sorrentino und einem einfachen, aber großen Salat sowie eine Riesenportion hausgemachtes Eis, das mir Tränen der Freude in die Augen trieb.

Während ich mir nach diesem üppigen Mahl einen Kaffee und eine Zigarette genehmigte, geschah etwas Bemerkenswertes. Eine Gruppe von acht Personen trat ein. Alle sahen sie reich und blasiert und ungemein zwielichtig aus; die Frauen in Pelze gehüllt, die Männer mit Kaschmirmänteln und Sonnenbrillen. Und binnen einer Minute brach ein Tumult aus, der die Aufmerksamkeit aller Anwesenden auf sich zog.

Offensichtlich hatten die Neuankömmlinge einen Tisch reserviert, der nun nicht bereitstand – im ganzen Lokal war kein einziger Tisch frei –, und sie schienen fest entschlossen, daraus einen Skandal zu machen. Der Geschäftsführer ließ händeringend die Beschimpfungen über sich ergehen und scheuchte seine Kellner wie Kulissenschieber mit Stühlen, Tischdecken und Blumenvasen durch das Lokal, in dem verzweifelten Bemühen, in einem bereits überfüllten Raum einen Tisch für acht Personen zu improvisieren. Der einzige, der sich nicht aktiv an diesem Tohuwabohu beteiligte, war der Kopf der Gruppe, ein Mann, der eine beinahe unheimliche Ähnlichkeit mit Adolfo Celli hatte und sich mit seinem über die Schultern gehängten 1000-Dollar-Mantel abseits des Geschehens hielt. Er sagte kein Wort, flüsterte nur hin und wieder etwas in das Ohr eines pockengesichtigen Kumpanen.

Der Oberkellner stürzte herbei und berichtete unter Verbeugungen, daß ein Tisch für sechs Personen soweit hergerichtet sei und daß man hoffe, auch die übrigen zwei Personen in Kürze unterbringen zu können, aber wenn die Damen in der Zwischenzeit die Güte hätten, Platz zu nehmen … Seine Stirn berührte fast den Boden. Doch seine Worte wurden nur als weitere Kränkung empfunden. Adolfo flüsterte wieder mit seinem Kumpanen, woraufhin letzterer verschwand, vermutlich um sein Maschinengewehr zu holen oder um mit einem Bulldozer durch die Hauswand zu brechen.

Und genau in diesem Moment sagte ich: »Scusi« (mein Italienisch wurde von Tag zu Tag besser), »Sie können meinen Tisch haben. Ich wollte sowieso gerade gehen.« Ich kippte meinen Kaffee hinunter, sammelte mein Wechselgeld ein und stand auf. Der Geschäftsführer sah mich an, als hätte ich ihm das Leben gerettet, was ja vielleicht tatsächlich der Fall war, und der Oberkellner dachte ernsthaft darüber nach, mich auf den Mund zu küssen, überschüttete mich jedoch statt dessen unterwürfig mit Danksagungen. Noch nie habe ich mich einer so allgemeinen Beliebtheit erfreut. Die Kellner strahlten übers ganze Gesicht, und viele der Gäste betrachteten mich, wenn ich das so sagen darf, mit einem Ausdruck tiefster Bewunderung. Selbst Adolfo neigte kaum merklich den Kopf – eine Geste, die eine Spur von Dankbarkeit und Achtung verriet. Während mein Tisch weggetragen wurde, geleiteten mich Geschäftsführer und Oberkellner zur Tür, verbeugten sich unablässig und dankten mir und schwenkten unentwegt einen Staubwedel über meinen Schultern. In seiner Überschwenglichkeit bot mir der Oberkellner sogar seine Tochter an. An der Tür wandte ich mich noch einmal um, verharrte einen Moment, um die mir entgegengebrachte Hochachtung auszukosten, winkte, mit einem Hollywood-Lächeln im Gesicht, zum Abschied in den Raum und trat in den Abend hinaus.

Den Bauch voller Pasta und im Herzen das gute Gefühl, in einer unruhigen Ecke Sorrents Frieden gestiftet zu haben, schlenderte ich in der Dämmerung dieses milden Abends über den Corso Italia und dann zur Via del Capo hinauf, die sich die Küste entlang nach Positano schlängelt. An dieser Straße hat man Hotels in die Felswände gehauen, um die spektakuläre Aussicht über den Golf von Neapel ausnutzen zu können. Die Namen der Hotels erinnerten an längst vergangene Zeiten – das Bel Air, das Bellevue Syrene, das Admiral, das Caravel –, und die Hotels schienen sich innerhalb der letzten vierzig Jahre nicht ein bißchen verändert zu haben. Eine Stunde stand ich auf das Geländer am Straßenrand gestützt und blickte überwältigt auf die Bucht hinaus. Auf der anderen Seite lagen der Vesuv und Neapel und ein wenig weiter links die Inseln Procida und Ischia. Rund um die Bucht funkelten die ersten Lichter, und am Himmel gingen allmählich die Sterne auf. Die Luft war warm und roch nach frischem Brot. Ich war der Vollkommenheit so nahe wie noch nie in meinem Leben.

Auf der Landspitze an der gegenüberliegenden Seite der Bucht lag das Städtchen Pozzuoli, ein Vorort von Neapel und die Heimatstadt von Sophia Loren. Die Bürger von Pozzuoli können von sich behaupten, auf dem geologisch instabilsten Fleckchen Erde dieses Planeten zu leben. 4000 Mal im Jahr bebt der Boden unter ihren Füßen. Manchmal werden bis zu hundert Erdbeben am Tag registriert. Die Einwohner von Pozzuoli sind so daran gewöhnt, daß ihnen der Putz von der Decke in die Suppe fällt und daß ihre Großmütter unter einstürzenden Schornsteinen begraben werden, daß sie kaum mehr Notiz davon nehmen.

In Kalabrien gehören Erdbeben zum täglichen Leben. Bei dem Beben von 1980 haben in Neapel 120000 Menschen ihr Dach über dem Kopf verloren, und jederzeit ist mit einem noch stärkeren Beben zu rechnen. Dabei sind die Dörfer an so steile Berghänge gebaut, daß sie aussehen, als würden sie schon beim leisesten Grollen der Erde ins Meer hinabrutschen. Und noch dazu grummelt ständig der nach wie vor beängstigend aktive Vesuv im Hintergrund. Zuletzt brach er 1944 aus; damit ist dies seine längste Ruheperiode seit dem Mittelalter. Hört sich alles nicht gerade ermutigend an, oder?

Lange starrte ich über das Wasser zu den Lichtern von Pozzuoli hinüber und horchte auf ein dumpfes Grollen oder auf die Geräusche berstender Erde, aber nichts dergleichen war zu hören, nur das Brummen eines Flugzeuges hoch über mir, wo ein blinkender roter Punkt gemächlich über den Himmel wanderte, und das beruhigende Rauschen des Verkehrs im Hintergrund.

Über die abenteuerlich steile und prachtvolle Via da Maio ging ich am nächsten Morgen zum Hafen von Sorrent hinunter und setzte im strahlendsten Sonnenschein an Bord eines fast leeren Luftkissenbootes nach Capri über, eine bergige, grüne Felsnase fünfzehn Kilometer vor der Westspitze der Halbinsel Sorrent.

Der erste Eindruck von Capri war nicht gerade vielversprechend. Um den Hafen hatten sich ein paar unansehnliche Läden, Cafés und Kartenverkaufsstellen der verschiedenen Reedereien angesiedelt, die allesamt geschlossen zu sein schienen. Mit Ausnahme eines Seemanns, der träge das Boot am Kai vertäute, war keine Menschenseele zu sehen. Vom Hafen führte eine Straße fast senkrecht einen Berg hinauf, und am Straßenrand verkündete ein Schild CAPRI 6 KM.

»Sechs Kilometer«, kreischte ich.

Ich hatte zwei völlig unbrauchbare Reiseführer von Italien im Gepäck, so unbrauchbar, daß es sich nicht einmal lohnt, ihre Titel zu nennen, höchstens vielleicht zu sagen, daß der eine hätte *Laß uns einen anderen Reiseführer kaufen* heißen sollen; der andere war *Fodor's* (ich habe grad eben gelogen), und keinem von beiden war auch nur andeutungsweise zu entnehmen, daß das Städtchen Capri kilometerweit vom Hafen entfernt lag, und zwar auf dem Gipfel eines vertikalen Berghanges. In beiden Büchern klang es, als müsse man nur das Schiff verlassen, und schon wäre man da. Doch vom Hafen aus betrachtet, schien das Städtchen hoch oben in den Wolken zu liegen.

Die Seilbahn, die den Berg hinauffuhr, war außer Betrieb. (Ätsch!) Am Hafen standen weder Busse noch Taxis, nicht einmal ein Esel. Seufzend setzte ich mich in Bewegung. Auch wenn einige hübsche Villen und der Blick über das Meer ein wenig für die Strapazen entschädigten – es war ein zermürbender Aufstieg. In langgezogenen Serpentinen schlängelte sich die Straße den Berg hinauf, und nach einer Weile erreichte ich eine sich steil bergauf windende Treppe, die von der Straße auf einem direkteren Weg in die Stadt zu führen schien. Ich entschied mich für die Treppe. Nie zuvor habe ich eine so lange Treppe gesehen. Sie nahm und nahm kein Ende. Zu beiden Seiten war sie von getünchten Hauswänden umschlossen und führte stellenweise durch einen Tunnel aus duftenden Sträuchern. Es war wunderschön, doch etwa nach der dreihundertsten Stufe war ich so verschwitzt und außer Atem, daß ich für all die Schönheit keinen Sinn mehr hatte.

Die unregelmäßige Struktur des Berges ließ ständig den Eindruck entstehen, als läge der Gipfel in greifbarer Nähe, doch dann bog ich um eine Ecke, und vor mir erhoben sich weitere hundert Stufen, und die Stadt lag noch immer in weiter Ferne. Ich stolperte weiter, taumelte keuchend von Wand zu Wand. Speichel rann mir aus dem Mund. Drei Frauen in Schwarz, die mir mit ihren Einkaufstaschen entgegen kamen, beobachteten mich mit besorgtem Interesse. Nur der Gedanke, daß ich der erste Mensch sein würde, der Capri aus eigener Kraft erklommen hat, hielt mich aufrecht. Was immer mich da oben erwarten würde, es würde mir gehören, mir allein. Endlich standen die Häuser dichter beieinander, und die Treppen gingen in eine steile, kopfsteingepflasterte Gasse über. Ich schritt durch einen Torbogen und stand unversehens auf einem der hübschesten Plätze, die ich je gesehen habe. Es wimmelte von deutschen und japanischen Touristen. Mir strömten die Tränen übers Gesicht.

Ich nahm ein Zimmer im Hotel Capri. »Toller Name. Wie lange habt ihr gebraucht, um darauf zu kommen?« fragte ich den Manager des Hotels, doch der schenkte mir nur diesen gewollt verächtlichen Blick, den europäische Hotelmanager immer für amerikanische Touristen und andere Insekten übrig haben. Ich weiß gar nicht, warum er so arrogant war, denn es handelte sich ganz sicher nicht um ein Fünf-Sterne-Hotel. Es hatte nicht einmal einen Pagen, so daß der Manager selbst mich zum Zimmer begleiten mußte, wenn er es auch mir überließ, mich mit dem Gepäck abzuschleppen. Wir stiegen eine herrschaftliche Treppe hinauf, auf der zwei Arbeiter damit beschäftigt waren, einen freundlichen Ockerfarbton auf die Marmorstufen tröpfeln zu lassen und gelegentlich ein wenig davon über die Wände zu verteilen. Im zweiten Stock führte mich der Mann in ein winziges Zimmer. Da er der Manager war, wußte ich nicht, ob ich ihm ein Trinkgeld geben sollte, wie ich es bei einem Pagen getan hätte, oder ob ich ihn damit beleidigen würde. Ich entschied mich schließlich für einen, meiner Ansicht nach, intelligenten Kompromiß. Ich gab ihm ein Trinkgeld, aber nur ein sehr bescheidenes, woraufhin er mich ansah, als hätte ich ihm eine alte Mullbinde in die Hande gedrückt. Also hatte ich die Situation doch falsch eingeschätzt. »Vielleicht lachen Sie das nächste Mal über meine Witze«, murmelte ich gutgelaunt, während ich die Tür vor seiner Nase schloß.

Capri war wunderbar, ein Städtchen von grenzenlosem Charme, voller Villen und winziger Zitrushaine und mit einer atemberaubenden Aussicht über den Golf von Neapel bis hin zum Vesuv. Im seinem Herzen lag die Piazza Umberto I, ein kleiner Platz, umstanden von cremefarbenen Gebäuden und gefüllt mit Tischen und Korbstühlen, die zu den Cafés an der anderen Straßenseite gehörten. An einem Ende des Platzes erhob sich würdevoll eine alte weiße Kirche, während sich am anderen Ende eine von einem Geländer umgebene Terrasse befand, von der aus man einen weiten Blick über das Meer tief unter einem hatte.

Ich kann mich an keinen Ort erinnern, in dem es sich so angenehm umherstreifen ließ. Das Städtchen bestand aus einem Gewirr von

Gassen und Gäßchen, die von weißen Mauern eingefaßt waren. Viele waren nicht einmal einen Meter breit, und alle waren sie auf verwirrende Weise miteinander verbunden, so daß ich mich ständig unerwartet an einer Stelle wiederfand, die ich zehn Minuten zuvor in entgegengesetzter Richtung verlassen hatte. Alle paar Meter gaben schmiedeeiserne Tore in den Mauern den Blick auf weiße Häuser in einem Dickicht aus blühenden Sträuchern frei. Und alle paar Meter kreuzten sich zwei Gassen, von denen eine sich den steil abfallenden Hang hinunter schlängelte, oder eine Treppe wand sich zu einer Häusergruppe, hoch oben unter den Wolken, hinauf. Jedes Haus, das ich sah, wollte ich haben.

Große Straßen gab es überhaupt nicht, abgesehen von der einen, die vom Hafen in die Stadt und weiter nach Anacapri an der anderen Seite der Insel führte. Was abseits dieser Straße lag, war nur zu Fuß zu erreichen, und das bedeutete oft einen beschwerlichen Marsch. Für Lieferanten von Waschmaschinen muß Capri der schrecklichste Ort der Welt sein.

Die meisten Geschäfte lagen hinter der Kirche, in wieder einem anderen Labyrinth aus Gassen und kleinen Plätzen von unbeschreiblichem Charme. Alle Läden hießen Gucci, Yves St. Laurent oder hatten einen ähnlich exklusiven Namen, was die Vermutung nahelegt, daß Capris Sommergäste reich und unerträglich sein müssen. Glücklicherweise hatten die meisten Läden noch geschlossen, und auch von den mit Seglermützen ausstaffierten Typen und ihren mit Juwelen behängten Frauen, die im Sommer ihre Kassen klingeln lassen, war auf der Insel noch nichts zu sehen.

Ich folgte einer Gasse, die vollständig von den oberen Stockwerken der Häuser überdacht war und sich stetig bergauf durch die Stadt wand. Als die Villen rechts und links allmählich größer wurden und die Grundstücke weitläufiger, öffnete sich die Gasse wieder dem Himmel. Sie stieg so steil an, daß ich bald schon wieder außer Atem war. Mühsam setzte ich einen Fuß vor den anderen. Die Landschaft war viel zu schön, um umzukehren. Wie von einem Magneten angezogen trieb es mich aufwärts. Endlich wurde der Weg eben und führte durch ein Kiefernwäldchen, in dem die Luft von dem Geruch erwachender Pflanzensäfte erfüllt war. Während an der einen Seite stattliche Villen den Pfad säumten – wie haben die Leute bloß ihre Möbel hierher geschafft? – bot die andere Seite einen schwindelerregenden Blick über die Insel: die Berghänge übersät mit weißen Häusern, von Hibiskus und Bougainvillea und hundert anderen Pflanzenarten überwuchert.

Es dämmerte fast. Ein paar hundert Meter vor mir machte der Weg einen Bogen durch die Bäume, um dann unvermittelt in einer Aussichtsplattform zu enden, die wie eine kleine Veranda im Himmel über einem atemberaubenden Abrund hing. Ich hatte das Gefühl, daß der Zufall mich an einen Ort geführt hatte, an dem seit Jahren kein Mensch mehr gewesen war, jedenfalls kein Tourist. Noch nie habe ich etwas auch nur halb so Schönes gesehen: Über den Hang auf der einen Seite ergoß sich das Städtchen Capri, auf der anderen Seite funkelten die Lichter der Häuser, die sich um die Bucht von Anacapri scharten, und vor mir fielen die Klippen schroff zum Meer ab, das in der Tiefe im sattesten Aquamarin gegen die Felsen schlug. Ich befand mich so hoch über dem Meer, daß ich das Donnern der Brandung nur als leises Flüstern wahrnahm. Die Scheibe des Mondes strahlte weiß vom blaßblauen Abendhimmel, eine leichte Brise spielte mit meinen Haaren, und in der Luft hing der Duft von Zitrusbäumen, Geißblatt und Kiefern. Vor mir lag, still und verlockend, das offene Meer. 250 Kilometer nichts als Wasser, bis Sizilien. Ich würde alles, wirklich alles tun, um diese Aussicht zu besitzen. Ich würde dafür durchs Feuer gehen. Ich würde meine Mutter an Robert Maxwell verkaufen und meine Staatsbürgerschaft ablegen. Ich würde sogar mit Andrew Neil die Haare tauschen.

Dann bemerkte ich über mir, fast direkt über diesem geheimen Ort, die Veranda einer etwas zurückliegenden Villa. Es gab also jemanden, der diese Aussicht besaß, der jeden Morgen mit seinem Müsli und seinem Orangensaft, in einen Yves St. Laurent Bademantel gehüllt und mit Gucci Pantoffeln an den Füßen dort oben sitzen und auf dieses mediterrane Paradies hinausblicken konnte. Mir kam der Gedanke, daß dieser Jemand wohl Donald Trump sein müsse oder sein italienisches Pendant, jemand, der alle zehn Jahre ungefähr zwei Minuten in diesem Haus verbringt und dann so sehr damit beschäftigt ist, irgendwelche Geschäfte abzuwickeln und per Telefon die Leute über den Tisch zu ziehen, daß er keine Zeit für die Aussicht hat. Ist es nicht seltsam, wie ein solcher Reichtum für Reiche immer etwas von »Perlen vor die Säue« hat. Mit diesem entmutigenden Gedanken machte ich mich auf den Rückweg in die Stadt.

In einem fabelhaften, freundlichen, fast leeren Restaurant in einer Seitenstraße aß ich zu Abend. Ich saß an einem Fenster mit Blick aufs Meer und fühlte mich von all der Leichtigkeit und Vollkommenheit wie benommen. Ich begann, diese elende Art von Schuld zu empfinden, die nur verstehen kann, wer einmal unter Engländern gelebt hat – diese schreckliche Gewißheit, daß jegliches Vergnügen, das über eine Tasse milchigen Tee und einen Vollkornkeks hinausgeht, einem sündigen Laster gleichkommt. Instinktiv wußte ich, daß ich zu Hause dafür würde bezahlen müssen – ich würde ganze Abende in eisiger Zugluft sitzen, stundenlang durch matschige Moore stapfen und mindestens zweimal bei Wimpy essen müssen, bevor auch nur ein Teil meiner Schuld gesühnt wäre. Aber immerhin fühlte ich mich schuldig, weil ich mich den schönen Seiten des Lebens so hemmungslos hingegeben hatte, und dieser Gedanke tröstete mich ein wenig.

Es war nach acht, als ich das Restaurant verließ, doch in den benachbarten Läden herrschte noch reger Betrieb – man kaufte Wein und Käse, holte einen Laib Brot ab, ließ sich sogar noch die Haare schneiden. Die Italiener wissen sich die Dinge einzuteilen. Ich trank im Caffè Funicolare ein paar Bier und schlenderte dann zum Hauptplatz hinüber. Die deutschen und japanischen Touristen waren verschwunden. Vermutlich waren sie mit der letzten Fähre aufs Festland zurückgekehrt oder lagen längst in ihren Betten. Nun hatten die Einheimischen ihren Platz wieder für sich. Zu fünft oder sechst standen sie plaudernd in der warmen Abendluft, vor dem Hintergrund der in der Ferne leuchtenden Lichter von Neapel. Scheinbar war es hier üblich, sich nach dem Abendessen zu einem Schwätzchen auf dem Platz zu versammeln. Auf der Treppe der Kirche hockten die Jugendlichen, während die kleineren Kinder zwischen den Erwachsenen herumtobten. Jeder schien unglaublich glücklich zu sein. Ich sehnte mich danach, dazuzugehören, auf dieser grünen Insel mit der herrlichen Aussicht, den freundlichen Menschen und dem guten Essen zu leben und allabendlich zu diesem schönen Platz zu schlendern, um mit meinen Nachbarn zu plaudern.

Ich hielt mich ein wenig abseits und sah den Leuten zu. Wie auf einer Cocktail Party ließen sie sich von einer Gruppe zur anderen treiben, sammelten schließlich ihre Kinder ein und gingen wieder nach Hause; doch dafür kamen andere Leute hinzu. Niemand schien länger als eine halbe Stunde zu bleiben, und dennoch dauerte die Versammlung bis in den späten Abend. Ein junger Mann, offenbar ein Neuling auf Capri, stand schüchtern am Rande einer Gruppe von Männern und lächelte über deren Witze. Doch schon nach wenigen Minuten hatte man ihn in die Runde aufgenommen. Einer der Männer hatte ihn buchstäblich am Arm ins Gespräch gezogen, und bald schwatzte er mit jedermann.

Ich stand eine Ewigkeit dort, vielleicht anderthalb Stunden, und als ich mich endlich auf den Rückweg zum Hotel machte, wurde mir klar, daß ich mich bis über beide Ohren, unsterblich und hoffnungslos in Italien verliebt hatte.

Der nächste Tag begann düster. Ein Dunstschleier lag über den Berghängen hinter der Stadt, und Neapel an der anderen Seite der Bucht schien über Nacht vom Erdboden verschwunden zu sein. Da war nur eine tote Ebene, das Meer, und dahinter eine Nebelwand. Eigentlich wollte ich zu den Ruinen der Tiberius-Villa auf dem Gipfel des Berges laufen, wo der alte Gauner einst seine unliebsamen Gäste über den Schutzwall auf die Felsen in der Tiefe werfen ließ. Als ich jedoch aus dem Hotel trat, regnete es, so daß ich den Vormittag damit verbrachte, von Café zu Café zu schlendern und einen Cappuccino nach dem anderen zu trinken, ohne dabei den Himmel aus den Augen zu lassen. Gegen Mittag war es dann zu spät für einen Besuch der Ruinen, es sei denn ich hätte meinen Aufenthalt auf Capri um einen Tag verlängert, was ich mir zeitlich nicht leisten konnte. Also ging ich widerwillig zum Hotel Capri zurück, packte meine Sachen, zahlte die Rechnung und stieg die steilen, glitschigen Stufen zum Hafen hinunter, wo ich mit der nächsten Fähre nach Neapel übersetzte.

Nach Sorrent und Capri wirkte Neapel noch deprimierender als bei meinem ersten Besuch. Ich lief etwa einen Kilometer am Wasser entlang, doch von den glücklichen Fischern, die ihre Netze flickten und »Santa Lucia« sangen, wie ich es mir so schön vorgestellt hatte, war weit und breit nichts zu sehen. Statt dessen zierten verfallende Wracks und Berge von Müll die Gegend.

Ohne einen Stadtplan und nur mit einer äußerst vagen Ortskenntnis, wagte ich mich in die Stadt, in der Hoffnung, zufällig einen schattigen und von netten kleinen Hotels gesäumten Platz zu entdecken. Schließlich mußte es selbst in Neapel hübschere Ecken geben. Aber ich stieß nur auf diese Straßen, die so typisch für Neapel sind – schäbige, nur halb asphaltierte Gassen, in denen der Putz von den Hauswänden bröckelte, in denen Wäscheleinen zwischen Balkonen gespannt waren, die nie die Sonne sahen. Es wimmelte von dicken Frauen und Kindern, die oft halbnackt, nur mit schmutzigen T-Shirts bekleidet, unbeaufsichtigt in den Straßen spielten.

Es kam mir vor, als wäre ich auf einen anderen Kontinent geraten. Noch heute leben im Zentrum von Neapel 70 000 Familien in sogenannten *bassi* – Mietskasernen ohne Bad und fließend Wasser, manchmal sogar ohne ein Fenster. In diesen Behausungen wohnen bis zu fünfzehn Familienmitglieder in einem einzigen Raum. Vicaria, der schlimmste dieser Bezirke in Neapel, in dem ich mich nun befand, soll die höchste Bevölkerungsdichte Europas aufweisen. Dementsprechend hoch ist die Kriminalitätsrate, vor allem bei den leichteren Delikten wie Autodiebstahl (29 000 Fälle in einem Jahr) und Straßenraub. Ich fühlte mich dennoch relativ sicher, denn ich wurde von niemandem beachtet, mit Ausnahme einiger Jugendlicher, die mir Schimpfworte nachriefen. Mit meinem Rucksack war ich unverkennbar ein Tourist, und ich gebe zu, daß ich die Gurte an jenem Tag besonders fest geschnallt hatte. Doch die *scippatori*, die berühmten Handtaschendiebe auf ihren Vespas, ließen sich nicht blicken. Zweifellos ahnten sie, daß es bei mir nichts weiter zu holen gab als ein paar schmutzige Unterhosen, eine halbe Tafel Schokolade und eine zerfledderte Ausgabe von H. V. Mortons *A Traveller in Southern Italy*.

Die Neapolitaner sind an schlechte Zeiten gewöhnt. Nach dem Krieg herrschte ein solcher Hunger in der Stadt, daß die Leute alles aßen, was sie in die Finger bekamen, sogar sämtliche Fische in den Aquarien. Man schätzt, daß sich damals ein Drittel der Frauen prostituiert hat, nur um zu überleben. Und selbst heute verdient ein Arbeiter in Neapel durchschnittlich nicht einmal die Hälfte von dem, was er in Mailand verdienen würde. Doch viele ihrer Probleme hat sich die Stadt selbst geschaffen, vor allem durch Korruption und Inkompetenz.

Laut *The Economist* hat Neapel ab 1986 drei Jahre lang seine Stromrechnungen für die Straßenbeleuchtung nicht bezahlt und auf diese Weise Schulden in Höhe von umgerechnet 1,1 Milliarden Dollar auflaufen lassen. Der gesamte Dienstleistungsbereich dieser Stadt steht seit Jahren am Rande des Zusammenbruchs. In Neapel sind doppelt so viele Müllmänner wie im deutlich größeren Mailand beschäftigt, und dennoch häuft sich in den Straßen der Unrat, und die Arbeit der Straßenreinigung ist eine einzige Katastrophe. Die Stadt ist einfach nicht zu regieren.

Ich kam am Istituto Tecnico Commerciale vorbei, wo es gerade einen Aufruhr zu geben schien, sowohl innerhalb als auch außerhalb des Gebäudes. Studenten warfen Bücher und Papiere aus den Fenstern der oberen Stockwerke und debattierten lauthals mit ihren Kommilitonen auf der Straße. Ob es sich hier um eine Form des Protestes oder lediglich um einen Teil der täglichen Routine handelte, vermochte ich nicht zu entscheiden. Ich kann nur sagen, daß ich überall Müll und Chaos vorfand – schreiende Menschen, hupende Autos, blökende Krankenwagen.

Nach Capri waren all der Lärm und Dreck schwer zu ertragen. Ich lief und lief, und es wurde nicht besser. Schließlich stand ich auf der größten Einkaufsstraße der Stadt, der Via Roma, deren Geschäfte zwar überwiegend schick und gepflegt waren, aber auch hier sammelte sich der Müll in jeder Ecke, und es wimmelte von Menschen, so daß es fast unmöglich war, seiner Wege zu gehen, ohne ständig vom Gehsteig an den Rand des fließenden Verkehrs abgedrängt zu werden. Und ich sah nicht ein Hotel, das aussah, als wären seine Betten länger als zwanzig Minuten belegt.

Zu meiner großen Überraschung fand ich mich unerwartet auf der Piazza Garibaldi wieder, vor den Toren des Hauptbahnhofs. Quer durch Neapel bin ich direkt darauf zu marschiert. Verschwitzt und mit Blasen an den Füßen blickte ich auf die Stadt zurück, die ich soeben durchquert hatte, und überlegte, ob ich ihr noch eine Chance geben sollte. Aber ich konnte sie nicht länger ertragen und bahnte mir statt dessen den Weg durch die siebenundzwanzig Taxifahrer, betrat die Bahnhofshalle und löste eine Fahrkarte nach Florenz. Es konnte nur besser werden.

Florenz

Ich saß im langsamsten Zug der Welt. Wie ein Marathonläufer mit einer Muskelzerrung holperte er durch die Lande und hatte nicht einmal einen Speisewagen. Anfangs war er noch voll besetzt, doch als der Nachmittag in den Abend überging, lichteten sich die Reihen zusehends. Und als aus dem Abend stockfinstere Nacht geworden war, waren nur noch drei von uns übriggeblieben – ein in seine Akten vertiefter Geschäftsmann, ein Kerl, der aussah wie ein Doppelgänger von Frankensteins Igor, und ich. Alle vier oder fünf Kilometer hielt der Zug an einem unbeleuchteten Bahnhof, an dem seit Wochen kein Zug mehr gehalten hatte und an dem niemand ein- oder ausstieg.

Manchmal hielt er auch irgendwo mitten in der schwarzen Landschaft und blieb einfach stehen. Er blieb so lange stehen, daß man sich zu fragen begann, ob der Lokführer sich vielleicht in die Büsche geschlagen hatte, um zu pinkeln, und dabei in einen Brunnen gefallen war. Irgendwann setzte sich der Zug dann wieder in Bewegung, rollte dreißig Meter rückwärts und blieb erneut stehen. Und mit einem gewaltigen *Whoomp*, das den Waggon ins Wanken brachte und die Fenster erzittern ließ, schoß urplötzlich ein anderer Zug vorbei, in dessen hell erleuchteten Wagen man flüchtig Menschen erkennen konnte, die beim Essen saßen oder Karten spielten und sich bestens amüsierten, während sie mit der Geschwindigkeit eines Lasers durch Europa rasten. Und dann herrschte wieder Stille, und wir standen eine weitere Ewigkeit, bis unser Zug soviel Energie gesammelt hatte, um sich zum nächsten einsamen Bahnhof zu schleppen.

Es war weit nach elf, als wir in Florenz ankamen. Ich war dem Verhungern nahe und erschöpft und hatte das dringende Bedürfnis, mir etwas Gutes anzutun. Beunruhigt, aber nicht unbedingt überrascht stellte ich fest, daß alle Restaurants in der Umgebung des Bahnhofs geschlossen waren. In einer Imbißstube brannte noch Licht. Ich eilte hinüber und träumte von einer Pizza so groß wie ein Mülltonnendekkel, beladen mit Bergen von Pilzen und Salami und triefend vor Olivenöl. Doch als ich gerade die Tür erreichte, schloß der Wirt ab.

Niedergeschlagen ging ich ins erstbeste Hotel. Es war ein moderner Betonklotz, dem ich schon von außen ansah, daß mich die Nacht teuer zu stehen kommen würde. Außerdem verstieß es gegen meine Grundsätze, in einem Hotel von so außerordentlicher Häßlichkeit abzusteigen, vor allem in einer so historischen Stadt wie Florenz, aber müde und hungrig wie ich war, schob ich meine Prinzipien beiseite.

Die Empfangsdame nannte mir die haarsträubende Summe, die mich eine Übernachtung im Einzelzimmer kosten würde, ich akzeptierte mit einer resignierenden Handbewegung und wurde von einem 112-jährigen Hoteldiener auf mein Zimmer geführt. Wir stiegen in den langsamsten Fahrstuhl der Welt, und während der zweitägigen Fahrt in den fünften Stock wußte der Mann zu berichten, daß das Hotelrestaurant bereits geschlossen war und daß es einen Zimmerservice in diesem Haus nicht gab. Die Bar sei allerdings noch fünfunddreißig Minuten geöffnet, und dort bekäme ich mit etwas Glück noch eine Kleinigkeit zu essen, was er mir jedoch keineswegs garantieren könne.

Ich mußte dringend pinkeln, und ebenso dringend mußte ich in die Bar, doch der Hoteldiener meinte, mir alles im Zimmer vorführen zu müssen, und forderte mich auf, ihm zu folgen, während er mir zeigte, wie Dusche und Fernseher funktionierten und wo sich der Kleiderschrank befand. »Vielen Dank, den Schrank hätte ich ohne Sie bestimmt nie gefunden«, sagte ich, steckte ihm ein paar Tausend-Lire-Scheine in die Tasche und schob ihn mehr oder weniger zur Tür hinaus. Ich werde ungern so unhöflich, aber noch fünf Sekunden ohne Toilette, und es wäre wie der Versuch gewesen, mit einem außer Kontrolle geratenen Feuerwehrschlauch umzugehen – eine Katastrophe, die ich nur mit knapper Not verhindern konnte. Ich wusch mir das Gesicht, schnappte mir ein Buch und eilte zum Fahrstuhl, drückte den Abwärts-Knopf und sah auf die Uhr. Noch fünfundzwanzig Minuten, bis die Bar schließen würde. Zeit genug für ein Bier und eine Kleinigkeit zu essen, was immer sie hier auch anzubieten hatten. Ich drückte den Knopf ein zweites Mal, summte den »Waiting for the Elevator«-Song und betrachtete im Spiegel in einer Ecke des Korridors kritisch meinen Hinterkopf.

Der Fahrstuhl kam noch immer nicht. Ich beschloß, die Treppe zu nehmen. Während ich die Stufen hinuntersprang, sah ich im Geiste schon ein Bier und ein Sandwich vor mir stehen, doch unten angelangt, fand ich die Tür verschlossen vor. Auf einem Schild las ich die Worte: SOLLTE ES JEMALS EIN FEUER GEBEN, HIER WERDEN SICH DIE LEICHEN STAPELN. Ich stürmte ins Erdgeschoß hinauf, aber auch dort war die Tür verschlossen. Durch ein winziges Fenster konnte ich die Bar sehen. Schummrig und gemütlich lag sie vor mir und war noch immer voller Menschen. Jemand spielte Klavier, und auf den Tischen standen kleine Schälchen mit Erdnüssen und Pistazien. Damit hätte ich mich ja schon zufriedengegeben! Ich klopfte an die Tür, zerkratzte sie mit meinen Fingernägeln, aber niemand hörte mich. Also rannte ich in den ersten Stock und fand die Tür dort unverschlossen, dem Himmel sei Dank. Ich ging geradewegs auf den Aufzug zu und hämmerte auf den Abwärts-Knopf ein. Kurz darauf leuchtete der Aufwärts-Knopf, die Türen klappten auf und drei japanische Männer in blauen Anzügen standen vor mir. Atemlos gab ich ihnen, so gut ich konnte, zu verstehen, daß ich nicht wie sie nach oben, sondern nach unten fahren wollte, und daß es nichts mit Pearl Harbor oder so zu tun hätte, wenn ich mich nicht zu ihnen gesellte. Wir verbeugten uns mehrmals kurz voreinander, dann schloß sich die Tür.

Ich drückte den Abwärts-Knopf, und sofort öffnete sich die Tür wieder, und zum Vorschein kamen die Japaner. Das Ganze wiederholte sich wohl viermal, bis mir schließlich dämmerte, daß ich durch die Betätigung des Abwärts-Knopfes ihre Instruktionen an den Fahrstuhl irgendwie außer Kraft setzte. Also trat ich zurück und ließ sie aufwärts fahren. Ich wartete geschlagene zwei Minuten. Ich ließ meinen Atem zur Ruhe kommen, zählte meine restlichen Reiseschecks, summte den Elevator-Song, sah auf die Uhr – noch zehn Minuten! – und drückte den Abwärts-Knopf.

Prompt öffnete sich die Tür. Und noch immer standen die Japaner da. Kurz entschlossen stieg ich zu ihnen in den Fahrstuhl. Ich weiß nicht, ob es das zusätzliche Gewicht war, das dem Lift den letzten Kick gab, jedenfalls bewegten wir uns aufwärts, mit der üblichen Geschwindigkeit von einem Meter pro Minute. Der Fahrstuhl war winzig. Wir standen dicht genug beieinander, um dafür in einigen Ländern verhaftet zu werden, und ihre Gesichter waren so nah, daß sich unsere Nasen fast berührten. Angesichts dieser Nähe fühlte ich mich verpflichtet, ein paar höfliche Worte zu wechseln.

»Auf Geschäftsreise?« fragte ich, woraufhin einer von ihnen eine Verbeugung andeutete.

»In Italien auf Geschäftsreise?« wollte ich wissen. Eine dumme Frage. Wieviele Leute tragen im Urlaub blaue Anzüge?

Der Japaner verneigte sich abermals, und mir wurde klar, daß er kein Wort verstanden hatte.

»Sprechen Sie Englisch?«

»Ahhr … no«, antwortete ein anderer, als wäre er nicht ganz sicher, und schwankte ein klein wenig. Ich begann zu begreifen, daß sie alle ziemlich betrunken waren. Ich sah den dritten Mann an, der sich schnell verbeugte, noch ehe ich etwas sagen konnte.

»Waren die Herrschaften vielleicht in der Bar?« Es folgten kurze, verständnislose Verbeugungen. Allmählich fand ich Gefallen an dieser Art von Konversation. »Nehmen Sie es mir nicht übel, aber Sie sehen aus, als hätten Sie einen zuviel hinter die Binde gekippt. Hoffentlich wird niemand ernstlich krank!« fügte ich heiter hinzu.

Der Aufzug kroch weiter aufwärts und kam endlich mit einem dumpfen Ruck zum Stehen. »Da wären wir, meine Herren. Achter Stock. Aussteigen für alle Weiterfahrten nach Iwo Jima.«

Im Flur drehten sich die drei zu mir um und wünschten mir wie aus einem Munde einen »Buon giorno.«

»Einen wunderschönen »buon giorno« auch Ihnen«, erwiderte ich und betätigte schleunigst Knopf Numero eins.

Ich erreichte die Bar zwei Minuten, bevor sie schloß. Eigentlich war sie bereits geschlossen. Ein emsiger Kellner hatte all die kleinen Erdnußschälchen eingesammelt, und von dem Pianisten war auch nichts mehr zu sehen. Im Grunde war das allerdings ziemlich egal, denn in der Bar hätte es sowieso nichts zu essen gegeben. Ich kehrte in mein Zimmer zurück, durchwühlte die Mini-Bar und fand zwei winzige Tüten, die jeweils rund vierzehn Erdnüsse enthielten. Ich suchte weiter, aber ansonsten befand sich nichts Eßbares unter den vielen Flaschen alkoholischer und alkoholfreier Getränke. Während ich mir die Erdnüsse einzeln in den Mund schob, warf ich einen Blick auf die Preisliste der Mini-Bar und stellte fest, daß mich dieser erbärmliche kleine Imbiß 4,80 Dollar kosten würde, vorausgesetzt, ich wäre dämlich genug, irgendjemandem davon zu erzählen.

Am nächsten Morgen zog ich ins Hotel Corallo an der Via Nazionale um. Auf dem Zimmer gab es keinen Fernseher, dafür eine kostenlose Duschhaube, und es war pro Tag 50000 Lire billiger. Ein kleineres Badezimmer habe ich noch nie gesehen. Es war so klein, daß keine Duschkabine hineinpaßte. Man schloß einfach die Tür zum Schlafzimmer, drehte die Dusche auf und ließ das Wasser spritzen – über die Toilette, über das Waschbecken, über den *Guardian* vom Vortag und über die frische Unterwäsche.

Zuerst ging ich zur Kathedrale im Herzen der Stadt. Wie kann man um die Ecke zur Piazza del Duomo biegen, ohne daß einem bei ihrem Anblick das Herz höher schlägt? Sie ist eine der großartigen Sehenswürdigkeiten Europas.

Es wimmelte von Touristen und von Leuten, die versuchten, ihnen Souvenirs anzudrehen. Als ich 1972 in Florenz war, war die Stadt auch überfüllt, aber das war im August, und ich hatte es nicht anders erwartet. Doch nun, an diesem normalen Werktag im April, war es noch viel schlimmer. Ich ging zu den Uffizien und über die Piazza della Signoria und zu all den anderen Anziehungspunkten der Altstadt, und überall bot sich dasselbe Bild – Massen von Menschen, fast alle aus dem Ausland, schoben sich in Fünfer- oder Sechsergruppen durch die Straßen, traten sich gegenseitig auf die Füße und sahen unentwegt zu etwas auf, das sich etwa sechs Meter über dem Erdboden befand. Wo gucken die bloß immer hin?

Wenn ich mir früher, als kühner Jüngling, den Weg durch eine solche Menschenmenge bahnen mußte, stellte ich mir manchmal vor, ich hätte eine Strahlenpistole, mit der ich jeden in Luft auflösen konnte, dessen Nase mir nicht paßte – Leute, die zu langsam gingen, Pärchen im Partnerlook, Kinder, die Junior und Chip gerufen wurden. Im Geiste schoß ich mir den Weg frei. So ungefähr war mir auch jetzt zumute.

Hunderte von Japanern bevölkerten die Straßen und Plätze – nicht nur die üblichen Busladungen von Japanern mittleren Alters, sondern auch Studenten und junge Paare und Rucksacktouristen. Sie waren mindestens so zahlreich wie die Amerikaner, und die Amerikaner waren überall, plus Scharen von Deutschen und Australiern und Skandinaviern und Holländern und Briten und und und. Es ist erstaunlich, wieviele Menschen in eine Stadt hineinpassen.

Und hier ein paar interessante Fakten für Sie: In meinem Geburtsjahr 1951 transportierten alle internationalen Fluggesellschaften der Welt zusammen sieben Millionen Passagiere. Heute fliegen so viele Menschen im Jahr allein nach Hawaii. Die beliebteren der europäischen Reiseziele verzeichnen Besucherzahlen, die ihre eigenen Bevölkerungzahlen in den Schatten stellen. So übersteigen die Besucherzahlen in Florenz die Einwohnerschaft alljährlich um das Vierzehnfache. Kann sich denn eine Stadt ein unabhängiges Eigenleben bewahren, wenn sie dermaßen überrannt wird? Das kann sie nicht. Ganz einfach.

Es ist natürlich scheinheilig, über die Touristen zu schimpfen, wenn man selbst einer ist, dennoch kann man sich der Tatsache nicht entziehen, daß der Massentourismus gerade die Dinge zerstört, die er bejubelt. Und es kann nur schlimmer werden, da sich nun auch die Japaner und andere reiche Asiaten zu eifrigen Weltenbummlern entwickeln. Wenn man dann noch die Millionen von Osteuropäern hinzunimmt, die endlich reisen können, wohin sie wollen, dann werden wir auf die letzten dreißig Jahre wohl bald wie auf das goldene Reisezeitalter zurückblicken.

In Florenz machen sich die Folgen dieser Entwicklung nirgends so bemerkbar wie auf der Ponte Vecchio, der von Läden gesäumten Brücke über den Arno. Vor zwanzig Jahren beherbergte die Ponte Vecchio Gold- und Silberschmiede, und es ging dort selbst im August noch so beschaulich zu, daß man in aller Ruhe einen auf dem Brückengeländer sitzenden Freund (oder in meinem Fall Stephen Katz) fotografieren konnte. Heute herrscht dort ein Gedränge wie im Laderaum der *Lusitania* nach einem Torpedoalarm. Scharen von senegalesischen Einwanderern bevölkerten die Brücke und verkauften billigen Schmuck oder nachgemachte Louis- Vuitton-Taschen, die vor ihnen auf einer Decke oder einem Stück schwarzen Samt ausgebreitet lagen. Und ein Heer von Touristen drängte sich an ihnen vorbei, so daß es eine halbe Stunde dauerte, bis ich die Brücke endlich überquert hatte – zum ersten und letzten Mal in dieser Woche, denn von nun an nahm ich die Ponte di Santa Trinita, die nächste Brücke flußabwärts, ein Umweg, der sich als wesentlich weniger beschwerlich erwies.

Die Stadtväter von Florenz könnten eine Menge tun, um den Andrang zu lindern. Sie könnten beispielsweise veranlassen, daß die Museen länger als nur ein paar Stunden am Tag geöffnet sind, damit nicht alle gleichzeitig hineinströmen. Ich ging zu den Uffizien, wo ich vierzig Minuten Schlange stehen mußte, um anschließend mit Hunderten von Menschen durch die Räume zu schlurfen und mir vor jedem Gemälde fast den Hals auszurenken. Mehrere Räume waren abgesperrt und dunkel. Und auch hier könnte man die Massen verteilen, indem man ihnen mehr Räume zur Verfügung stellt und mehr Kunstwerke zeigt. Im Jahre 1900 waren in den Uffizien noch 2395 Gemälde zu sehen. Heute sind es gerade 500. Die übrigen Bilder lagern hinter Schloß und Riegel und werden so gut wie nie ausgestellt.

Dennoch wird der Besucher in den Uffizien für all die Unannehmlichkeiten entschädigt. Wahrscheinlich gibt es dort mehr vollkommene Gemälde zu sehen als in jedem anderen Museum auf diesem Planeten – nicht nur Tintorettos und Botticellis, sondern auch überwältigende Werke von Künstlern, die mir völlig unbekannt waren, wie Gentile da Fabriano und Simone Martini. Es ist mir ein Rätsel, warum sie nicht zu ebensolchem Ruhm gelangt sind wie die beiden erstgenannten Meister. Aber in hundert Jahren kann das ganz anders aussehen. Alte Meister kommen und gehen. Wußten Sie zum Beispiel, daß Piero della Francesca vor einem Jahrhundert noch so gut wie unbekannt war? Kann man denn seine Porträts des Herzogs von Urbino betrachten, ohne in ihnen auf den ersten Blick Meisterwerke zu erkennen? Doch Ruskin hat ihn in all seinen Schriften nur einmal beiläufig erwähnt, und bei Walter Pater taucht sein Name überhaupt nicht auf. Selbst das Evangelium der Kunstwelt des neunzehnten Jahrhunderts, Heinrich Wölfflins *Die klassische Kunst*, enthält keinen Hinweis auf seine Existenz. Erst 1951 wurde die Öffentlichkeit durch eine Studie von Kenneth Clark wieder auf ihn aufmerksam. Dasselbe galt für Caravaggio und Boticelli, deren Werke fast zwei Jahrhunderte ihres Daseins auf irgendwelchen Dachböden gefristet haben. So fand man in einem Lagerraum der Uffizien 1916 zufällig Caravaggios »Bacchus«.

Vier Tage wanderte ich durch Florenz und versuchte, die Stadt zu lieben, aber es gelang mir nur selten. Der berühmte Blick von den Boboli Gärten über die Dächer der Stadt war herrlich, ebenso die langen Spaziergänge an den Ufern des Arno, dennoch empfand ich Florenz vor allen Dingen als enttäuschend. Auch wenn ich die Touristenscharen außer acht ließ, konnte ich mich des Eindrucks nicht erwehren, daß vieles hier verwahrloster war, als es in einer so schönen und historischen und von Besuchern wie mir so großzügig subventionierten Stadt sein durfte. Überall häufte sich der Müll. Ständig wurde man von bettelnden Zigeunern belästigt. Und auf jedem Gehsteig machten sich senegalesische Straßenverkäufer mit ihren Sonnenbrillen und Louis-Vuitton-Taschen breit. Und obendrein parkten Autos halb auf den engen Bürgersteigen, so daß man immer wieder auf die Straße ausweichen mußte. Man konnte einfach nicht friedlich durch Florenz schlendern, denn ständig galt es, irgendwelchen Hindernissen auszuweichen. Alles wirkte verstaubt und schmuddelig. Die Trattorias waren überfüllt und teuer und oft unfreundlich, vor allem in der Innenstadt. Niemand schien die Stadt zu lieben. Sogar reiche Leute warfen bedenkenlos ihren Müll auf die Straße. Und jedesmal wenn ich an der Piazza del Duomo vorbeikam, kamen mir die Gebäude staubiger und schäbiger vor.

Woran liegt es nur, daß die Städte, die die Menschen aus aller Welt sehen wollen, oft gerade die sind, deren Bürger am wenigsten dafür tun, daß sie auch schön anzusehen sind? Warum können die Florentiner nicht begreifen, daß es in ihrem eigenen Interesse liegt, ihre Straßen vom Schmutz zu befreien, ein paar Bänke aufzustellen, dafür zu sorgen, daß man nicht auf Schritt und Tritt von Zigeunern angebettelt wird, und mehr Zeit und Geld zu investieren, um das Erscheinungsbild ihrer Stadt aufzupolieren? Florenz besitzt mehr Kulturdenkmäler als jede andere Stadt der Welt: einundzwanzig Paläste, fünfundfünfzig historische Kirchen, acht Galerien, zwanzig Museen – mehr als ganz Spanien, wie ich in einem Bericht der UNESCO gelesen habe, und dennoch sieht der Haushaltsetat der Stadt nicht einmal zwölf Millionen Mark im Jahr für Restaurierungsarbeiten vor. (Allein im Archäologischen Museum warten noch 10000 Kunstschätze darauf, von den Spuren befreit zu werden, die die große Flut von 1966 hinterlassen hat.) Es ist kein Wunder, wenn man in Florenz den Eindruck gewinnt, daß den Bürgern ihre Stadt ziemlich gleichgültig sind.

Wo es nicht die Gleichgültigkeit ist, die den historischen Bauten zum Verhängnis wird, da sind es oft Inkompetenz und Korruption. 1986 fiel endlich die längst überfällige Entscheidung, die Kopfsteine der Piazza della Signoria zu restaurieren. Also grub man die antiken Steine aus und schaffte sie in die Werkstätten. Als sie später wieder an Ort und Stelle lagen, sahen sie aus wie neu. Und das waren sie auch. Die Originale hatte man für teures Geld an reiche Leute verkauft, die die Auffahrten ihrer Häuser damit gepflastert haben.

Am meisten regten mich die Zigeuner auf. An fast jeder Straße saßen sie und bettelten die Passanten an. Und auf ihrem Schoß saßen Stunde um Stunde ihre drei oder vier Jahre alten, herzzerreißend schmutzigen Kinder und sollten Mitleid erregen. Das ist unmenschlich und so skandalös, als würde man die Kinder zwingen, in Fabriken zu arbeiten. Und doch gingen die Carabinieri, die zu dritt oder viert in ihren flotten Uniformen durch die Straßen stolzierten, achtlos an ihnen vorbei.

Die einzige Zigeunerin, von der ich mich nicht belästigt fühlte, war kurioserweise das kleine Mädchen, das mir an jenem strahlenden Sonntagmorgen die Brieftasche klaute, als ich Florenz gerade verlassen wollte. Das Kind war einsame Spitze. Ich hatte soeben mit Sack und Pack das Hotel verlassen und war auf dem Weg zum Bahnhof, um nach Mailand weiterzureisen. Kaum hatte ich die Straße überquert, näherten sich mir drei Kinder mit einem Stoß zerknitterter Zeitungen vom Vortag, die sie mir verkaufen wollten. Ich winkte ab, doch eines der Kinder, ein ungewaschenes, quasselndes Mädchen von etwa acht Jahren, fuhr mit einer solchen Hartnäckigkeit fort, mir eine Zeitung aufzudrängen, daß ich stehenblieb und sie mit fester Stimme und erhobenem Zeigefinger ermahnte. Eingeschüchtert zog sie ab. Und ich ging meiner Wege, mit dem aufrechten Gang eines Mannes, der sich auf der Straße zu behaupten weiß. Nach fünf Metern wußte ich instinktiv, daß mir etwas fehlte. Ich griff an die Innentasche meiner Jacke. Der Reißverschluß war auf, die Tasche war leer. In den fünf Sekunden, in denen ich dem Mädchen die Grundsätze des guten Benehmens auf der Straße näherzubringen versucht hatte, hatte sie es geschafft, in meine Jacke zu langen, den Reißverschluß der Tasche zu öffnen, ihre Hand hinein zu stecken, zwei Scheckhefte herauszuziehen und verschwinden zu lassen. Ich war nicht wütend. Ich war beeindruckt. Ich wäre kaum beeindruckter gewesen, hätte ich plötzlich in Unterhosen dagestanden. Ich untersuchte meinen Rucksack und meine übrigen Taschen, aber außer meiner Jacke hatte sie nichts angerührt. Das war wohl auch nicht nötig. Das Mädchen hatte Reiseschecks im Wert von 1500 Dollar erbeutet; kein schlechter Lohn für fünf Sekunden Arbeit. Natürlich war sie längst über alle

Berge. Vermutlich saß sie schon in ihrem Zeltlager irgendwo in den Hügeln und feierte mit ihren vierundsiebzig nächsten Verwandten ein rauschendes Fest.

Ich begab mich zur Polizeiwache im Bahnhof. Doch der diensthabende Beamte fühlte sich in seiner Sonntagsruhe gestört und verwies mich an die Questura, die zentrale Polizeistation. Er rührte sich nicht vom Fleck, als wären seine Füße auf dem Schreibtisch festgenagelt. Auf die Idee, nach den kleinen Tätern zu fahnden, wäre er nie gekommen. Widerwillig notierte er mir die Adresse der Polizeistation auf einen Fetzen Papier, den ich ihm zuvor gereicht hatte.

Ich eilte hinaus, kletterte in ein Taxi und nannte dem Fahrer die Adresse. »Taschendiebe?« fragte er und betrachtete mich im Rückspiegel, während wir durch die Straßen von Florenz rasten. Die Fahrt zur Questura war offensichtlich Teil seiner Sonntagsmorgen-Routine.

»Ja«, sagte ich ein wenig verlegen.

»Zigeuner«, fügte er verächtlich hinzu und tat, als würde er ausspucken. Damit war unsere Unterhaltung beendet.

In der Questura führte man mich in ein Wartezimmer, ein hoher Raum, in dem die graue Farbe von den nackten Wänden blätterte und in dem bereits drei Leute warteten. Gelegentlich erschien ein Polizist oder eine Polizistin und rief einen nach dem anderen auf. Ich wartete eine Stunde. Andere Leute kamen und wurden vor mir aufgerufen. Schließlich betrat ich eine der Vernehmungskabinen im Gang um die Ecke und wurde barsch aufgefordert, in den Warteraum zurückzukehren.

Also holte ich *Fodor's Guide to Italy*, meinen Italien-Reiseführer, aus dem Rucksack und studierte die im Anhang aufgelisteten italienisch-englischen Redewendungen, auf der Suche nach einer italienischen Formulierung, die die Begegnung mit schmuddeligen Zigeunerkindern in Worte faßt. Doch die Liste enthielt lediglich die für Reiseführer so typischen Sätze wie: »Wo kann ich Seidenstrümpfe/einen Stadtplan/Filme kaufen?« und »Ich brauche: Rasierklingen/einen Haarschnitt/ eine Rasur/ein Haarshampoo.« Diese absolut nutzlosen Redewendungen in Reiseführern faszinieren mich immer wieder.

Nehmen wir diesen Satz aus dem *Fodor's*, den ich hier wortwörtlich zitiere: »Würden Sie mir bitte um sieben Uhr/um zehn Uhr/um halb elf/heute mittag/um Mitternacht/heute/morgen/übermorgen ein Bad einlassen?« Wieso sollte sich jemand für übermorgen um Mitternacht ein Vollbad bestellen wollen? In diesen Büchern erfährt man nicht, wie man »Guten Morgen« oder »Guten Abend« sagt, statt dessen lernt man, wie man im Geschäft nach Seidenstrümpfen fragt und mit welchen Worten man das Zimmermädchen bittet, einem rund um die Uhr das Badewasser einzulassen. Was glauben die eigentlich, in was für einer Welt wir leben?

Staunend las ich weiter: »Wir möchten ein Badehäuschen für zwei Personen/einen Sonnenschirm/drei Liegestühle.« Warum drei Liegestühle, aber ein Badehäuschen für zwei Personen? Wer muß sich draußen umziehen? Hat etwa ein notorischer Spanner diese Liste zusammengestellt, um sich das Buch für seine persönlichen Zwecke zunutze zu machen?

Andere Formulierungen ließen jedoch eher darauf schließen, daß es sich bei dem Verfasser um eine dieser herrischen, englischen Lesbierinnen handelt, diese Frauen mittleren Alters, mit festem Schuhwerk und Buster Brown Frisur, die man so oft in ausländischen Hotels trifft. Sie stehen an der Rezeption und erwarten prompte Bedienung. Sie verachten alle Ausländer, fühlen sich ständig betrogen und brüllen unentwegt ihre Befehle: »Kommen Sie herein!«, »Dieses Kleid muß gewaschen/gebügelt werden«, »Bringen Sie mir Seife/Handtücher/eisgekühltes Wasser«. Und wieder andere Redewendungen wiesen auf ein verborgenes Alkoholproblem hin: »Befindet sich eine Bar im Bahnhof?«, »Bringen Sie mir eine Flasche guten Wein«, »Ein Glas/eine Flasche Bier zum Mitnehmen«, »Zwanzig Liter«.

Der Warteraum war längst menschenleer, und nichts geschah. Ich trat erneut in die Vernehmungskabine, in der der junge Polizist gerade die Angaben einer Frau mit Blutergüssen im Gesicht zu Protokoll nahm. Er warf mir einen bösen Blick zu, verärgert, daß ich es wagte, ihn in zwei Stunden zum zweiten Mal zu stören. »Sprechen Sie Italienisch?« wollte er wissen.

»Nein.«

»Dann kommen Sie morgen wieder. Morgen sitzt hier ein Kollege, der Englisch spricht.« Geflissentlich sah er darüber hinweg, daß sein eigenes Englisch perfekt war.

»Warum haben Sie mir das nicht vor zwei Stunden gesagt?« Ich legte mich tatsächlich mit einem bewaffneten Mann an. Meine Stimme überschlug sich fast.

»Kommen Sie morgen wieder.«

Ich checkte wieder im Hotel Corallo ein und verbrachte den Nachmittag damit, mich mit dem italienischen Fernsprechnetz abzuplagen und zu versuchen, meine Verlustmeldungen nach London durchzugeben. Ich hatte Reiseschecks von Visa und American Express, was bedeutete, daß ich alle Telefonate zweimal führen mußte. In den Leitungen rauschte es, als wären sie voller Wasser, während ich Listen von Seriennummern verlas:

»RH259 –«

Eine dünnes Stimmchen unterbrach mich und rief vom Grund eines tiefen Sees zu mir hinauf: »Sagten Sie R A 2 9 9…?«

»Nein, ich sagte R H 2 fünf neun –«

»Würden Sie bitte lauter sprechen?«

»Die Nummer ist R ***H*** ZWEI FÜNF NEUN!!«

»Hallo? Sind Sie noch da, Mr. Byerson? Hallo? Hallo?«

Und so verging der Nachmittag. American Express versicherte, ich könne mir den zu erstattenden Betrag am nächsten Morgen in der Niederlassung in Florenz abholen. Visa wollte die Sache erst überschlafen.

»Hören Sie, ich bin mittellos«, log ich, woraufhin man mir erklärte, daß man erst alle Einzelheiten einer Partnerbank in Florenz oder sonstwo in Europa telegrafieren müsse und daß ich das Geld bekäme, sobald der Papierkram erledigt sei. Ich weiß aus eigener Erfahrung, wie die byzantinischen Banken Italiens arbeiten. Man kann dort einen Herzanfall bekommen, und sie holen nicht eher einen Krankenwagen, als bis man das entsprechende Formular ausgefüllt und mindestens drei Stempel an drei verschiedenen Schaltern eingeholt hat.

Daher zögerte ich nicht lange und bat die Dame, mir eine Bank in Genf zu nennen. Meiner Bitte wurde stattgegeben.

Am nächsten Morgen stand ich wieder in der Questura. Nachdem ich anderthalb Stunden gewartet hatte, führte man mich in das sogenannte Ufficio Denuncie. Was für ein Name! Das Denunziationsbüro! Es kam mir vor, als wäre ich im Begriff, folgenschwere Anklagen zu erheben: »Hiermit denunziere ich den Friseur von Michael Heseltine! Hiermit denunziere ich jeden Verkäufer und jede Verkäuferin in jedem Dixons, das ich je betreten habe!«

Hinter einem Schreibtisch, auf dem ein uraltes Monstrum von einer Schreibmaschine stand, saß eine sympathische junge Frau in Jeans. Sie stellte mir Unmengen von Fragen – wie ich heiße, wo ich wohne, wo ich herkomme, womit ich meinen Lebensunterhalt verdiene, welches meine Lieblingsfilme sind, und so weiter – und tippte meine Antworten mit einem Finger in die Schreibmaschine, wobei sie minutenlang die riesige Tastatur absuchte, bevor sie vorsichtig eine Taste anschlug, als hätte sie Angst, einen elektrischen Schlag zu bekommen. Nach jeder Frage mußte sie die Walze der Maschine lösen und das Papier zurechtrücken, damit die nächste Antwort in die Nähe des dafür vorgesehenen Feldes paßte. (Das war sicher nicht ihre stärkste Seite.) Das Ganze dauerte Ewigkeiten. Endlich überreichte sie mir zur Sicherstellung meiner Ersatzansprüche einen Durchschlag des Protokolls, während das Original, da habe ich keinen Zweifel, geradewegs in den Papierkorb wanderte.

Da ich nun wirklich kein Geld mehr hatte, machte ich mich zu Fuß auf den weiten Weg zum American Express Büro. Vor dem für Verlustmeldungen zuständigen Schalter hatte sich eine Schlange gebildet, die einzige im ganzen Büro. Sie bestand aus sieben oder acht Leuten, allesamt Amerikaner. Während wir miteinander ins Gespräch kamen, stellte sich heraus, daß wir alle von Kindern bestohlen worden waren, auf die in etwa dieselbe Beschreibung paßte. Und hier ging es wohlgemerkt nur um American Express Schecks. Zählt man all die anderen Arten von gestohlenen Reiseschecks und das erbeutete Bargeld hinzu, dann müssen es die Zigeuner an Sonntagen auf Mindesteinnahmen von 25 000 bis 30 000 Dollar bringen. Vermutlich werden die Schecks anschließend in befreundeten Wechselstuben im ganzen Land gewaschen. Da wundert es doch sehr, daß sich die Polizei so wenig um diese Gaunereien kümmert (es sei denn, sie bekommt ein Stück vom großen Kuchen ab). American Express ersetzte mir meine Reiseschecks jedenfalls mit lobenswerter Promptheit, so daß ich schon fünfzehn Minuten später wieder auf der Straße stand.

Ich war kaum fünf Schritte gegangen, da bat mich eine Zigeunerin mit einem dreijährigen Kind auf dem Schoß um Geld. »Ich habe schon etwas gegeben«, sagte ich und marschierte in Richtung Bahnhof.

Mailand und Como

Voller Erwartung kam ich am Nachmittag in Mailand an – in der reichsten Stadt Italiens, dem Hauptsitz vieler der berühmtesten Namen aus Wirtschaft und Handel des Landes: Campari, Benetton, Armani, Alfa Romeo und der ungleichen Imperien von Silvio Berlusconi und Franco Maria Ricci. Und genau das ist, und das hätte ich mir vorher denken können, das Problem Mailands. Städte, die sich dem Geldverdienen verschrieben haben, und in Mailand scheint man an kaum etwas anderes zu denken, bringen nur selten die Energie auf, nebenbei auch noch reizvoll zu sein.

Ich quartierte mich in einem unscheinbaren, aber teuren Hotel am monumentalen Hauptbahnhof ein – ein Koloß aus weißem Marmor, der aussah, als wäre er gebaut worden, um einen passenden Rahmen für Mussolinis Massenveranstaltungen abzugeben – und begab mich auf die lange, schweißtreibende Wanderung über die Via Pisani in die Innenstadt. Die breite Via Pisani wirkte eher amerikanisch als europäisch. Elegante Bürogebäude aus Glas und Chrom säumten die Straße, doch der begrünte Mittelstreifen war ungepflegt, und unter den wenigen Bänken lagen gebrauchte Spritzen. Je mehr ich mich der Innenstadt näherte, desto älter und angenehmer wurden die Gebäude. Aber irgendetwas fehlte noch immer. In einem winzigen Park mitten in einem hübschen Wohnviertel unweit des Domplatzes legte ich eine Pause ein und warf einen Blick auf den Stadtplan. Der Park bot ein Bild der Verwahrlosung. Kein Grashalm wuchs mehr. Alle Bänke waren kaputt, und Tauben pickten zwischen Hunderten von Zigarettenkippen und weggeworfenen Fahrscheinen herum. Eine solche Schlamperei darf sich eine reiche Stadt meiner Ansicht nach nicht erlauben.

Zwei Häuserblocks entfernt aber entfaltete Mailand seine ganze Pracht. Hier standen dicht beieinander die drei Herrlichkeiten der Stadt – die Scala, der Duomo und die Galleria Vittorio Emanuele. Zuerst besichtigte ich den Dom. Das gotische Bauwerk, die drittgrößte Kirche der Welt, verbarg sich von außen hinter Baugerüsten und war innen so dunkel, daß es eine Weile dauerte, bis ich seine Ausmaße erfaßt hatte. Seine höhlenartige Finsternis war wunderbar. Und nicht ein Tourist war hier zu sehen, nach Florenz eine wahre Wohltat. Nur Einheimische strömten ein und aus. Sie stellten eine Kerze zu den Hunderten von brennenden Kerzen und beteten ein schnelles »Ave Maria«, um dann zum Essen nach Hause zu gehen. Mir gefiel das. Heutzutage ist es schon ziemlich ungewöhnlich, daß eine so großartige Kirche noch für ihren ursprünglichen Zweck genutzt wird.

Über den Domplatz schlenderte ich zur Galleria Vittorio Emanuele und verbrachte dort eine vergnügliche Stunde. Mit auf dem Rücken verschränkten Händen bummelte ich von einem Schaufenster zum nächsten und blickte gelegentlich besorgt zu den Tauben hinauf, die sich hier eingeschlichen hatten, um von Dachsparren zu Dachsparren zu flattern und auf die Leute unter ihnen zu scheißen. Die vierstöckige Einkaufspassage wurde im bombastischen Stil der sechziger Jahre des neunzehnten Jahrhunderts erbaut. Mit ihren hübsch gefliesten Stockwerken, dem gewölbten Dach aus einem Gitterwerk aus Glas und Stahl und der Kuppel, die sich an der Kreuzung der beiden überdachten Wandelgänge fast fünfzig Meter hoch über einen Rundbau erhebt, ist die Galleria vielleicht bis heute das schönste Einkaufszentrum der Welt. Ihre Erhabenheit und die widerhallende Stille und selbst die Form erinnern an eine Kathedrale, gepaart mit der weltlichen Pracht einer Bahnhofshalle des neunzehnten Jahrhunderts. So sollte ein Einkaufszentrum aussehen.

Da mein Körper nach seiner nachmittäglichen Dosis Koffein verlangte, nahm ich an einem Tisch vor einem der drei oder vier eleganten Cafés der Passage Platz. Es war eines dieser typisch europäischen Cafés mit siebzig Tischen und nur einem völlig überlasteten Kellner, der sich nach Kräften bemühte, gleichzeitig Bestellungen aufzunehmen, zu servieren, Tische abzuräumen und zu kassieren, und alles mit der liebenswürdigen, stets heiteren Miene, die man von jemandem erwartet, der eine so interessante und lukrative Tätigkeit ausübt. In einem solchen Lokal bekommt niemand eine zweite Chance. Ich starrte so vor mich hin, den Kopf in die Hände gestützt und träumte von Ornella Muti, als ich am Rande meines Bewußtseins den Kellner wahrnahm, der einen seiner seltenen Besuche in meiner Gegend machte und soeben sein »Prego?« an mich gerichtet hatte.

Ich blickte auf. »Oh, einen Espres-«, sagte ich, doch da war er schon wieder verschwunden, und mir wurde klar, daß ich ihm nie wieder so nahe sein würde, ausgenommen, ich würde seine Schwester heiraten. Seufzend erhob ich mich, zwängte mich an den übrigen Tischen vorbei und grinste entschuldigend, wenn ich zum wiederholten Male die Ursache dafür war, daß Leute ihren Kaffee verschütteten oder ihre Nasen in ihre Sahnetorten steckten. Vollkommen unerholt stand ich kurz darauf wieder auf der Straße.

Auf der Suche nach einem anderen Café folgte ich dem Corso Vittorio Emanuele II, eine breite, von Geschäften – aber leider nicht von Cafés – gesäumte Fußgängerstraße. Für einen Moment dachte ich, ich hätte das Zeitliche gesegnet und wäre versehentlich im Yuppiehimmel gelandet. Anders als in der Galleria Vittorio Emanuele, die immerhin ein paar Buchläden und ein, zwei Kunstgalerien beherbergte, gab es in dieser Straße nicht ein Geschäft, das seine Kunden mit geistiger Nahrung versorgte, sondern ausschließlich Boutiquen, die teuren Zierrat für das äußere Erscheinungsbild verkauften – Schuhe, Handtaschen, Juwelen, Designerklamotten, die wie Säcke am Körper hingen, aber ein Vermögen kosteten. Doch in der Via Montenapoleone, der exklusivsten Einkaufsmeile Italiens, roch es erst so richtig nach Geld. In dieser anonym wirkenden Seitenstraße reihte sich ein Nobelladen an den anderen, aber ein anständiges Café gab es auch hier nicht. Ich entdeckte lediglich ein paar Stehcafés, in denen die Leute einen Espresso bestellten, ihn hinunterspülten und im nächsten Augenblick wieder davoneilten. Das war es nicht, wonach ich suchte.

Nach Süditalien kam mir Mailand überhaupt nicht italienisch vor. Die Leute gingen zügig und entschlossen ihrer Wege, und an ihren Armen schaukelten Einkaufstaschen von Gucci oder Ferragamo. Sie saßen nicht müßig vor einem Espresso, schaufelten keine Berge von Pasta in sich hinein und stritten sich nicht leidenschaftlich über irgendwelche Belanglosigkeiten. Statt dessen hielten sie geschäftliche Besprechungen ab. Sie unterzeichneten Verträge. Sie sprachen in Autotelefone. Sie fuhren mit maßvollem Tempo durch die Straßen, meistens im BMW oder Porsche, und parkten in Reih und Glied. Und alle sahen sie aus, als wären sie den Titelseiten von *Vogue* oder *GQ* entsprungen. Mailand war wie ein italienischer Vorposten von Südkalifornien. Ich weiß nicht, wie Sie das sehen, aber ich finde Südkalifornien schon in Südkalifornien schwer genug zu ertragen. Dies war Italien. Ich wollte Chaos und Leben auf den Straßen, Männer, die in Unterhemden auf den Treppen der Häuser saßen, Leinen voller Wäsche über engen Gassen, Ornella Muti und Giancarlo Giannini, die auf einer Vespa vorbeisausten. Und vor allem wollte ich eine Tasse Kaffee.

Am nächsten Tag besuchte ich die Brera Galerie. Sie liegt versteckt in einer Seitenstraße, in einem von Baugerüsten umgebenen Palazzo. Hier hatte man offenbar Großes vor. Die Luft war erfüllt von Gipsstaub; es wurde gehämmert, geklopft und gebohrt. Die Galerie schien nur zur Hälfte geöffnet zu sein. Mehrere Räume waren abgesperrt, und selbst in den geöffneten Räumen zeigten dunkle Rechtecke auf der Tapete, daß hier einmal Bilder gehangen hatten, die nun verliehen worden waren oder gerade restauriert wurden. Doch was von der Ausstellung übrig geblieben war, war nicht nur eindrucksvoll, sondern auch vertraut – Mantegnas perspektivische Darstellung des Leichnams Christi, eine Madonna von Bellini, zwei erst kürzlich und strahlend restaurierte Canalettos und Piero della Francescas großartiges, aber doch sehr bizarres »Madonna mit dem Jesuskind, Engeln, Heiligen und Federico da Montefeltro« – nochmal unser alter Freund, der Herzog von Urbino.

Dieses Bild habe ich überhaupt nicht verstanden. Wenn es nach dem Tode des Herzogs gemalt worden ist und wir ihn hier im Himmel vor uns sehen, warum hat Francesca Jesus dann als Säugling dargestellt? Oder wollte er uns glauben machen, der Herzog hätte es irgendwie geschafft, durch dic Jahrhunderte zu fliegen, um bei Christi Geburt dabei zu sein? Was immer es auch bedeuten mag, das Gemälde ist auf jeden Fall ein bemerkenswertes Kunstwerk. Ein Besucher mochte es so sehr, daß er sich von Zuhause einen Klappstuhl mitgebracht hatte und nun mit verschränkten Armen davor saß, um es still zu betrachten. Das Beste an der Galerie im Brera war, daß sie fast menschenleer war. Unter den wenigen Einheimischen war ich der einzige ausländische Tourist. Nach Florenz genoß ich es in vollen Zügen, mir die Gemälde anzusehen, ohne vor jedem einzelnen jemanden bitten zu müssen, mich hochzuheben.

Danach durchquerte ich die ganze Innenstadt, um mir im Refektorium der Kirche Santa Maria delle Grazie Leonardos »Abendmahl« anzusehen. Hat man den stolzen Eintrittspreis entrichtet, tritt man in einen leeren, schummrigen Saal und steht plötzlich davor – vor dem berühmtesten aller Fresken. Es bedeckt die gesamte hintere Wand. Ein Geländer hält den Besucher etwa sieben Meter auf Distanz, was ich ziemlich unfair fand, denn die Farben sind so blaß, daß man selbst aus zwei Metern Entfernung kaum etwas erkennt. Aus sieben Metern sieht man so gut wie gar nichts. Es ist wie ein Geisterbild. Wer nicht zuvor zig Reproduktionen gesehen hat, wird es vermutlich nicht wiedererkennen. An einer Seite der Wand stand ein einsamer Restaurator auf einem Gerüst und pinselte am »Abendmahl« herum. Seit Jahren arbeiten sie daran, doch nichts deutete darauf hin, daß das Gemälde in absehbarer Zeit zu neuem Leben erwachen wird.

Armer Leonardo. Die Vergangenheit ist nicht gerade zimperlich mit seinem Werk umgesprungen. Kaum hatte er das Fresko fertiggestellt, begann die Wand zu bröckeln. Später rissen Mönche Teile der Wand ab, um eine Tür cinzubauen. Noch später diente der Saal nicht mehr als Refektorium, sondern wurde im Laufe der Zeit in einen Stall (können Sie sich das vorstellen – eine Herde von Eseln vor dem größten Wandgemälde aller Zeiten?), in einen Lagerraum, in ein Gefängnis und in eine Kaserne umfunktioniert. Viele der früheren Restaurierungsarbeiten waren alles andere als gelungen, um es vorsichtig auszudrücken. Ein Künstler malte dem Heiligen Johannes sechs Finger. Es ist ein Wunder, daß das Gemälde überhaupt bis heute überdauert hat. Aber im Grunde hat es nicht wirklich überlebt. Ich frage mich, wie es wohl nach weiteren zehn oder fünfzehn Jahren Restaurierung aussehen wird. Heute jedenfalls wäre es exakter zu sagen, daß dies der Ort ist, an dem sich das »Abendmahl« einmal befunden hat.

Wohl wissend, daß ich einen Fehler beging, steckte ich 1000 Lire in einen Automaten an der Wand. Es folgte ein kurzer, nüchterner Bericht über die Geschichte des Freskos, verlesen von einer Frau, deren englische Aussprache den Erfordernissen nicht ganz gerecht wurde (*»Da fresk you see in fronna you iss juan of da grettest works of art in da whole wold …«*). Ich sah mich um, entdeckte aber keine anderen Mittel und Wege, mein Geld zu verschwenden, und trat blinzelnd in den grellen Sonnenschein hinaus.

Ich schlenderte zum benachbarten Museo Tecnica, an dessen Kasse ich erneut tief in den Geldbeutel greifen mußte, um anschließend durch seine leeren Räume zu wandeln. Ich hatte gelesen, daß das Museum funktionsfähige Modelle aller Erfindungen Leonardos ausstellte, und war dementsprechend gespannt. Doch die kleinen Holzmodelle erwiesen sich als überraschend langweilig und, naja, ein wenig hölzern. Ansonsten bestand die Ausstellung aus alten Schreibmaschinen und verschiedenen anderen Apparaten, mit denen ich nichts anzufangen wußte, da sie ausschließlich in italienischer Sprache beschriftet waren. Aber, seien wir ehrlich, im Grunde ist der Beitrag der Italiener zur technologischen Entwicklung der Menschheit ja auch beim Pizzaofen stehengeblieben.

Ich nahm einen Nachmittagszug nach Como, aus dem einzigen Grund, daß es nicht weit entfernt war, am See lag, und ich keine Lust hatte, eine weitere Nacht in einer Großstadt zu verbringen. Ich erinnerte mich, irgendwo gelesen zu haben, daß sich Mussolini am Comer See versteckt gehalten hatte, als der Krieg für Italien verloren war, und ich dachte, daß ein Ort, an dem ein verzweifelter Mann seine letzte Zuflucht fand, etwas Besonderes an sich haben muß.

Und so war es auch. Como ist eine makellose Kleinstadt, die am Südrand des schmalen, einundfünfzig Kilometer langen Sees gleichen Namens in den Voralpen eingebettet liegt. Obwohl es nur ein kleines Städtchen ist, besitzt es zwei Kathedralen, zwei Bahnhöfe, zwei prachtvolle Villen, einen bezaubernden Park, eine von Pappeln gesäumte und reichlich mit grünen Bänken bestückte Uferpromenade und ein Gewirr von uralten, autofreien Gassen voller kleiner Läden und verborgener Plätze. Es war perfekt, einfach perfekt.

Ich bezog ein Zimmer im Hotel Plinius mitten im Ortskern, trank an der Piazza Roma zwei Kaffee und genoß den Blick über den See, bevor ich schließlich in ein nettes kleines Restaurant einkehrte und vorzüglich zu Abend aß. Und wieder war ich bis über beide Ohren in Italien verliebt. Nach dem Essen schlenderte ich mit den Händen in den Hosentaschen über die scheinbar endlose Uferpromenade und sah zu, wie die Nacht hereinbrach. Ich ging bis zur Villa Geno an einer Ausbuchtung des Sees und wanderte am gegenüberliegenden Ufer zurück. Als ich endlich zum Hotel zurückkehrte, war kein Mensch mehr auf den Straßen. Glücklich und zufrieden sank ich ins Bett.

Tags darauf besichtigte ich die zwei Hauptkirchen der Stadt. Die Basilika San Fidele, mit deren Bau 914 begonnen wurde, ist zwar die wesentlich ältere, doch größer und weitaus großartiger ist die 500 Jahre jüngere, gewölbt gebaute Kathedrale. Seit Aachen hatte ich außerhalb der großen Städte keine so herrliche Kirche mehr gesehen. Innen war sie so dunkel, daß es eine Weile dauerte, bis sich meine Augen an das Zwielicht gewöhnt hatten. Durch ein Buntglasfenster flutete das Licht der Morgensonne, um sogleich von den hohen, dunklen Gewölben geschluckt zu werden. Die Kirche war nicht nur überraschend groß für ihre Gemeinde, sondern auch verschwenderisch ausgestattet mit feinen Gobelins, alten Gemälden und einigen eindrucksvollen Plastiken, darunter eine Christusfigur, von der es heißt, sie weine. Eine geschlagene Stunde saß ich in einer stillen Ecke, ließ das Innere der Kirche auf mich wirken und sah zu, wie die Gläubigen ihre Kerzen anzündeten. Es war eine sehr beschauliche Stunde. Danach hielt ich die Zeit für gekommen, mich zum Bahnhof zu begeben, um Italien den Rücken zu kehren und in die Schweiz weiterzureisen.

Durch steil aufragende Berge wand sich der Zug nach Norden. Bei Chiasso überquerten wir die Staatsgrenze. Die unscheinbare Grenzstadt an der Südspitze eines nach Italien hineinragenden Zipfels der Schweiz war 1979 der Schauplatz eines aufsehenerregenden Betruges. Damals gelang es fünf Männern, der kleinen Bankfiliale der Credit Suisse in Chiasso fast eine Milliarde Dollar abzuzapfen, bevor irgendjemand in der Züricher Zentrale davon Wind bekam.

Die Schweiz und Italien sind entlang der südlichen Alpen ineinander verzahnt wie die Finger gefalteter Hände, so daß ich die meiste Zeit der Fahrt nach Brig damit verbrachte, über die Grenze von einem Land ins andere zu fahren. Der Zug quälte sich in immer luftigere Höhen, erst nach Lugano, dann nach Locarno.

In Locarno mußte ich umsteigen. Da mir bis zur Ankunft des nächsten Zuges eine volle Stunde blieb, zog ich los, um mich in der Stadt umzusehen und um ein Sandwich zu essen. Locarno entpuppte sich als hübsches, sonniges Städtchen, mit einer Uferpromenade, die noch schöner war als die in Como. Obwohl die Leute hier Italienisch sprachen, gab es doch einige untrügliche Anzeichen dafür, daß ich mich in der Schweiz befand: die Zebrastreifen, die leuchtend roten Parkbänke, die aussahen, als hätte man sie erst am Morgen gestrichen, und die geharkten Wege in dem kleinen Park am See, auf denen auch nicht ein Blatt herumlag. Überall fegten Straßenkehrer mit altmodischen Besen das Laub von den Straßen, und ich hatte das sichere Gefühl, daß sofort jemand in Uniform hinter einem Baum hervortreten würde, sollte ich hier unauffällig mein Kaugummipapier fallen lassen.

Sandwiches essen sie in Locarno scheinbar nicht. Als ich nach langem Suchen endlich eine Bäckerei gefunden hatte, schien deren Angebot ausschließlich aus klebrigem Gebäck zu bestehen. In einer

Ecke entdeckte ich etwas, das ich für einen Berg von Wurstbrötchen hielt. Hungrig wie ich war, kaufte ich drei und verließ den Laden. Wie sich jedoch herausstellte, waren die nicht gerade billigen Dinger mit Feigenmus bestrichen – ein Nahrungsmittel, das nur Großmütter essen würden, und das auch nur, wenn sie ihre Zahnprothese nicht finden können. Das Zeug schmeckte wie in Hustensaft eingelegte Teeblätter. Nachdem ich zweimal mutig hineingebissen hatte, packte ich sie dann doch in meinen Rucksack, sie schmeckten einfach zu scheußlich, und nahm mir vor, später einen weiteren Versuch zu wagen. Ich vergaß sie dann allerdings und entdeckte sie erst zwei Tage später, als ich mein letztes sauberes Hemd aus dem Rucksack zog, an dem die Dinger klebten.

Um den üblen Nachgeschmack mit einem Mineralwasser hinunterzuspülen, ging ich ins Bahnhofscafé. Vielleicht gab es in der ganzen Schweiz keinen unfreundlicheren Ort als diesen. Trotz der acht Gäste war es im Raum so still, daß man das Ticken der Uhr hören konnte. Der Kellner stand am Tresen und trocknete träge ein Bierglas nach dem anderen ab. Er machte keine Anstalten, mich zu bedienen. Erst als ich die Hand hob und nach einem Mineralwasser verlangte, brachte er eine Flasche und ein Glas und stellte beides wortlos vor mich hin, um sich sogleich wieder seinen nassen Gläsern zu widmen. Er machte ein Gesicht, als hätte er soeben erfahren, daß seine Frau mit dem Milchmann durchgebrannt ist und all seine Waylon Jennings Platten mitgenommen hat. Doch dann bemerkte ich denselben verbitterten Ausdruck auf den Gesichtern aller Anwesenden, was mir nach der übermäßig guten Laune der Italiener doch recht unterkühlt erschien. Mir gegenüber saß eine alte Dame mit einer Krücke, die zu Boden polterte, als sie aufzustehen versuchte. Der Kellner verfolgte das Geschehen mit unbeteiligtem Interesse. »Na, was machst du nun, du alter Krüppel?« schien sein Blick zu fragen. Ich eilte der Frau zu Hilfe, woraufhin sie mir einen vernichtenden Blick und ein frostiges »Grazie« schenkte und davonhumpelte.

Locarno ist ein seltsamer Ort, entschied ich und löste eine Fahrkarte für den zwei-Uhr-Zug nach Domodossola, ein Name, für dessen

Aussprache es siebenunddreißig Möglichkeiten gibt. Der Schalterbeamte ließ sie mich alle ausprobieren und runzelte jedesmal ernst die Brauen, als könne er sich beim besten Willen nicht vorstellen, welche benachbarte Gemeinde einen Namen trage, der einem Amerikaner solche Schwierigkeiten bereiten könne. »Ah, Domodossola!« sagte er schließlich und sprach es dabei in der achtunddreißigsten Variante aus. Aus lauter Gefälligkeit unterließ er es zu guter Letzt, mich darauf hinzuweisen, daß die ersten zehn Kilometer der Strecke aufgrund von Gleisbauarbeiten mit dem Bus zurückgelegt werden mußten.

Ich stand auf dem Bahnsteig und wartete. Ich wartete und wartete, aber es kam kein Zug. Seltsamerweise stand außer mir niemand auf dem Bahnsteig. Da es nur wenige Zugverbindungen am Tag nach Domodossola gab, müßten sich doch eigentlich mindestens ein oder zwei andere Fahrgäste einfinden, überlegte ich. Ich wandte mich an einen Gepäckträger, der mir in dieser freundlichen fick-dich-doch-selbst-Art der Gepäckträger auf allen Bahnhöfen der Welt zu verstehen gab, daß ich mit dem Bus fahren müsse. Als ich ihn mit größtem Druck zwang zu beantworten, wo ich diesen Bus denn finden würde, deutete er mit dem Handrücken vage in die Richtung der restlichen Welt. Ich trat gerade rechtzeitig aus dem Bahnhofsgebäude, um zu sehen, wie sich der Bus nach Domodossola in Bewegung setzte. Glücklicherweise war ich in der Lage, den Busfahrer zu überreden anzuhalten, indem ich mich zweihundert Meter an die Windschutzscheibe klammerte. Ich wollte nur noch weg von hier.

Kurz hinter Locarno stiegen wir in den Zug um, der an einem kleinen, ländlichen Bahnhof bereits auf uns wartete. Er kletterte die zerklüfteten Berge hinauf und führte uns auf seiner spektakulären Fahrt an tiefen Schluchten entlang, über atemberaubende Gebirgspässe, vorbei an Bauernhäusern und kleinen Dörfern, die an den unzugänglichsten Stellen am Rande schwindelerregender Abgründe zu kleben schienen. Hier als Bauer zu leben, mußte ein hartes Brot sein. Ein Fehltritt, und man würde anderthalb Tage im freien Fall in die Tiefe stürzen. Schon die Zugfahrt war nervenaufreibend genug.

Unvorstellbar, daß jemand im Angesicht dieser Landschaft nicht überwältigt ist. Und dennoch hat sich, laut Kenneth Clark, bis zum achtzehnten Jahrhundert kaum ein Reisender über die Bergwelt der Alpen geäußert. Sie scheinen sie einfach nicht wahrgenommen zu haben. Inzwischen hat sich das grundlegend geändert. Fünfzig Millionen Touristen fallen alljährlich über die Alpen her, erfreuen sich ihrer majestätischen Schönheit und tragen im selben Moment zu ihrer Zerstörung bei. All die touristischen Einrichtungen – die Hotels, die Geschäfte, die Restaurants, die Ferienhäuser, die Skipisten, die Skilifte, die neuen Straßen – verändern nicht nur das Gesicht der Alpen, sie bringen ihr natürliches Gleichgewicht ins Wanken. 1987 starben nur wenige Kilometer östlich der Bahnlinie sechzig Menschen, als das Valtellina Tal überflutet wurde und die Wassermassen Häuser und Hotels wie Streichholzschachteln mit sich rissen. Im gleichen Sommer kamen bei einem Erdrutsch in der Nähe von Annecy in Frankreich dreißig Menschen ums Leben. Hätte man nicht ganze Berghänge abgeholzt, um Platz für den Tourismus zu schaffen, wäre all das nicht passiert.

Ich saß auf der falschen Seite des Zuges. Vor meinem Fenster sah ich nichts als eine endlose Felswand. Doch eine freundliche Dame mit Brille, die auf der anderen Seite des Ganges saß, bemerkte, wie ich mich reckte, um etwas von der Landschaft sehen zu können, und bot mir den leeren Platz ihr gegenüber an. Sie war Schweizerin und sprach ausgezeichnet Englisch, so daß wir schnell ins Plaudern kamen. Sie arbeitete als Bankangestellte in Zürich, war gerade zu Besuch bei ihrer Mutter in einem Dorf bei Domodossola und befand sich auf dem Rückweg von einem Einkaufsbummel in Locarno. Es war wunderbar. Seit Wochen hatte ich keine normale Unterhaltung mehr geführt. Ich hatte fast vergessen, wie herrlich es sein kann, Worte aus einem Loch in meinem Kopf sprudeln zu lassen, und redete und redete. Es dauerte nicht lange, und mein Gegenüber schlief fest, und ich kehrte wieder in meine kleine, stille Welt zurück.

Schweiz

Über Domodossola und den Simplon Paß erreichte ich Brig so gegen fünf Uhr am Nachmittag. Dort war es dunkler und kühler als in Italien, und die Straßen waren naß. Ich nahm ein Zimmer im Hotel Victoria am Bahnhof und machte mich gleich auf den Weg, um etwas Eßbares aufzutreiben, denn seit den zwei Bissen Feigenbrei am Mittag in Locarno hatte ich nichts gegessen.

In Brig gab es nur deutsche Küche. In der Schweiz weiß man nie, woran man ist. Hätte man eben noch meinen können, man befände sich in Italien, so spricht zwei, drei Kilometer weiter jedermann Deutsch oder Französisch oder eine Mundart des Rätoromanischen. Dörfer verschiedener Sprachgruppen liegen in der Schweiz in direkter Nachbarbarschaft – St. Blaise und Erlach, Les Diablerets und Gsteig, Delémont und Laufen – und je näher man der italienischen Grenze kommt, desto häufiger wiederholt sich das Ganze mit italienischen Namen. Brig gehörte zum deutschen Sprachraum.

Ich studierte die ausgehängten Speisekarten von sechs oder sieben Restaurants und wünschte, ich wüßte, hinter welchen Begriffen sich Leber, Schweinshaxen und gekochte Augäpfel verbargen. Dann stand ich unversehens vor einem Lokal, das sich Restaurant de la Place nannte. Was für eine nette Überraschung, dachte ich und trat ein, in dem Glauben, nun zumindest ungefähr zu wissen, was ich bestellen würde. Doch der Name des Hauses war nur ein grausamer Scherz, denn auch hier hatten sie eine deutsche Speisekarte.

In keiner Sprache klingen die Speisekarten so unschön wie auf deutsch. Möchte man einen Kaffee mit Sahne, bestellt man ihn in vielen deutschsprachigen Ländern »mit Schlag«. Klingt das nun wie ein köstlicher, schaumiger Muntermacher oder wie jene Laute, die ein Kettenraucher morgens beim Aufstehen von sich gibt? Und die Speisekarte war voll von Worten, die solche oder ähnliche Assoziationen weckten: Knoblauchbrot, Schweinskottelett, Portion Schlagobers.

Ich bestellte Entrecôte mit Pommes Frites, was sich nach den klangvollen Namen auf den italienischen Speisekarten ein wenig fade anhörte (und es hörte sich nicht nur so an). Zumindest mußte ich nicht den größten Teil in der Serviette verstecken und auch nicht nach dem Essen diesen peinlichen Aufschrei der Enttäuschung über mich ergehen lassen, den alle Kellner ausstoßen, wenn sie feststellen, daß man seinen Teller nicht mal angerührt hat. Das Restaurant selbst war dunkel und schlicht, die Decke von Tabakrauch vergilbt. Dafür war die Kellnerin freundlich, und das Bier vor mir war groß und kühl.

Mitten auf dem Tisch befand sich eine gußeiserne Schale, die ich anfangs für einen Aschenbecher hielt, doch dann kam mir der Gedanke, daß es sich ebensogut um eine Art Brotkorb handeln könnte, den die Kellnerin in Kürze füllen würde. Ich warf einen Blick auf die übrigen Tische, um herauszufinden, ob einer der wenigen Gäste die Schale als Aschenbecher benutzte, aber es rauchte niemand. Also drückte ich meinen Zigarettenstummel aus, ließ ihn samt Streichholz in einem Blumentopf auf der Fensterbank verschwinden und versuchte, die Asche wegzupusten, wobei ich sie über die ganze Tischdecke verteilte. Bei dem Versuch, sie mit der Hand wegzuwischen, stieß ich gegen mein Glas und verschüttete das Bier.

Als ich damit soweit fertig war, zierten eine Reihe von grauen Flekken auf einem Untergrund von ungleichmäßigem Uringelb die bis dahin blütenweiße Decke. Kurz darauf erschien die Kellnerin, um das Essen zu servieren, und obwohl ich mir die größte Mühe gab, den Schlamassel lässig unter Oberkörper und Ellbogen zu verbergen, sah sie sofort, was ich angerichtet hatte. Sie schenkte mir einen Blick, der nicht, wie ich befürchtet hatte, Geringschätzung zum Ausdruck brachte, sondern – was viel schlimmer war – tiefstes Mitleid verriet. Es war dieser Blick, mit dem man jemanden ansieht, der nach einem Schlaganfall die Kontrolle über die Muskeln seines Mundes verloren hat, aber dennoch tapfer versucht, ohne fremde Hilfe zu essen. Es war ein Blick, der besagte »Ach Gott, der arme Kerl.«

In einer Schrecksekunde glaubte ich, sie würde mir eine Serviette um den Hals binden und mir das Essen kleinschneiden. Doch statt dessen zog sie sich auf ihren Posten hinter der Bar zurück, von wo sie mich keinen Moment mehr aus den Augen ließ, jederzeit bereit, sofort zur Stelle zu sein, sollte mir eine Gabel oder ein Messer aus den Händen gleiten oder sollte ich von einem plötzlichen Anfall geschüttelt hintenüber kippen. Ich war jedenfalls sehr froh, als ich wieder auf der Straße stand. Die gußeiserne Schale war übrigens tatsächlich ein Aschenbecher.

Brig, einst eine Postkutschenstation an der Straße zwischen Zürich und Mailand, erwies sich als eine ziemlich langweilige Stadt. Sie machte irgendwie den Eindruck, als wüßte sie nicht recht etwas mit sich anzufangen. Trotz ihrer ansehnlichen Größe schien es hier kaum Möglichkeiten der Zerstreuung zu geben. Die Auslagen der Geschäfte beschränkten sich auf so uninteressante Dinge wie Kühlschränke, Staubsauger und Fernsehgeräte. Doch dann wurde mir klar, daß in den meisten Ländern uninteressante Dinge in den Schaufenstern liegen. Was mich bedrückte, war einzig und allein die Tatsache, daß ich nicht mehr in Italien war. Und genau das ist das Problem beim Reisen: heute sitzt du vor einer Tasse Cappuccino und schaust übers Meer, und morgen stehst du im Regen in der langweiligsten Stadt der Schweiz und siehst dir Haushaltsgeräte von Zanussi an.

Mir fiel auf, daß ich in keinem Schaufenster Italiens einen Kühlschrank, einen Staubsauger oder andere Produkte von rein praktischem Wert gesehen hatte. Ich schätze, sie fahren nicht alle nach Brig, um sich diese Dinge zu kaufen. Sicher haben sie auch in ihrem eigenen Land genug davon; ich konnte mich nur nicht erinnern, dergleichen gesehen zu haben. In Brig gab es dagegen nichts anderes. Ich trottete durch die leeren Straßen und versuchte, mich für Haushaltsgeräte zu begeistern, aber es wollte mir nicht gelingen. Daher zog ich es vor, mich in die Hotelbar zu setzen, ein paar Bier zu trinken und in Philip Zieglers klassischen Aufzeichnungen über den

Schwarzen Tod zu lesen – genau das Richtige für einen einsamen, verregneten Abend in einem fremden Land.

Die Lektüre war faszinierend, unter anderem weil ich Orte darin wiederfand, die Stationen meiner Reise gewesen waren – wie Florenz, wo innerhalb von vier Monaten 100 000 Menschen, die Hälfte der Bevölkerung, der Pest zum Opfer fielen, oder Mailand, dessen Einwohner durch die Nachricht aus Florenz so in Panik gerieten, daß sie ganze Familien in ihren Häusern einmauerten, sobald der Verdacht aufkam, sie hätten ein Opfer in ihren Reihen.

Es gibt kein wirkungsvolleres Mittel, um die eigenen Probleme in ein anderes Licht zu rücken, als über Menschen zu lesen, die lebendig begraben wurden. Ich halte das Leben schon für qualvoll, wenn ich bei Sainsbury's keinen Parkplatz finde. Aber wie hart muß es im Italien des vierzehnten Jahrhunderts gewesen sein! Zunächst regnete es 1345 sechs Monate lang ununterbrochen, so daß sich weite Teile des Landes in einen Stausee verwandelten. Der Boden konnte nicht bebaut werden, die Wirtschaft brach zusammen, Banken gingen pleite, und Tausende von Menschen starben während der folgenden Hungersnot. Zwei Jahre später erschütterten verheerende Erdbeben das Land – in Rom, Neapel, Pisa, Padua und Venedig – und brachten erneut Tod und Chaos. Und dann, als die Leute dachten, daß es schlimmer nun wirklich nicht mehr kommen könne, da ging in Genua ein unbekannter Seemann an Land, und mit ihm kam die Pest, um sich innerhalb kürzester Zeit über ganz Europa zu verbreiten.

Und damit nicht genug. Die Pest suchte Italien immer wieder heim – von 1360 bis 1361, von 1368 bis 1369, 1371, 1375, 1390 und 1405. Das Komische ist, daß in Europa gerade in dieser Zeit viele Kirchen gebaut wurden. Ich weiß nicht, wie Sie das sehen, aber wenn ich in einer Zeit leben würde, in der Gott jedem dritten meiner Mitbürger eiternde Beulen schickt, dann würde ich nicht glauben, daß Er auf meiner Seite steht.

Am nächsten Morgen fuhr ich weiter nach Genf. Der Zug raste durch eine Reihe von reizlosen Industriestädten, durch Sierra, Sion, Martigny – Städte, die aus nichts anderem als aus kleinen Fabriken und unansehnlichen Industriegeländen zu bestehen schienen. Ich hatte ganz vergessen, wie häßlich weite Teile der Schweiz sind. Und überall standen Strommasten. Auch die hatte ich vergessen. Im Drähte-Spannen sind die Schweizer große Klasse. Ganze Berghänge haben sie mit Hochspannungsleitungen überzogen. Entlang jeder Bahnstrecke schwingen sich die Kabel von einem Mast zum nächsten. Und in den Städten hängen sie wie Wäscheleinen über den Straßen, damit die Straßenbahnen übers Pflaster holpern können. Scheinbar haben sie hier noch nichts davon gehört, daß man das Land auch auf dezentere Weise mit Strom versorgen kann.

Bei Villeneuve erreichten wir den Genfer See und jagten während der folgenden Stunde mit einer solchen Geschwindigkeit an seinem Nordufer entlang, daß ich überzeugt war, daß der Lokführer tot auf dem Gaspedal zusammengesackt war. Wir sausten am Schloß Chillon vorbei – ssschsch! –, ein verschwommen malerischer Fleck, schossen durch die Bahnhöfe von Montreux und Vevey, daß die Leute auf den Bahnsteigen durch die Luft gewirbelt wurden, und kamen endlich quietschend in Lausanne zum Stehen, wahrscheinlich um den toten Lokführer auszuwechseln. Jedenfalls legten wir den Rest der Strecke nach Genf mit deutlich gemäßigterem Tempo zurück.

Im Gang vor meinem Abteil standen zwei junge Australier, die sich während der Fahrt von Lausanne nach Genf über die großen Schlägereien unterhielten, bei denen sie im Laufe ihres Lebens dabei sein durften. Ich konnte die beiden nicht sehen, aber ich verstand jedes ihrer Worte. Was ich zu hören bekam, war folgendes: »Kannste dich erinnern, wie Muscles Malloy den Savage Drillingen mit'nem Tischlerhammer die Fresse poliert hat?«

»Na klar, Mann. Die Gehirnfetzen sind bis in mein Bier gespritzt!«

»Ja, das war erste Sahne! Weißte noch, wie Muscles diesem Jason Brewster mal 'nen Billardstock in die Nase gerammt hat, daß er ihm oben aus dem Kopf wieder rauskam?«

»Dieser Muscles war 'n echtes Tier.«

»Der war viel schlimmer als ’n Tier. Haste ihn mal ’ne lebende Katze essen sehen?«

So ging es weiter bis Genf. Diese Typen waren gefährliche Psychopathen und gehörten in eine Anstalt. Während der ganzen Fahrt war ich darauf gefaßt, daß mich einer von ihnen entdecken würde und aus lauter Langeweile auf dumme Gedanken käme: »Wolln wir nicht das Arschloch da drüben an den Füßen aus dem Fenster hängen und versuchen, mit seinem Kopf die Schwellen zu treffen?« Endlich wagte ich es, einen verstohlenen Blick um die Ecke zu werfen. Da standen sie und waren gerade 1,30 Meter groß. Die Burschen hätten nicht einmal einem blinden Liliputaner etwas anhaben können. In Genf folgte ich ihnen aus dem Zug und durch die Bahnhofshalle, während sie angeregt über Leute plauderten, deren Köpfe in Waffeleisen gesteckt oder deren Zungen am Teppich festgenagelt worden waren.

Ich sah ihnen eine Weile nach, schlug dann eine andere Richtung ein und folgte meinem in dieser Hinsicht unfehlbaren Instinkt in das schäbigste, unfreundlichste Hotel seiner Klasse in Genf, ein Etablissement mit dem passenden Namen Terminus.

Da mich dort nichts hielt, begab ich mich geradewegs zur Union Bank of Switzerland in der Rue du Rhône, um meine Ersatzansprüche für die Visa Reiseschecks geltend zu machen. Ich hatte angenommen, daß die Angelegenheit reibungslos und zügig vonstatten gehen würde. Eines hatte ich jedoch nicht bedacht: In der Schweiz lautet die oberste Devise »Traue niemandem«. Es dauerte fast den ganzen Nachmittag.

Zunächst mußte ich mich in einem kleinen Raum im Untergeschoß in eine lange Schlange einreihen. Vor mir standen lauter verschleierte Frauen und Männer in Nachthemden, und alle wollten sie komplizierte Überweisungen von einer arabischen Sanddüne zur anderen tätigen. Dokumente mußten erstellt werden, riesige Stapel bunter Geldscheine wurden gezählt, und hin und wieder schlachtete man eine Ziege und betete zu Allah. Eine Stunde verging, bis ich endlich den Schalter erreicht hatte. Dahinter saß eine Blondine, die ihren Job offensichtlich ebensosehr haßte wie jedes Lebewesen auf diesem Planeten. Sie forderte mich auf, mich auszuweisen und ihr die Geheimnummer zu nennen, die man mir telefonisch nach Florenz durchgegeben hatte. Mit gesenkter Stimme und unter ängstlichen Seitenblikken nannte ich ihr die Nummer und wurde sodann angewiesen, Platz zu nehmen.

»Oh, danke«, sagte ich mit meinem liebenswürdigsten Iowa-Lächeln, »aber so viel Bargeld paßt nicht in meinen Koffer. Können Sie mir nicht einfach Schecks ausstellen?«

»Sie müssen sich jetzt hinsetzen und warten. Der Nächste.«

Eine dreiviertel Stunde später wurde ich wieder an den Schalter zitiert. Nun händigte man mir ein Antragsformular aus und ließ mich abermals Platz nehmen, um es auszufüllen. Es war ein äußerst umfangreicher und ärgerlicher Fragebogen. Man wollte nicht nur in allen Einzelheiten von mir wissen, wie ich so leichtsinnig hatte sein können, die mir von Visa anvertrauten Reiseschecks zu verlieren, sondern fragte nach der Nummer des Polizeiberichts, nach der Adresse der Polizeistation, bei der ich Anzeige erstattet hatte, und stellte darüberhinaus jede Menge absolut irrelevanter Fragen. So mußte ich meine Größe, mein Gewicht und meine Hautfarbe angeben. »Was zum Teufel hat meine Hautfarbe mit den Reiseschecks zu tun?« schimpfte ich, woraufhin die sympathische Oberschwester neben mir erschreckt von mir abrückte. Obendrein sollte ich auf dem Formular zwei Bürgen und eine persönliche Referenz benennen.

Ich konnte es nicht fassen. Was war das für eine verrückte Logik? Warum sollte ich Referenzen angeben, um etwas wiederzubekommen, das mir gehörte? »Bei American Express haben sie das nicht von mir verlangt«, erklärte ich der Dame, die wie eine Krankenschwester aussah, und wieder brachte sie sich fünf Zentimeter weiter in Sicherheit. Ich beantwortete jede Frage mit einer Lüge. Ich schrieb, ich sei 1,30 Meter groß, 400 Pfund schwer und stamme aus Abessinien, wo ich meinen Lebensunterhalt mit dem Einfangen von Wildpferden verdiene. Bei Hautfarbe setzte ich »ocker« ein. Meine Referenzen in Geldfragen waren Michael Milken und Ivan Boesky. Als persönliche Referenz gab ich natürlich mich selbst an. Wen sonst? Ich schäumte über vor Entrüstung, als ich mich wieder ans Ende der Warteschlange stellte, die inzwischen um eine Delegation von Diamantenhändlern aus Ruanda und zwei Typen mit Kamelen angewachsen war.

»Warum muß ich all diese dämlichen Fragen beantworten?« fragte ich, als ich mein Formular abgab. »Einen solchen Quatsch hab ich noch nie erlebt. Das ist doch wirklich … Quatsch.« Wenn ich mich ärgere, bin ich immer so wortgewandt. Die Frau machte mich darauf aufmerksam, daß sie das nicht zu verantworten habe; sie folge nur ihren Anweisungen. »Das hat Himmler auch gesagt!« schrie ich und hob fast vom Boden ab. Dann begriff ich, daß es keinen Sinn hatte. Ich mußte die Sache mit schweizerischer Gelassenheit zu Ende bringen, sonst würde sie mich nur wieder auffordern, Platz zu nehmen, und mich bis zum Sankt-Nimmerleins-Tag warten lassen. Zähneknirschend nahm ich die Reiseschecks entgegen.

Aber von nun an gibt es für mich nur noch Reiseschecks von American Express, das kann ich Ihnen sagen. Und sollte die Gesellschaft es für nötig halten, sich für dieses Bekenntnis mit einem Kofferset oder einem Skiurlaub in den Rockies erkenntlich zu zeigen, dann nehme ich dankend an.

Zwei Tage streifte ich durch Genf, und zwei Tage verspürte ich die unbestimmte Sehnsucht, irgendwo anders zu sein. Ich weiß selbst nicht genau, warum, denn eigentlich ist Genf eine ganz angenehme Stadt – übersichtlich, sehr gepflegt, fußgängerfreundlich, mit einer ehrwürdigen Altstadt, einigen hübschen Parks und dem riesigen blauen See, der sich am Abend, wenn die bunten Lichter der Stadt auf seinem Wasser funkeln, von seiner schönsten Seite zeigt. Doch die Stadt ist teuer, und die Leute sind kühl und zugeknöpft. Eilig und mit hochgezogenen Schultern laufen sie durch die Straßen, als dürfe ihnen niemand in die Quere kommen. Frühling lag in der Luft, doch auf ihren Gesichtern war es Februar. Anders als in Amsterdam und Kopenhagen belebten hier auffallend wenig junge Leute die Kneipen und Bistros. Der Stadt fehlte der Schwung, die gute Laune. Sie hatte keine Seele. Dafür hatte sie saubere Straßen.

Vermutlich sollte man die Schweizer für ihren Fleiß bewundern. Das Land ist klein und gebirgig, besitzt praktisch keine Naturschätze und hat es dennoch geschafft, die reichste Nation der Erde zu werden. (Das Bruttosozialprodukt der Schweiz liegt pro Kopf um fast fünfundzwanzig Prozent höher als das Japans und mehr als doppelt so hoch als das Großbritanniens.) Das Land hat mehr Banken als Zahnärzte. Nichts ist in der Schweiz so wichtig wie das Geld, und diese stille Leidenschaft hat ihre Bewohner zu cleveren Opportunisten gemacht. Die Schweiz ist von Land umschlossen, 500 Kilometer vom Hauch eines Meeres entfernt und ist dennoch der größte Hersteller von Schiffsmaschinen der Welt. Ihre Tugenden sind vielfältig: sie sind sauber, ordentlich, gesetzestreu und fleißig – so fleißig, daß sie in den siebziger Jahren im Rahmen eines landesweiten Referendums gegen die Kürzung ihrer Wochenarbeitszeit gestimmt haben.

Und da haben wir schon das ganze Problem. Die Schweizer sind fürchterlich langweilig und hoffnungslos konservativ. Ein Freund von mir, der 1968 in Genf lebte, in einer Zeit, als überall in Europa die Studenten auf die Barrikaden gingen, erzählte mir einmal, daß auch die Genfer Studenten eines Tages den Aufstand proben wollten, daß sie ihre Demonstration jedoch wieder absagten, als sie von der Polizei nicht genehmigt wurde. Mein Freund schwört, daß es tatsächlich so und nicht anders war. Unbestritten ist jedenfalls, daß die Frauen in der Schweiz erst 1971 das allgemeine Wahlrecht erhielten, ein halbes Jahrhundert später als sonst irgendwo. Im Kanton Appenzell-Innerrhoden waren Frauen noch bis 1990 von den Kantonalwahlen ausgeschlossen. Die Schweizer haben einen unangenehmen Hang zu Selbstgefälligkeit und rücksichtslosem Eigennutz. Sie holen sich Hunderttausende von Gastarbeitern ins Land (einer von fünf Einwohnern ist Ausländer), verweigern ihnen aber die Staatsbürgerschaft, um sie in schlechten Zeiten wieder nach Hause schicken zu können. So mußten 1973 während der Ölkrise 300 000 Menschen das Land verlassen. Sie mußten ihre Wohnungen aufgeben, ihre Kinder von den Schulen nehmen und solange auf den gewohnten Komfort verzichten, bis wieder bessere Zeiten anbrachen. Auf diese Weise stehen den

Schweizern in Zeiten der Hochkonjunktur billige Arbeitskräfte zur Verfügung, ohne daß sie während einer Wirtschaftskrise die lästigen sozialen Verpflichtungen wie Arbeitslosenunterstützung und Gesundheitsfürsorge zu tragen haben. Dies sind die Methoden, mit denen sie die Inflation niedrig halten und sich ihren üppigen Lebensstandard sichern. Ich kann das verstehen, aber bewundern muß ich es wohl nicht.

Am zweiten Tag machte ich einen langen Spaziergang am See. Ich schlenderte am grünen, menschenleeren Ufer entlang, vorbei am halb verfallenen Gebäude des Völkerbundes, wo ein paar Jungs vergeblich versuchten, die Fensterscheiben mit Steinen einzuwerfen, wanderte durch den friedlichen Botanischen Garten und stand schließlich vor den Toren des riesigen Palais des Nations (laut Prospekt ist es größer als Versailles), in dem heute die Vereinten Nationen untergebracht sind. Ich überlegte, ob ich an einer der kostspieligen Führungen teilnehmen sollte, konnte mich aber nicht dazu entschließen.

Statt dessen besuchte ich das Musée International de la Croix-Rouge, das Museum des Internationalen Roten Kreuzes, das sich, wie ich auf meinem Stadtplan sah, ganz in der Nähe befand, und das mir weitaus interessanter zu sein schien. Und es war wirklich eine nette Überraschung, falls diese Bezeichnung nicht etwas unangebracht ist für ein Museum, das sich dem menschlichen Leiden in all seiner erstaunlichen Vielfalt verschrieben hat. Ich will nur sagen, die Ausstellung war wohldurchdacht, und man verstand sich bestens auf die multimediale Präsentation – so nennt man das ja wohl. Das Anliegen der Organisation wurde im allgemeinen recht eindrucksvoll vermittelt, wenn man bedenkt, daß alles in vier Sprachen erklärt werden mußte, ohne dabei in der Darstellung der Katastrophen und der menschlichen Greueltaten allzu anschaulich zu werden, denn das würde die Jüngeren unter den Besuchern schließlich nur verstören.

Natürlich sind der Organisation aufgrund gewisser politischer Gegebenheiten die Hände gebunden. So war in der Ausstellung eine nachgebaute Zelle von der Größe eines Kleiderschrankes zu sehen, in der Mitarbeiter des Roten Kreuzes siebzehn Gefangene vorgefunden hatten, die unter unbeschreiblichen Bedingungen dort untergebracht waren, und zwar aus keinem anderen Grund, als daß ihre politischen Ansichten nicht mit denen der Herrschenden übereinstimmten. Doch nirgends war ein Hinweis zu entdecken, in welchem Land man auf diese Zelle gestoßen war. Anfangs hielt ich diese ständige Diskretion noch für feige, aber nach einigem Nachdenken kam ich zu dem Schluß, daß sie wohl unbedingt erforderlich sein muß. Das entsprechende Land beim Namen zu nennen, hätte die Arbeit des Roten Kreuzes vor Ort nur gefährdet. Das Erschreckende daran war die große Anzahl der Länder, die dafür in Frage kamen.

Während der restlichen Stunden des Tages bummelte ich ziellos durch die Stadt. Ich stöberte in Kaufhäusern herum, befingerte die Waren (das macht schweizerische Verkäuferinnen wahnsinnig), aß im einzigen bezahlbaren Restaurant der Stadt zu Abend (bei McDonald's), besichtigte die Kathedrale, erkundete die Altstadt und sah mir die Schaufenster von Antiquitätenläden an, die mit so kitschigen Dingen vollgestopft waren, wie wir sie uns auf Barry Manilows Hazienda in Malibu vorstellen – lebensgroße Porzellantiger, orientalische Vasen, in die ein zehnjähriges Kind hineinpassen würde, protzige Louis-quatorze-Sekretäre und Anrichten mit vergoldeten Ecken und Kanten.

Nachdem ich am Abend den Feigenbrei aus Locarno aus meinem letzten sauberen Hemd gewaschen hatte, begab ich mich in eine Kneipe um die Ecke, wo ich Ewigkeiten auf mein Bier warten mußte und die folgende Stunde damit verbrachte, abwechselnd die gewaltige Rechnung und das winzige Bier anzustarren, unfähig, beides miteinander in Verbindung zu bringen. Ich wechselte in eine andere Spelunke über und kehrte, nachdem ich dort exakt dieselben Erfahrungen gemacht hatte, müde in mein Hotelzimmer zurück.

Ich ging ins Bad, um nachzusehen, ob mein Hemd schon trocken war. Mit dem starren Blick eines Menschen, der an Enttäuschungen gewöhnt ist, nahm ich zur Kenntnis, daß die violetten Feigenflecken wieder hervortraten. Ich warf das Hemd in den Papierkorb, ging ins

Schlafzimmer zurück, schaltete den Fernseher ein und sank aufs Bett – alles in einer fließenden Bewegung. Es lief ein Film von 1954 mit John Wayne in der Hauptrolle. Er tötete eine Reihe von Japanern und sprach mit der Stimme eines anderen Französisch.

Während ich so dalag und mir diesen Film ansah, in dem ich außer »Bonjour«, »Merci bien« und »Aaaargh!« (das sagten die Japaner, als John ihnen mit seinem Bajonett die Bäuche aufschlitzte) kein Wort verstand, dachte ich, wie langweilig das doch war, und gleichzeitig – und das ist das Interessante daran – langweilte ich mich wahrscheinlich nicht mehr als jeder andere in der Schweiz.

Am nächsten Vormittag fuhr ich nach Bern. Bern liegt zwei Zugstunden östlich von Genf und war eine willkommene Abwechslung – eine würdevolle, schöne Stadt voller Cafés und junger Leute. In der Touristen-Information im Bahnhof besorgte ich mir einen Stadtplan, mit dessen Hilfe ich das Hotel Kreuz im Stadtzentrum fand. Dort quartierte ich mich ein und brach gleich wieder auf. Ich konnte es kaum erwarten, die Stadt kennenzulernen, und freute mich über diese Ungeduld, denn seit Genf plagte mich die Sorge, mir könnte allmählich die Lust am Reisen vergehen, und ich würde von nun an meine Zeit nur noch durch Museen und über kopfsteingepflasterte Straßen schlurfend verbringen. Aber, nein, ich war wieder frisch und munter, als hätte man mir eine doppelte Dosis Vitamine verabreicht.

Bern wurde auf einem Felsvorsprung über einer breiten Schleife des Flußes Aare erbaut. Der Blick von den Brücken und Aussichtspunkten ist einfach herrlich, vor allem auf die orangefarbenen Ziegeldächer der Altstadt und ihre Kirchtürme und Türmchen, die wie mutierte Kuckucksuhren aussehen. In den meisten Straßen ragen die oberen Stockwerke der Häuser über die Gehsteige und werden von dicken Pfeilern abgestützt, so daß man fortwährend unter Arkaden wandelt. Die Geschäfte entlang dieser Gassen waren viel interessanter und noch exklusiver als die in Genf. Hier gab es Antiquariate, Kunstgalerien und Antiquitätenläden, die sich auf alles Erdenkliche, von aufziehbarem Spielzeug bis zu Uhren, Ferngläsern und etruskischen Keramiken, spezialisiert hatten.

In kultureller Hinsicht liegt Bern genau auf der Grenze zwischen der französisch- und der deutschsprachigen Schweiz, was eine etwas exotische Mischung hervorgebracht hat. So begrüßt einen der Kellner im Restaurant mit »Bitte«, bedankt sich aber mit »Merci«. Die Architektur ist eindeutig deutschen Ursprungs. Die strengen (aber nicht bedrückenden) Sandsteinhäuser erwecken den Eindruck, als wären sie gebaut, um tausend Erdbeben standzuhalten. Bern wirkt wie ein geschäftiges Marktstädtchen in der Provinz. Man würde nie auf die Idee kommen, daß man sich in der Hauptstadt eines Landes befindet. Das liegt zum Teil an der eigenartigen politischen Struktur der Schweiz. Die Kantone sind mit so viel Macht ausgestattet, daß man in diesem Land sogar einen Ministerpräsidenten für entbehrlich hält. Das Amt hat lediglich symbolische und repräsentative Funktionen und wird jährlich neu besetzt. Würden sie nicht jemanden brauchen, der am Flughafen die ausländischen Staatsoberhäupter in Empfang nimmt, hätten die Schweizer wohl überhaupt keinen Präsidenten. Das Bundeshaus, der Sitz des Parlaments, sieht aus wie ein kleinstädtisches Rathaus, und nirgends in der Stadt – nicht einmal in den Cafés in unmittelbarer Nähe des Bundeshauses – ist die Gegenwart von Bürokraten und Politikern spürbar.

Anderthalb Tage wanderte ich durch die Straßen der Altstadt und durch die moderneren und dennoch schönen Wohnviertel an der anderen Seite der Aare. Bern eignete sich bestens für ziellose Streifzüge. Es gab keine Schnellstraßen, keine Industrieanlagen, keine sterilen Grünflächen, nur endlose Boulevards, gesäumt von hübschen Häusern und kleinen Parks.

Mit den touristischen Attraktionen Berns hatte ich Pech. Einmal überquerte ich die hohe gewölbte Nydeggbrücke, um mir die berühmten Bärengehege anzusehen (der Name der Stadt ist vom deutschen Wort Bär abgeleitet, daher haben die Berner bis heute eine Vorliebe für diese Tiere), aber die Gehege waren leer, und kein Schild erklärte, warum. Die Einheimischen, die mit ihren Kindern hierher gekommen waren, waren offensichtlich ebenso verblüfft wie ich.

Dann versuchte ich es mit dem Albert Einstein Museum in Einsteins ehemaliger Wohnung in der Kramgasse. Ich lief die Bogengänge der Straße wohl sechsmal rauf und runter, bis ich den unscheinbaren Eingang des Hauses endlich zwischen einem Restaurant und einer Boutique entdeckte. Die Tür war verschlossen und verstaubt, als hätte sie seit Wochen, vielleicht seit Jahren niemand mehr geöffnet. Ich klingelte, aber nichts rührte sich. Es kam mir komisch vor, daß ich in ganz Bern nirgends auf einen Hinweis gestoßen war, daß Einstein jemals in dieser Stadt gelebt hat: kein Denkmal, keine Straße, die seinen Namen trug, nicht einmal sein freundliches Gesicht auf einer Postkarte. An der Wand verkündete lediglich eine Tafel, daß Einstein im Jahre 1905, während er als kleiner Angestellter beim schweizerischen Patentamt arbeitete und über dieser Tür wohnte, vier Abhandlungen verfaßt hat, die die Welt der Physik grundlegend verändert haben: die Theorie der Brownschen Bewegung, die Relativitätstheorie, die Hypothese der Lichtquanten und den Beweis für die Äquivalenz von Masse und Energie. Natürlich habe ich keine Ahnung, was sich hinter diesen großen Worten verbirgt (ich verstehe nicht einmal, warum nicht ständig Strom aus einer Steckdose fließt), aber ich hätte gern gesehen, wo er gelebt hat.

Am Abend nahm ich ein herzhaftes Mahl zu mir – viel mehr kann der Besucher in der Schweiz nicht erwarten – und machte anschließend einen langen Spaziergang durch dunkle Gassen und über leere Plätze. Als ich dann über die Marktgasse in die Innenstadt zurückkehrte, schlossen gerade sämtliche Lokale. Kellner holten Tische und Stühle herein, und nach und nach gingen alle Lichter aus. Es war zwanzig nach neun. Nun können Sie sich in etwa vorstellen, welch ein berauschendes Nachtleben die Stadt Bern zu bieten hat.

Niedergeschlagen irrte ich durch die Straßen und stand zu meiner großen Erleichterung zehn Minuten später vor einer Kneipe, die noch geöffnet hatte. Sie war überfüllt und verraucht, aber gemütlich. Ich hatte es mir gerade mit einem großen Glas goldgelbem Edelweiß und den letzten Kapiteln von *Der Schwarze Tod* bequem gemacht, als ich hinter mir eine vertraute Stimme sagen hörte: »Kannste dich erinnern, wie Blane Brockhouse sich im West Gollagong Working Men's Club vor Schiß in die Hose gemacht hat, als ...?«

Ich drehte mich um und erblickte meine beiden Freunde aus dem Zug nach Genf. »Hallo, Jungs, wie geht's euch?« entwich es mir, bevor ich es verhindern konnte.

Sie sahen mich an, als hätten sie es mit einem potentiellen Verrückten zu tun. »Kennen wir uns?« fragte einer von ihnen.

Ich wußte nicht, was ich darauf antworten sollte. Die beiden hatten mich nie zuvor gesehen. »Ihr seid Australier, äh?« Dumme Frage.

»Ja. Und?«

»Ich bin Amerikaner.« Ich schwieg einen Moment. »Aber ich lebe in England.«

Es folgte eine lange Pause. »Wie schön für Sie«, bemerkte einer der Australier sarkastisch, wandte sich dann wieder seinem Freund zu und sagte: »Weißte noch, wie Dung-Breath O'Leary dieser Kellnerin mit seiner Machete die Unterarme abgehackt hat, bloß weil da 'ne Fliege auf seinem Bier schwamm?«

Ich kam mir vor wie der letzte Idiot, und das trifft den Nagel wohl auch ziemlich auf den Kopf. In Anbetracht ihrer zwergenhaften Größe und ihrer kleinen, verbogenen Gehirne war das Gefühl der Demütigung nur um so stärker. Mit hochroten Ohren widmete ich mich wieder meinem Bier und meinem Buch und nahm Anteil an dem Elend der armen Bürger von Bristol, in deren Stadt 1349 die Pest wütete, daß »die Lebenden kaum mehr die Toten begraben konnten« und daß auf den Straßen hüfthoch das Gras wuchs.

Schließlich, nach zwei weiteren Gläsern Bier und 120 000 qualvollen Toden im Westen Englands, hatte sich meine Verlegenheit gelegt, und ich fühlte mich besser. Die Zeit heilt eben alle Wunden, wie es so schön heißt. Trotzdem – sollten Sie eines Morgens ungewöhnliche Beulen an sich entdecken, gehen Sie lieber gleich zum Arzt!

Liechtenstein

Kaum hat man den deutschsprachigen Teil der Schweiz erreicht, klingen die Namen der Städte, als würde jemand mit vollem Mund sprechen: Thun, Leuk, Bülach, Plaffeien, Flims, Gstaad, Pfäffikon, Linthal, Thusis, Fluelen, Thalwil.

Auf meiner Fahrkarte war Thalwil als Zielort angegeben, was mich ein wenig irritierte, denn auf meiner geschätzten Kümmerly und Frey »Alpenländer Straßenkarte« war nirgends ein Ort dieses Namens zu finden. Dort wo Thalwil hätte sein sollen, befand sich ein Ort namens Horgen. Ich konnte mir nicht vorstellen, daß die gewissenhaften Zeichner von Kümmerly und Frey in ihrem eigenen Land einen so gravierenden Fehler gemacht haben sollten. Ebenso unvorstellbar war es jedoch, daß die konservativen Bürger in dieser Ecke der Schweiz im Laufe der vergangenen achtzehn Jahre eine ihrer Städte umbenannt haben könnten. Ich beschloß, mich überraschen zu lassen, und widmete meine Aufmerksamkeit der Landkarte. Ich breitete sie in ihrer ganzen zerknitterten Pracht auf meinen Knien aus, zum unverhohlenen Ärger der alten Dame neben mir, die sich kerzengerade aufrichtete und Laute der Empörung von sich gab, sobald ein Zipfel Papier in ihre Richtung wippte.

Landkarten üben eine seltsame Faszination auf mich aus. Ich könnte sie stundenlang betrachten, um die Namen von Städten und Dörfern zu studieren, von denen ich nie gehört habe und die ich niemals sehen werde, um dem Lauf unbekannter Flüsse zu folgen, um unter den Zeichenerklärungen nachzulesen, was eine Fahne in einem kleinen Kreis bedeutet (eine Burg oder ein Schloß), oder worin der Unterschied zwischen einem Flugzeug mit und ohne Kreis besteht (das eine ist ein Flughafen, das andere ein Flugplatz), und dabei leise »Hmmmms« von mir zu geben und ernst mit dem Kopf zu nikken, ohne zu wissen, warum.

Erst jetzt fiel mir auf, daß ich über eine südlichere und landschaftlich bestimmt wesentlich reizvollere Strecke von Brig nach Genf hätte fahren können, nämlich über Aosta, den Mont Blanc und Chamonix. Da war ich soweit gekommen und ließ mir die Gelegenheit entgehen, Aosta und den Mont Blanc zu sehen? Ich verzichtete freiwillig darauf, mitten durch die Alpen zu fahren? Was bin ich für ein Dummkopf! »Hmmmm«, sagte ich, nickte ernst mit dem Kopf und faltete die Karte zusammen.

Wir folgten einem seichten Fluß durch eine Landschaft aus kleinen Gehöften und steilen, bewaldeten Berghängen und hielten immer wieder in abgelegenen Dörfern, um eine Handvoll Passagiere mit leeren Einkaufskörben aufzunehmen. War der Zug voll, würden wir ein geschäftiges Marktstädtchen, mit Namen wie Langnau oder Zug erreichen, wo alle Fahrgäste auf den Bahnsteig strömen und mich allein zurücklassen würden. Und dann würde sich der Zug allmählich von neuem füllen. Das war nicht die schlechteste Art, den Tag zu verbringen.

Ich stieg in Sargans aus, kurz vor Liechtenstein. Der Zug fuhr zwar durch Liechtenstein, allerdings ohne dort zu halten, was ganz der nationalen Vorliebe fürs Lächerliche entspricht. Wer nach Vaduz, in die winzige Hauptstadt Liechtensteins, fahren will, muß in Sargans oder Buchs von der Bahn in einen gelben Postbus umsteigen.

Ein solcher Bus wartete bereits am Bahnhof. Ich löste einen Fahrschein, nahm als einziger nicht mit Einkaufstüten beladener Fahrgast mitten im Bus Platz und mußte mich ordentlich recken, um etwas von dem kleinen Land sehen zu können. Zwischen Sargans und Vaduz liegen nur gut zehn Kilometer, und dennoch dauerte die Fahrt ungefähr eine Stunde, denn der Bus fuhr kreuz und quer durchs Land, bog in jede Seitenstraße und näherte sich Vaduz in einem großen Bogen über kleine Landstraßen, als wollte er sich heimlich in die Stadt schleichen. Bis ich das Ortsschild von Vaduz erblickte, wußte ich nicht.einmal, ob wir schon in Liechtenstein oder noch in der Schweiz waren.

Alles an Liechtenstein ist lächerlich. Erst einmal ist es lächerlich klein. Sogar die Schweiz, bekanntlich selbst ein lächerlich kleines Land, ist 250-mal größer. In Liechtenstein gibt es zwei politische Parteien, die im Volksmund als die Roten und die Schwarzen bekannt sind. Ihre ideologischen Unterschiede sind so minimal, daß sie sich ein und denselben Leitspruch auf die Fahnen geschrieben haben: »Vertraue auf Gott, den Fürsten und das Vaterland«. Der letzte militärische Einsatz Liechtensteins fand im Jahre 1866 statt. Damals schickte das Land achtzig Mann aus, um gegen die Italiener zu kämpfen. Niemand wurde getötet. Tatsächlich kehrten einundachtzig Mann aus diesem letzten Gefecht zurück, denn unterwegs hatte man Freundschaft geschlossen. Zwei Jahre später erkannte der Kronprinz, daß seine Soldaten niemanden würden schlagen können, und löste die Armee auf.

Und hier noch ein paar Absurditäten: Liechtenstein ist der weltweit größte Produzent von Wurstdärmen und falschen Zähnen. Es ist ein berüchtigtes Steuerparadies, das einzige Land der Welt mit mehr eingetragenen Firmen als Einwohnern (wenn auch die meisten dieser Firmen nur auf dem Papier bestehen). Als letztes Land Europas hat Liechtenstein 1984 das Frauenwahlrecht eingeführt. Das einzige Gefängnis des Landes ist so klein, daß das Essen für seine wenigen Insassen von einem benachbarten Restaurant geliefert wird. Will jemand die Staatsangehörigkeit annehmen, wird im Dorf des Antragstellers ein Referendum abgehalten; hat der Antrag diese Hürde genommen, müssen der Premierminister und sein Kabinett über die Angelegenheit abstimmen. Aber soweit kommt es nie. Hunderte von Familien, die seit Generationen in Liechtenstein leben, gelten bis heute als Ausländer.

Vaduz ist kein besonders hübscher Ort, liegt aber malerisch am Fuß des 2042 Meter hohen Berges Alpspitz. Auf einem Felsvorsprung über der Stadt thront das düstere Schloß, das dem Schloß der bösen Hexe in *Der Zauberer von Oz* beängstigend ähnlich sieht. Jedesmal, wenn ich zu ihm aufsah, erwartete ich, diese geflügelten Affen ein-

und ausfliegen zu sehen. Obwohl Vaduz jahrhundertelang als Provinznest vor sich hin vegetiert hat, ist der Stadt ihr hohes Alter nirgends anzusehen. Sie sieht aus, als wäre sie vor zwanzig Jahren in aller Eile aus dem Boden gestampft worden – nicht unbedingt häßlich, aber doch sehr mittelmäßig.

Es war Samstag, und auf der Hauptstraße stauten sich Nobelkarossen aus der Schweiz und aus Deutschland. Scheinbar kommen an Wochenenden die Reichen, um nach ihrem Geld zu sehen. Im Ortskern gab es nur vier Hotels. Davon waren zwei voll, und eins war geschlossen, doch ich hatte Glück und bekam ein Zimmer im vierten, im Hotel Engel. Es war freundlich, aber unverschämt teuer im Verhältnis zu seinem bescheidenen Komfort – ein klumpiges Bett, eine Leselampe mit einer Zwanzigwattbirne, kein Fernseher, sondern ein so altes Radio, daß es mich nicht gewundert hätte, daraus Edward R. Murrow über die Schlacht von Monte Cassino berichten zu hören. Statt dessen brachte der einzige Sender, den ich damit empfangen konnte, eine Polka nach der anderen. Zwischendurch meldete sich ein Deutsch sprechender Diskjockey zu Wort, der offenbar ein paar Schlaftabletten zuviel geschluckt hatte (vielleicht hatte er auch zuviel Polka gehört), denn ... er ... sprach ... wirklich ... sehr, ... sehr ... langsam.

Das Zimmer hatte nur einen Vorteil, und das war sein Balkon mit Blick auf die größte Kirche und den zentralen Platz der Stadt mit den Bergen im Hintergrund. Wenn ich mich mutig über die Brüstung und über die Straße in der Tiefe lehnte und mir fast den Hals verrenkte, konnte ich das Schloß hoch über mir sehen. Noch heute residiert darin der Kronprinz, einer der reichsten Männer Europas und Besitzer der zweitschönsten privaten Gemäldesammlung der Welt (nur die Sammlung der englischen Königin ist schöner). Er nennt den einzigen Leonardo sein eigen, der sich überhaupt in Privatbesitz befindet sowie die größte Sammlung von Werken Rubens', doch das nützt dem kunstinteressierten Besucher wenig, denn das gesamte Schloß ist für die Öffentlichkeit nicht zugänglich. Es existieren Pläne, eine kleine Nationalgalerie einzurichten, um darin einige der Gemälde zu zeigen. Seit fast zwanzig Jahren wird die Angelegenheit im Parlament debattiert, doch bisher hat man es nicht übers Herz gebracht, sich von dem dafür nötigen Kleingeld zu trennen, und offenbar würde es niemand wagen, sich an die Fürstenfamilie zu wenden und sie zu bitten, ein paar Scheine aus ihrer Schatztruhe (schätzungsweise 2,1 Milliarden Mark) locker zu machen, damit die Sache ins Rollen kommt.

Ich zog los, um mir die Stadt anzusehen und um herauszufinden, wie die Chancen für ein Abendessen standen. Die Läden im winzigen Geschäftsviertel waren so uninteressant und kleinstädtisch – ein Zeitungshändler, eine Drogerie, ein Laden für Geschenkartikel, mit jener Sorte von Geschenken, die man alljährlich von seinen Schwiegereltern zu Weihnachten bekommt –, daß ein Schaufensterbummel nicht in Frage kam. Restaurants waren dünn gesät und entweder sehr teuer oder entmutigend leer. Vaduz ist ausgesprochen klein. In welche Richtung man auch läuft, nach einer Viertelstunde steht man mitten auf dem platten Land. Und es kam mir in den Sinn, daß es eigentlich keinen Grund für eine Reise nach Liechtenstein gibt, es sei denn, man möchte unbedingt von sich behaupten, einmal da gewesen zu sein. Wäre das Land ein Teil der Schweiz (was es ja eigentlich in jeder Hinsicht ist, wenn man von seinem Namen und den Briefmarken einmal absieht), würde niemand auf die Idee kommen, dorthin zu fahren.

Ich schlenderte durch ein Wohnviertel, in dem hinter jedem Wohnzimmerfenster ein Fernseher flimmerte, und fand mich unversehens auf einer weder asphaltierten noch beleuchteten Straße, die durch brachliegende Felder führte, wieder. Der Blick zurück auf Vaduz war unerwartet schön. So plötzlich, wie es in den Bergen üblich ist, war die Dunkelheit hereingebrochen, und am Himmel hing die bleiche Sichel des Mondes. In gelbem Scheinwerferlicht gebadet, erhob sich das Schloß über der Stadt und wirkte gebieterisch und uneinnehmbar.

Als die Straße an einer Gabelung endete, trat ich den Rückweg an und saß wenig später im Restaurant des Hotels Vaduzerhof. Zwei Stunden zuvor hatte man mir dort versichert, das Hotel sei geschlossen. Zu meiner Überraschung stellte ich nun fest, daß zumindest das

Hotelrestaurant nicht nur geöffnet war, sondern von Gästen geradezu bestürmt wurde. Auch schien es mir, als würden einige der Gäste Schlüssel von den Haken im Korridor nehmen und die Treppe hinauf zu ihren Zimmern gehen. Vielleicht hat der Dame an der Rezeption nur meine Nase nicht gepaßt, vielleicht hatte sie aber auch ganz richtig vermutet, ich könnte ein Autor von Reisebeschreibungen sein und der Welt verraten, daß das Essen im Hotel Vaduzerhof, Städtlestraße 3 in Vaduz, Liechtenstein, NICHT ZU EMPFEHLEN IST. Wer weiß?

Zum Frühstück am nächsten Morgen begab ich mich in den Speisesaal des Hotels Engel. Wie in diesem Teil der Welt üblich, servierte man mir Brot, Butter, Aufschnitt und Käse. Zwar hätte ich ein deftigeres Frühstück bevorzugt, da diese Mahlzeit jedoch in der stolzen Hotelrechnung enthalten war, fühlte ich mich verpflichtet, zumindest ein paar Butternäpfe zu leeren und den Käse aufzuessen. Der Kellner schenkte mir Kaffee ein und erkundigte sich, ob ich Orangensaft wünsche.

»Ja, gern«, sagte ich.

Es war der absonderlichste Orangensaft, den ich je gesehen habe – eine pfirsichfarbene Flüssigkeit, in der rote Fasern wie Nervenstränge hingen. Sie hatten eine beunruhigende Ähnlichkeit mit den widerlichen roten Fäden, die man manchmal im Eigelb findet. Das Zeug schmeckte auch nicht wie Orangensaft, so daß ich nur zweimal daran nippte und das Glas dann beiseite schob, um mich statt dessen auf meinen Kaffee und die zähe Scheibe Schinken zu konzentrieren, die es zu zerschneiden galt.

Zwanzig Minuten später stand ich an der Rezeption und nahm die Rechnung entgegen. Während sich die sympathische Dame dort mit meiner Kreditkarte zu schaffen machte, warf ich einen prüfenden Blick auf das Papier und stellte verwundert fest, daß man mir vier Franken für einen Orangensaft berechnete. Vier Franken sind eine Menge Geld.

»Entschuldigen Sie, aber Sie berechnen mir hier vier Franken für einen Orangensaft.«

»Haben Sie keinen Orangensaft bestellt?«

»Doch, aber der Kellner hat mir nicht gesagt, daß ich dafür bezahlen muß. Ich dachte, der Saft gehört zum Frühstück.«

»Oh, nein, unser Orangensaft ist etwas ganz Besonderes. Er ist frisch gepreßt und –«, sie benutzte ein deutsches Wort, das vermutlich so viel bedeutete wie »voller ekliger roter Fasern«, und fuhr fort – »deshalb kostet er vier Franken.«

»Das ist ja schön und gut, aber das hätte man mir sagen müssen.«

»Aber, mein Herr, Sie haben den Saft bestellt, und Sie haben ihn getrunken.«

»Ich habe ihn nicht getrunken. Er hat wie Entenurin geschmeckt. Außerdem dachte ich, er wäre umsonst.«

Wir befanden uns in einer ausweglosen Situation. Normalerweise mache ich wegen einer solchen Lappalie keine Szene – ich komme nachts wieder und werfe einen Stein ins Fenster –, aber diesmal war ich entschlossen, mich durchzusetzen, und weigerte mich, den Beleg zu unterschreiben, solange die vier Franken nicht von der Rechnung verschwunden waren – und wenn sie mich deshalb verhaften sollten. Ich gestehe, für einen Moment sah ich mich schon hinter Gittern, und jemand reichte mir mein Abendessen in die Zelle, und als ich das Leinentuch vom Tablett hob, befand sich darunter nichts als ein Glas pfirsichfarbener Orangensaft und eine zähe Scheibe Schinken.

Schließlich gab sie nach und blieb dabei so liebenswürdig, wie ich es vermutlich nicht verdient hatte. Doch das gezwungen nachsichtige Lächeln, das sie mir bei der Rückgabe der Kreditkarte schenkte, ließ keinen Zweifel, daß für mich im Hotel Engel in Vaduz nie mehr ein Zimmer frei sein würde. Und da man mir auch im Vaduzerhof keine Unterkunft gewähren wollte, war klar, daß dies meine erste und letzte Nacht in Liechtenstein gewesen war.

Sonntags fuhren keine Busse, so daß mir nichts anderes übrigblieb, als mich zu Fuß auf den Weg zum zehn Kilometer entfernten Buchs zu machen. Aber das störte mich nicht, denn es war ein makelloser

Frühlingsmorgen. Im ganzen Tal läuteten die Kirchenglocken, als wäre gerade ein Krieg zu Ende. Ich folgte der Straße ins Nachbardorf Schaan, wo ich in einen Feldweg einbog und hoffte, er würde mich an den Rhein führen. Und so war es auch. Er führte mich direkt auf einen Kiesweg, der nur darauf wartete, mir auf dem letzten Kilometer den Weg am Ufer entlang zu einer Brücke zu weisen, die Liechtenstein mit der Schweiz verbindet. Zum ersten Mal würde ich eine Grenze zu Fuß überqueren. Mitten auf der Brücke hatte man eine Tafel angebracht, die den Verlauf der Grenze markierte. Nirgends war ein Grenzposten zu sehen. Weit und breit keine Menschenseele. Also trat ich einmal über die Grenzlinie und sprang wieder zurück. Und weil es so schön war, hüpfte ich wohl drei- oder viermal von einem Land ins andere.

Buchs auf der anderen Seite des Flußes war nicht nur verschlafen, es lag im Koma. Da mir bis zur Ankunft meines Zuges zwei Stunden blieben, machte ich einen ausgiebigen Stadtrundgang. Er dauerte vier Minuten, mit Pausen.

Ich ging zum Bahnhof, löste eine Fahrkarte nach Innsbruck und suchte das Bahnhofscafé auf. Es war geschlossen, aber ein Zeitungskiosk hatte geöffnet. Ich nutzte die Gelegenheit und sah mich nach etwas zum Lesen um, denn Zieglers erbarmungslose Auflistung der Pestopfer unter den europäischen Bauern des vierzehnten Jahrhunderts verlor allmählich ihren Reiz. Doch die einzige am Kiosk erhältliche Lektüre in englischer Sprache war die Wochenendausgabe von *USA Today*, eine Zeitung, die mich immer an das Blatt *My Weekly Reader* erinnert, das man uns in der Grundschule zu lesen gab. Ich finde es erstaunlich genug, daß diese Zeitung in den USA gelesen wird, daß jedoch hier, am Bahnhofskiosk im schweizerischen Buchs, jemand danach fragen sollte, schien mir gegen alle Gesetze der Wahrscheinlichkeit zu verstoßen. Ich spielte mit dem Gedanken, kurz einen Blick auf die Baseball-Tabelle der Major League zu werfen, entnahm aber dem Blick der Zeitungshändlerin, daß das in der Schweiz als strafbare Handlung gelten könnte und ließ es bleiben.

Statt dessen begab ich mich auf den Bahnsteig. Ich entledigte mich meines Rucksacks, ließ mich auf eine Bank fallen und schloß die Augen. Um die Zeit totzuschlagen, dachte ich mir schweizerische Rätsel aus.

F. Wie bringt man einen Schweizer zum Lachen?
A. Man hält ihm ein Gewehr an den Kopf und sagt: »Lach.«

F. Wie nennt man in der Schweiz einen großen Liebhaber?
A. Einen Immigranten.

F. Woran erkennt man einen schweizerischen Anarchisten?
A. Er benutzt keine Postleitzahl.

F. Wie nennt man in der Schweiz eine Ansammlung von langweiligen Leuten?
A. Zürich.

Endlich kam der Zug. Erleichtert stieg ich ein, froh wieder einem unbekannten Land entgegenzustreben.

Österreich

Der Innsbrucker Bahnhof kam mir geradezu unheimlich vertraut vor. Was ich empfand, war etwas zwischen einem Déjà-vu-Erlebnis und tatsächlicher Erinnerung. Achtzehn Jahre war ich nicht in Innsbruck gewesen, und in dieser Zeit hatte ich vielleicht ein- oder zweimal an die Stadt gedacht. Doch als ich jetzt dort aus dem Zug stieg, schien es mir, als wären seit meinem letzten Besuch höchstens ein, zwei Tage vergangen, als hätte es all die Jahre dazwischen nicht gegeben. Der Bahnhof sah völlig unverändert aus. Auch der Stehimbiß stand noch an Ort und Stelle und verkaufte sein Gulasch mit Klößen, ein Gericht, das ich in drei Tagen viermal gegessen hatte, denn nirgends in der Stadt konnte man für so wenig Geld so satt werden. Die Klöße waren so groß wie Kanonenkugeln und ebenso sättigend. Und ungefähr so schmackhaft.

Ich nahm ein Zimmer in der Goldenen Krone, ein kleines Hotel im Stadtzentrum, und verbrachte den späten Nachmittag mit einem Spaziergang durch die vom weichen Sonnenlicht golden gefärbte Stadt. Innsbruck mit seinen barocken Häusern und den Zwiebeltürmen ist wirklich eine ideale Kleinstadt. Die alten Gebäude wirken liebevoll gepflegt, ohne den Eindruck eines Freilichtmuseums zu erwecken. Und die Lage der Stadt ist so perfekt, wie sie nur sein kann. Am Ende jeder Straße erheben sich muskulöse Berge mit schneebedeckten Gipfeln vor einem tiefblauen Himmel.

Über einen asphaltierten Fußweg schlenderte ich am seichten, glasklaren Wasser des Inn entlang. Ich kam durch einen kleinen Park, den Hofgarten, und streifte ziellos durch die langen schattigen Straßen eines angrenzenden Wohnviertels, vorbei an soliden, dreistöckigen Häusern, die halb hinter den Wipfeln der Bäume versteckt lagen. In vielen der Häuser – für eine so kleine Stadt sicher in zu vielen – hatten Ärzte ihre Praxen eingerichtet, und neben den Türen oder an den Pforten hingen glänzende Kupfertafeln, auf denen zu lesen war DR. G. MUNSTER/ZAHNARZT oder DR. ROBERT SCHLUGEL/PLASTISCHE CHIRURGIE. Hin und wieder rumpelte eine fast leere Straßenbahn vorbei, aber ansonsten war es still.

Ich erinnerte mich an einen Walt Disney Film, den ich als Kind gesehen habe. Ich glaube, er hieß *The Trouble With Angels.* Diesem Film verdanke ich meine ersten bleibenden Eindrücke von Europa. Es war die hoffnungslos rührselige Geschichte einer Gruppe von Lausbuben mit roten Backen und engelsgleichen Stimmen, aus denen im Laufe des Films Sängerknaben im Wiener Knabenchor werden sollten. Da ich selbst hoffnungslos rührselig war, gefiel mir der Film sehr, doch was sich mir so unauslöschlich eingeprägt hat, war die europäische Kulisse – die kopfsteingepflasterten Straßen, die Spielzeugautos, die Tante Emma Läden mit einem bimmelnden Glöckchen über der Tür, die bescheidene Gemütlichkeit, in der jeder der Jungen zu Hause war. All das wirkte so verlockend und angenehm altmodisch verglichen mit der modernen Welt, die ich kannte, und hinterließ in mir den unerschütterlichen Eindruck, Österreich sei irgendwie europäischer als der Rest Europas. Und diesen Eindruck fand ich nun in Innsbruck bestätigt. Zum ersten Mal seit langer Zeit, auf jeden Fall zum ersten Mal während dieser Reise, empfand ich wieder dieses Staunen, mich in dieser Umgebung, in diesen Straßen zu befinden. Jetzt war ich in Europa. Eine überwältigende Erkenntnis.

Ich folgte der Maria-Theresien-Straße zu meinem Hotel. Auf der prächtigen Hauptstraße der Stadt ließ es sich trotz des Durchgangsverkehrs angenehm bummeln, jedenfalls solange ich über die Unmengen von Schaufenstern hinwegsah, die nichts als Dirndln, Lederhosen, Bierkrüge mit Zinndeckeln, Tirolerhüte, langstielige Pfeifen und handgeschnitzten Krimskrams zu bieten hatten. Ich glaube kaum, daß es irgendwo auf der Welt auf so engem Raum soviel idiotische Souvenirs zu kaufen gibt wie in Tirol. Bei ihrem Anblick wird der Besucher schmerzlich daran erinnert, daß er sich in einem Land befindet, in dem die Leute diese Dinge mögen.

Das ist die Schattenseite Österreichs. Dieselbe Kraft, die die Menschen dazu bringt, ihre alten Städte zu erhalten, treibt sie dazu, auch in ihren Herzen die Vergangenheit zu bewahren. Kein Volk klammert sich so sehr an den Ruhm vergangener Tage wie die Österreicher, und da eine der düstersten Episoden der Geschichte zu diesen Ruhmestagen zählt, ist das nicht gerade ihr sympathischster Wesenszug.

Sie sind berüchtigte Rassisten. Als Katz und ich durch Österreich getrampt sind, haben wir uns mit zwei etwa gleichaltrigen Deutschen angefreundet. Sie hießen Thomas und Gerhard und waren per Anhalter unterwegs von Berlin nach Indien, auf der Suche nach geistiger Erleuchtung und guten Drogen. Wir haben gemeinsam irgendwo an der Paßstraße zwischen Salzburg und Klagenfurt gecampt und sind am Abend ins nächste Dorf gewandert, wo ein perfektes Gasthaus auf uns wartete. Es war mit dunklem Holz vertäfelt, hatte einen Kamin, vor dem ein Hund döste, und war gefüllt mit rotgesichtigen, Maßkrüge schwingenden Bauern. Wir aßen Würste mit Senf, tranken literweise Bier und waren bester Stimmung.

Ich kann mich erinnern, wie ich an diesem Abend bierselig dachte, welch ein herrliches Fleckchen Erde dies sei und was für gute, gastfreundliche Menschen doch die Österreicher sind, denn sie lächelten unentwegt zu uns herüber und hoben gelegentlich ihre Bierkrüge, um uns zuzuprosten. Und während ich das dachte, beugten sich die Deutschen über den Tisch und flüsterten uns zu, daß wir uns in Gefahr befänden. Scheinbar machten sich die Österreicher nur über uns lustig. Sie wußten nicht, daß zwei von uns jedes ihrer Worte verstanden, und redeten munter drauf los – alle wie sie da waren: die Männer, die Frauen, der Wirt, die Wirtin, das ganze verdammte Dorf. Alle wollten sie uns an die frische Luft befördern und uns, wie Gerhard übersetzte, »einen anständigen Haarschnitt verpassen und auf ihre Heugabeln spießen«.

Wieder erfüllte Gelächter den Raum. Gerhard lächelte schwach.

»Zey say zat perhaps zey should also make us to eat of zer horse dung.«

»Oh, klasse«, sagte Katz. »Als hätte ich auf dieser Reise noch nicht genug Scheiße gefressen.«

In meinem Kopf drehte sich alles. Die freundlich lächelnden Gesichter waren zu dämonischen Grimassen geworden. Mir gegenüber hob ein Mann sein Glas und zwinkerte mir zu, als wollte er sagen: »Ich hoffe, du magst Pferdescheiße, mein Junge.«

Ich wandte mich an Gerhard. »Sollen wir die Polizei rufen?«

»Ich glaube, der Mann da drüben *ist* die Polizei.«

»Oh, klasse«, sagte Katz wieder.

»Ich glaube, wir sollten unauffällig zur Tür gehen und dann so schnell wie möglich abhauen«, schlug Gerhard vor.

Wir standen auf, ließen unsere halbvollen Gläser stehen, bewegten uns so lässig, wie wir eben konnten, in Richtung Ausgang, nickten im Vorbeigehen unseren potentiellen Angreifern zu und rannten los. Wir hörten, wie hinter uns brüllendes Gelächter das Dach von den Mauern des Gasthauses hob, aber niemand folgte uns. Bis heute weiß ich nicht, wie es ist, matschigen Pferdemist zwischen den Zähnen zu spüren, und dafür danke ich Gott.

Wenig später lagen wir auf einer feuchten Wiese unter Tausenden von Sternen in unseren Schlafsäcken, umgeben von zerklüfteten Bergen, die sich kaum merklich von einem fast ebenso schwarzen Himmel abhoben. Es roch nach frisch gemähtem Gras, und ich sagte in die Stille ringsum, daß ich noch nie einen so schönen Ort wie diesen gesehen hätte.

»Das ist das Problem in Österreich«, erwiderte Thomas unerwartet lebhaft; bisher hatte ich ihn kaum reden hören. »Es ist so ein schönes Land, aber es ist voller verdammter Österreicher.«

Am nächsten Tag fuhr ich nach Salzburg. Es fiel mir schwer, mich mit der Stadt anzufreunden, was mich überraschte, denn ich hatte Salzburg zwar vage, aber sehr angenehm in Erinnerung. Es wimmelte von Touristen und, was noch schlimmer war, von Geschäften, in denen nur ein Tourist findet, was er sucht: Tiroler Kitsch, Alpenkitsch und Kitsch und vor allem Mozart-Kitsch – Mozart-Schokolade, Mozart-Marzipan, Mozart-Büsten, Mozart-Spielkarten, Mozart-Aschenbecher, Mozart-Schnaps. Und überall wurde gebaut. Überall wurden die Straßen aufgerissen, und über der Stadt hing eine Glocke aus Staub und Lärm.

Die kleine Altstadt, die sich zwischen die Salzach und die senkrechten Felswände des Mönchsberges zwängt, ist zweifellos hübsch und malerisch, aber so übertrieben niedlich, daß sich einem der Magen umdreht. In der Getreidegasse, in der Mozarts Geburtshaus steht, hing über jeder Ladentür eine hölzerne Brezel. Selbst McDonald's machte da keine Ausnahme (in seine Brezel war ein goldenes, bogenförmiges M eingearbeitet), als wollte man uns vorgaukeln, daß man dort schon im Mittelalter Hamburger zubereitet hat. Ich hätte schreien können.

Ich bin wirklich für McDonald's Restaurants in europäischen Städten, aber wir sollten nicht vergessen, daß wir von einer Gesellschaft, die sich offiziell von dem Antlitz eines schwachsinnigen Clowns namens Ronald McDonald repräsentieren läßt, nicht das erforderliche Fingerspitzengefühl in Fragen der Unternehmenspräsentation erwarten können.

Die Leute von McDonald's brauchen ein wenig Hilfestellung. Man muß ihnen sagen, daß Europa nicht Disneyland ist. Man muß ihnen geeignete Räumlichkeiten in einer Seitenstraße zuweisen und ihnen vorschreiben, wie sie ihr Restaurant zu gestalten haben. Ein McDonald's in Europa hat auszusehen wie ein normales europäisches Bistro, vielleicht mit kleinen roten Gardinen und einem dekorativen Aquarium. Jedenfalls sollte, abgesehen von einem dezenten, bogenförmigen M auf jedem Fenster und den enorm übergewichtigen Leuten, die ständig ein- und ausgehen, von außen nichts darauf hinweisen, daß man hier ein McDonald's vor sich hat. Außerdem sollte man dafür sorgen, daß dort nicht weiterhin so verschwenderisch mit Styropor-Verpackungen und Papier umgegangen wird. Erst wenn all diese Bedingungen erfüllt sind, hätte man McDonald's die Genehmigung erteilen dürfen, auch in Europa den Betrieb aufzunehmen, und nicht einen Tag früher.

Für eine Stadt, die sich ihrer Schönheit rühmt, war Salzburgs größter Platz, der Mozartplatz, erstaunlich häßlich – eine weite Asphaltebene, ungefähr so idyllisch wie ein Parkplatz, mit einer von oben bis unten beschmierten Statue des berühmten Mannes und ein paar demolierten Bänken, jede einzelne umlagert von lärmenden Gruppen dreizehnjähriger Italiener, die offenbar an ihren pubertätsbedingten Hormonstörungen ernstlich Schaden genommen hatten. Es war grauenvoll.

Ich konnte mir beim besten Willen nicht erklären, warum ich Salzburg in so guter Erinnerung hatte. In einer Kneipe ganz in der Nähe des Mozartplatzes hatten Katz und ich Gerhard und Thomas kennengelernt. Ich muß wohl so erleichtert gewesen sein, Leute getroffen zu haben, die mir halfen, die Gesellschaft von Katz zu ertragen, daß ich die Stadt damals mit anderen Augen sah. Nun schien die Altstadt nur aus elenden Souvenirläden und aus Restaurants und Kneipen zu bestehen, die weder Charme noch Lokalkolorit besaßen.

Als ich dann die Salzach überquerte, fand ich am anderen Ufer wesentlich mehr Gefallen an der Stadt. Große Häuser mit Blick auf den Fluß säumten die lange, ruhige Straße, und der Blick auf die Altstadt am gegenüberliegenden linken Ufer war einfach herrlich: die alten Dächer, die drei Türme des Doms und die gewaltige Hohensalzburg auf einem Berg im Hintergrund. Die Einkaufsstraßen in diesem modernen Teil der Stadt waren für meinen Geschmack wesentlich interessanter und nicht so gekünstelt wie die Gassen der Altstadt. In einer Konditorei an der Linzer Gasse trank ich einen Kaffee. Jeder eintretende Gast wurde dort mit einem herzlichen »Grüß Gott« empfangen, auch ich, und das gefiel mir sehr. Später aß ich vorzüglich zu Abend, trank ein paar Bier und machte einen langen Abendspaziergang am Fluß entlang. Und ich kam zu dem Schluß, daß Salzburg gar keine so üble Stadt ist. Allerdings war es nicht das Salzburg, das die meisten Besucher sehen wollen.

Wien liegt ungefähr 300 Kilometer östlich von Salzburg, doch die Fahrt dorthin nahm den ganzen Vormittag und den halben Nachmittag in Anspruch. Es heißt immer, in Europa sei das Bahnfahren das reinste Vergnügen, denn die Züge glitten schnell und ruhig durch die Lande. Das halte ich für ein Märchen. In Wirklichkeit sind Europas Züge oft entnervend langsam. Außerdem hält man hier noch immer an dem längst überholten System fest, fast jeden Wagen in Abteile zu unterteilen. Anfangs habe ich das als angenehm empfunden, aber schon bald kommt es einem vor, als würde man sieben Stunden in einem Wartezimmer sitzen und vergeblich auf den Arzt warten. In diesen Abteilen wird dem Reisenden eine intime Nähe zu Fremden aufgezwungen, die ich grundsätzlich als peinlich und anstrengend empfinde. Sobald man irgendetwas tut, ob man ein Buch aus der Tasche holt, ein Gähnen unterdrückt oder in seinem Rucksack wühlt, sofort sind alle Augen auf einen gerichtet. Für so etwas wie eine Privatsphäre ist hier kein Platz. Und natürlich drängen sich mit Vorliebe bei solchen Gelegenheiten die kleinen Unpäßlichkeiten des eigenen Körpers in den Vordergrund, denen gerade jetzt nicht abzuhelfen ist – der zurückgehaltene Furz, die kneifenden Boxershorts, der Kellogg's Cornflake, der sich unerklärlicherweise tief im linken Nasenloch verkrochen hat. Mir machte der Cornflake zu schaffen. Es juckte wie verrückt. Am liebsten hätte ich mir den Finger soweit in die Nase gesteckt, daß ich meine Schädeldecke von innen hätte kratzen können. Das war unter diesen Umständen natürlich so unmöglich, als hätte ich keine Arme.

Sogar seine Gedanken muß man im Zaum halten. Ohne zu wissen, warum (vielleicht weil ich mich selbst gerade mit körperlichen Dingen auseinanderzusetzen hatte), fiel mir plötzlich ein Redakteur ein, mit dem ich in der Wirtschaftsabteilung der *Times* zusammengearbeitet hatte. Ich werde ihn hier Edward nennen, denn das war sein Name. Edward hatte nicht alle Tassen im Schrank, was in jenen unbeschwerten prä-Murdoch Tagen kein Hinderungsgrund war, um für die *Times* zu arbeiten. Man konnte es sogar recht weit damit bringen. An eine seiner zahlreichen sonderbaren Angewohnheiten kann ich mich besonders gut erinnern: Abends, nach Börsenschluß in New York, wenn für uns nicht mehr viel zu tun war, bog Edward ein halbes Dutzend Büroklammern gerade und stocherte damit in seinen

Ohren herum. Es sah gräßlich aus, aber Edward verdrehte genüßlich die Augen und gluckste vor Vergnügen. Er schien sich völlig unbeobachtet zu fühlen, dabei sah ihm jeder von uns fasziniert zu. Eines Abends, als er besonders hingebungsvoll stocherte und die Büroklammer mehr und mehr in seinem Kopf verschwand, rief John Price, der Chefredakteur: »Kommst du klar, Edward, oder sollen wir von der anderen Seite ziehen?«

Bei diesem Gedanken mußte ich laut lachen. Mitten in der endlosen Weite Österreichs brach ich in schallendes Gelächter aus, was mich ebenso entsetzte wie meine drei Reisegefährten. Verlegen und hilflos hielt ich mir die Hand vor den Mund, so daß ich vor Lachen fast erstickte. Ich starrte aus dem Fenster und versuchte angestrengt, mich auf die Landschaft zu konzentrieren, und nach zwanzig Minuten hatte ich mich soweit in der Gewalt, daß ich mich wieder dem Cornflake in meiner Nase zuwenden konnte.

In der Touristen-Information in Wiens riesigem Westbahnhof ließ ich mir ein Zimmer vermitteln und machte mich sogleich auf den Weg über die lange, häßliche Mariahilfer Straße in Richtung Stadtzentrum. Auf einer Länge von zweieinhalb Kilometern, vom Bahnhof bis zur Ringstraße, reihte sich ein schäbiger Discountladen an den nächsten, und die entsprechende Kundschaft bevölkerte die Straße. Aber kaum hatte ich die Ringstraße erreicht, änderte sich das Bild. Es war, als würde die Sonne durch die Wolken brechen. Alles erstrahlte in goldenem Glanz.

Mein Hotel, das Wandl, zeichnete sich durch nicht mehr und nicht weniger als seine vernünftigen Preise und eine ruhige und dennoch zentrale Lage, fast genau in der geographischen Mitte der Stadt, aus. Es lag direkt hinter der barocken Schottenkirche und nur einen Katzensprung vom Graben entfernt, eine der beiden autofreien Einkaufsstraßen im Herzen Wiens. Die zweite ist die Kärntnerstraße, die am Domplatz im rechten Winkel auf den Graben trifft. Zusammen bilden beide die schönste Fußgängerzone Europas. Vielleicht ist die Strøget ein klein wenig länger, vielleicht sind andere eine Spur eleganter, aber keine ist sowohl das eine als auch das andere. Innerhalb von Minuten wußte ich, daß ich Wien mögen würde.

Zuerst ging ich zum Dom. Von außen wirkt das gotische Bauwerk ungemein imposant, aber innen kam es mir seltsam leblos vor. Ein kalter Schauer lief mir über den Rücken. Auch schien das Innere der Kirche ziemlich verwahrlost zu sein. Das Messing war stumpf, die Bänke waren abgewetzt, der Marmor wirkte schwer und tot, als wäre jegliche natürliche Leuchtkraft aus ihm gewichen. Aufatmend trat ich wieder ins Freie.

In einer Konditorei in der Nähe trank ich einen Kaffee, aß ein 15000 Kalorien schweres Stück Kuchen und plante meinen Aufenthalt in der Stadt. Meinem Reiseführer entnahm ich den Rat: »In Wien sollte man sich ein Museum nach dem anderen ansehen.« Besten Dank, dachte ich. All die Jahre bin ich immer gleichzeitig in zwei Museen gegangen und konnte mir nicht erklären, warum es mir so dreckig ging.

Ich beschloß, mit dem Kunsthistorischen Museum zu beginnen. Es war phantastisch – geräumig, würdevoll und voller großartiger Gemälde. Obendrein haben sie sich dort ein lobenswertes System einfallen lassen. In jedem Raum steht ein Ständer mit Karten, auf denen man die Geschichte der in dem jeweiligen Raum ausgestellten Gemälde wahlweise in vier Sprachen nachlesen kann. Mit einer Karte in der Hand wandert man von Bild zu Bild, liest die Anmerkungen, stellt die Karte in den Ständer zurück, um sich in den nächsten Raum zu begeben, wo wieder eine Karte bereitliegt. Eine gute Idee, wie ich finde.

Das einzige Problem im Kunsthistorischen Museum ist seine gewaltige Größe. Noch bevor ich ein Drittel der Ausstellung gesehen hatte, war meine Aufnahmefähigkeit erschöpft. Im allgemeinen fühle ich mich in Situationen wie diesen, und besonders wenn ich ein Vermögen an Eintrittsgeld bezahlt habe, verpflichtet, noch einige Stunden zu bleiben, damit sich die Ausgabe einigermaßen rentiert hat, und vertreibe mir die Zeit, indem ich mir Untertitel für die gezeigten Bilder ausdenke. Dann sagt Salome, als man ihr das Haupt Johannes' des Täufers auf einem Tablett serviert: »Moment mal, ich habe doch einen doppelten Cheeseburger bestellt.« Oder ein genervter St. Sebastian jammert: »Ich warne euch, Jungs. Wenn ihr noch einen Pfeil abschießt, hole ich die Polizei.« Doch diesmal tat ich etwas, das mich selbst überraschte. Ich verließ das Museum und beschloß, an einem der nächsten Tage wiederzukommen, egal was mich das kosten würde.

Abwechslungshalber besuchte ich das Tabakmuseum hinter dem Messepalast. Auch das war nicht gerade billig. Kaum etwas in Wien ist billig. Hier wollte man zwanzig Schilling Eintritt, immerhin fast die Hälfte weniger als im Kunstmuseum, allerdings war das Tabakmuseum auch nicht halb so gut. In zwei ziemlich kleinen Räumen hatte man ein paar Dutzend Schaukästen aufgestellt, die mit alten Pfeifen, Zigarren, Streichhölzern, Zigaretten und Zigarettenschachteln vollgestopft waren. Im größeren der beiden Räume hingen an jeder Wand Gemälde von geringem künstlerischen Wert. Sie hatten nichts miteinander gemein, außer daß auf jedem Bild mindestens eine der abgebildeten Personen rauchte. Nicht zu empfehlen.

Ebensowenig zu empfehlen ist leider die Albertina, die übrigens noch teurer war – fünfundvierzig Schilling. Bei einem solchen Eintritt erwarte ich, wenigstens eines der Ausstellungsstücke mit nach Hause nehmen zu dürfen. Aber ich zahlte, ohne mit der Wimper zu zucken, denn ich hatte gelesen, daß die Albertina eine der großartigsten Sammlungen grafischer Kunst besitzt, eine Kunstform, für die ich mich zufällig besonders interessiere. Zu sehen war davon jedoch kaum etwas. In dem riesigen Gebäude beschränkte sich die Ausstellungsfläche auf ganze acht kleine Räume, bestückt mit unbedeutenden Werken überwiegend unbekannter Künstler.

Am Postkartenstand vor dem Gebäude gab es haufenweise Zeichnungen von Rubens und Dürer aus der Sammlung der Albertina. Drinnen hatte ich keines dieser Werke gesehen. Als ich eine Dürer-Postkarte zur Hand nahm und die Frau, die den Stand betrieb, fragte, wo sich denn das Original befände, wiederholte sie nur beharrlich und mit dieser für die Wiener so typischen Gereiztheit »Ja, ja, das ist eine *postcard*« und verweigerte jeden Versuch, meine Frage zu verstehen, so daß mir nichts anderes übrig blieb, als sie zu Boden zu schlagen und meiner Wege zu gehen.

Mit Ausnahme dieser Dame fand ich die Wiener allerdings nicht sonderlich grob oder unhöflich, was mich fast ein wenig enttäuschte, denn mehr als einmal hatte ich gehört, sie seien das unsympathischste Völkchen Europas. In seinem Buch *The Double Eagle,* eine treffende Beschreibung der Städte Wien, Budapest und Prag, schreibt Stephen Brook, daß ihm viele ausländische Einwohner Wiens berichtet hätten, sie seien auf offener Straße von Fremden zurechtgewiesen worden, weil sie bei Rot eine Kreuzung überquert hatten oder mit ihren Kinder spazierengegangen waren, ohne ihnen vorher die Mäntel zugeknöpft zu haben.

Über das berühmte Café Landtmann neben dem Burgtheater an der Ringstraße wußte Brook zu berichten, daß man dort »von Kellnern und Garderobieren wie der letzte Dreck behandelt wird«, was meinen Erfahrungen schon etwas näher kam. Sie legten tatsächlich diese aufgetragene Arroganz an den Tag, die einem bei europäischen Kellnern häufig begegnet. Alles in allem waren die Wiener Cafés denn auch die größte Enttäuschung für mich. Ich habe einen Lebensabschnitt erreicht, in dem ich nichts lieber tue, als den halben Tag vor einer Tasse Kaffee zu sitzen und Zeitung zu lesen. Daher schien diese Stadt mit ihren zahllosen Kaffeehäusern wie für mich gemacht. Doch ich hatte mir mehr davon versprochen. Ich hatte eine Art verrauchten Charme erwartet und jede Menge exzentrische Charaktere, aber im Grunde waren es ganz einfach Restaurants. Der Kaffee war nicht schlecht, wenn auch nicht überwältigend, und die Bedienung war im allgemeinen langsam und stets unfreundlich. Sie geben einem Zeitungen zu lesen – das ist der einzige Unterschied.

Sogar das Café Central, in dem sich Trotzki Tag für Tag die Zeit mit Nichtstun vertrieben hat, erwies sich als eine Enttäuschung. Es hatte eine gewisse Atmosphäre – gewölbte Decken, Marmortische, einen Pianisten –, aber der Kaffee kostete vierunddreißig Schilling pro Tasse, und der Service war höchstens mittelmäßig. Doch die Geschichte, die sich um das alte Kaffeehaus rankt, gefällt mir: Zwei Wiener sitzen im Central und reden über Politik. Der eine, gerade zurück aus Moskau, prophezeit, daß in Rußland eine Revolution bevorsteht. »Ach, ja?« sagt der andere skeptisch und macht eine kurze Kopfbewegung in die Richtung des ewigen Müßigängers Trotzki. »Und wer soll die führen – er?«

In ganz Wien fand ich nur ein freundliches Café, das Hawalka. Es lag in der Nähe meines Hotels und war muffig, unordentlich und so dunkel, daß man sich den Weg zu seinem Tisch ertasten mußte. Über den ganzen Raum verteilt lagen Zeitungen herum. Ein alter Kellner, der eher wie ein Anstreicher gekleidet war, brachte mir eine Tasse Kaffee, ohne daß ich darum gebeten hatte. Als er merkte, daß ich Amerikaner bin, begann er, ein paar Exemplare der *USA Today* zusammenzusuchen, und legte sie mir auf den Tisch.

»Oh, nein, danke«, sagte ich. »Werfen Sie die ins Feuer, und bringen Sie mir eine Zeitung.« Aber er hörte wohl nicht besonders gut, denn nun trippelte er durch den Raum, sammelte weiter und kehrte mit einem ganzen Stapel an meinen Tisch zurück. »Nein, nein«, protestierte ich, »damit legt man Schubladen aus.« Doch er brachte mehr und mehr, bis sich die Zeitungen einen halben Meter hoch auf meinem Tisch türmten. Schließlich faltete er ein Exemplar auseinander und breitete es vor mir aus. Also trank ich meinen Kaffee und las eine halbe Stunde lang Artikel über Vanna White, Sylvester Stallone und andere große Denker unseres Jahrhunderts.

Wien ist zweifellos die prachtvollste Stadt, die ich je gesehen habe. Auf der gesamten Länge der Ringstraße künden monumentale Bauten von der Vergangenheit einer Kaiserstadt: das Parlament, der Justizpalast, das Naturhistorische Museum, das Kunsthistorische Museum, das Opernhaus, das Burgtheater und vor allem die Hofburg mit ihren 2600 Räumen – majestätische Berge aus Granit und Sandstein, an deren Dächern und Giebeldreiecken kriegerische Statuen aufgereiht stehen. Sollten jemals Marsmenschen die Erde besuchen, werden sie sicher in Wien landen, in dem Glauben, dies sei die Hauptstadt des Planeten.

Daß die Donau in Wien nur eine Nebenrolle spielt, daran muß man sich erst gewöhnen. Sie liegt soweit vom Stadtzentrum entfernt, daß sie auf den meisten Stadtplänen für Touristen nicht einmal verzeichnet ist. An einem Nachmittag habe ich vergeblich versucht, sie zu Fuß zu erreichen. Ich bin bis zum Prater gekommen, dem berühmten Park, der an der gegenüberliegenden Seite an die Donau grenzt. Der Prater ist so riesengroß, daß es mir nach einer halben Stunde sinnlos erschien, mir die Füße wund zu laufen, nur um mit eigenen Augen zu sehen, was ich schon hundert Mal gelesen hatte: daß die Donau nämlich alles andere als blau ist. Statt dessen trottete ich über die große, gerade Hauptallee der Länge nach durch den Park. Ich kam vorbei an Sportplätzen, an Schaukeln, an einem Stadion, an Cafés und Restaurants und erreichte endlich den Vergnügungspark mit seinem Riesenrad, das durch den Film *Der Dritte Mann* mit Orson Welles und Joseph Cotton berühmt geworden ist.

Eine Tafel informierte auf Deutsch über die Geschichte des Riesenrades. Demnach wurde es 1896–97 von einem Engländer namens Walter Basset gebaut, wie ich, stellvertretend für meine Freunde und Nachbarn, mit einem Anflug von Stolz feststellte. Eine Fahrt kostete fünfundzwanzig Schilling. An jenem Tag stand es still. Ansonsten herrschte jedoch reger Betrieb im Vergnügungspark, was ich mir nicht recht zu erklären vermochte, denn er wirkte ziemlich heruntergekommen.

An einem Spätnachmittag ging ich zum Sigmund Freud Museum, das sich in seiner alten Wohnung in der Berggasse, etwa anderthalb Kilometer nördlich der Innenstadt, befindet. Die Berggasse ist heute eine unscheinbare und ziemlich trostlose Straße. Die Freuds scheinen dagegen recht gut gelebt zu haben. Ihre Wohnung hatte sechzehn Zimmer, von denen ganze vier der Öffentlichkeit zugänglich sind. Sie enthalten fast kein Mobiliar, lediglich ein paar persönliche Dinge aus Freuds Besitz: einen Hut, einen Spazierstock, seine Arzttasche und dergleichen mehr. Doch das hindert die Betreiber des Museums nicht, dem Besucher dreißig Schilling Eintritt abzuknöpfen.

An den Wänden der vier fast leeren Räume hingen 400 Fotos und Fotokopien von Briefen und anderen Dokumenten, die irgendwie mit dem Leben Freuds in Verbindung standen, wenn diese Verbindung auch manchmal an den Haaren herbeigezogen war – ein Foto von Michelangelos Moses, das Freud auf einer Italienreise bewundert hatte, und ein Foto von Sarah Bernhardt, das hier nicht etwa gezeigt wurde, weil Freud sie behandelt oder mit ihr geschlafen hatte oder ihr auch nur begegnet war, sondern lediglich, weil er sie einmal auf der Bühne gesehen hatte. All das, was Freud im Laufe der fünf Jahrzehnte, die er in dieser Wohnung zu Hause war, zusammengetragen hat – seine Bibliothek, seine 2500 Plastiken, seine Möbel, seine berühmte Couch –, befindet sich fast ausnahmslos in einem weitaus anspruchsvolleren Museum in Hampstead, da er bekanntlich zwei Jahre vor seinem Tod von den Nazis aus Wien vertrieben wurde.

Ich frage mich, warum er überhaupt so lange in Wien geblieben ist. Weit vor der Jahrhundertwende zählte Freud bereits zu den namhaftesten Persönlichkeiten in der Welt der Medizin, wegen seiner jüdischen Abstammung bot man ihm jedoch erst 1902, als er fast fünfzig Jahre alt war, einen Lehrstuhl an der Wiener Universität an.

Vor dem Krieg lebten ungefähr 200000 Juden in Wien. Inzwischen hat sich ihre Zahl fast auf null reduziert. Wie Jane Kramer in ihrem Buch *Europeans* schreibt, sind die meisten Österreicher nie einem österreichischen Juden begegnet, und dennoch ist Österreich bis heute das antisemitischste Land Europas. Laut Kramer haben Umfragen wiederholt ergeben, daß etwa siebzig Prozent der Österreicher Juden nicht mögen, daß etwas mehr als zwanzig Prozent ihnen gegenüber einen regelrechten Abscheu verspüren und daß nicht ganz ein Zehntel der Bevölkerung Juden als so widerwärtig empfinden, daß sie sich »in der Gegenwart eines Juden physisch abgestoßen fühlen«. Ich konnte das kaum glauben, bis ich im *Observer* von einer weiteren Umfrage las, die ergeben hatte, daß fast vierzig Prozent der Österreicher der Ansicht waren, die Juden seien zumindest teilweise selbst für das verantwortlich gwesen, was mit ihnen während des Krieges geschehen ist. Laut *Observer* glaubten achtundvierzig Prozent, die übriggebliebenen 8 000 Juden des Landes, die gerade etwas über 0,001 Prozent der österreichischen Bevölkerung ausmachen, hätten nach wie vor zuviel wirtschaftliche Macht und zuviel politischen Einfluß.

Die Deutschen haben wenigstens bewegende Versuche unternommen, sich zu ihrer Schuld zu bekennen – Willy Brandts Kniefall im Warschauer Ghetto und Richard von Weizsäcker, der die Welt am fünfzigsten Jahrestag des Kriegsbeginns für die Sünden seines Landes um Verzeihung bat. Was machen die Österreicher? Sie wählen einen ehemaligen Wehrmachtsoffizier zu ihrem Präsidenten.

Das ging mir durch den Kopf, als ich vom Freud Museum den Rückweg zum Hotel antrat. Ich stand an einer Kreuzung an der Karl-Lueger-Straße, da bog eine schwarze Limousine um die Ecke, begleitet von einem einzelnen Motorrad der Polizei. Und ich schwöre bei Gott, auf dem Rücksitz dieser Limousine saß der berühmte Dr. Kurt Waldheim, jener eben erwähnte einstige Wehrmachtsoffizier und damalige Präsident Österreichs.

Viele Leute fragen sich, worin der Unterschied zwischen dem Kanzler und dem Präsidenten Österreichs besteht. Es ist ganz einfach. Der Kanzler macht Politik und regiert das Land, während der Präsident die Juden zusammentreibt. Das ist natürlich nur ein Witz. Nichts liegt mir ferner, als andeuten zu wollen, dieser Dr. Waldheim könnte irgendetwas mit dem brutalen Vorgehen gegen unschuldige Menschen zu tun gehabt haben – ganz gewiß nicht in diesen Tagen. Dr. Waldheims Erklärung, er habe beim Anblick der 40 000 Juden, die in Saloniki in Viehwaggons verladen wurden, wirklich geglaubt, sie würden zur Erholung ans Meer geschickt, halte ich für absolut glaubwürdig.

Fairerweise sollte ich an dieser Stelle darauf hinweisen, daß Waldheim nachdrücklich betont, er habe zu keinem Zeitpunkt gewußt, daß die Juden von Saloniki nach Auschwitz transportiert worden sind. Und lassen Sie uns fair sein – es handelte sich ja lediglich um *ein Drittel der gesamten Stadtbevölkerung.* Und es ist ja auch nur zu verständlich, daß ein hochrangiger Nazi-Offizier nicht über alles im Bilde sein kann, was in seinem Befehlsbereich vor sich geht.

Sofia

Ich flog nach Sofia. Seit Tagen hatte ich mich auf Bulgarien gefreut. Es war das mit Abstand interessanteste, wenn nicht das angenehmste der Länder, die Katz und ich besucht hatten.

In meiner Erinnerung bestand Sofia aus breiten Boulevards, auf denen kaum ein Auto fuhr, so daß die Leute mitten auf den Straßen gingen, um nur gelegentlich einer schwarzen, mit Parteifunktionären besetzten Zill Limousine Platz zu machen. Noch nie hatte ich mit eigenen Augen eine so zeitlose Stadt gesehen. Es gab keinerlei Hinweise, in welchem Jahrzehnt man sich befand. Es hätte ebensogut 1970 wie 1930 sein können. Die Form der wenigen Autos, die Kleidung der Menschen, die Geschäfte und Häuser – alles war auf seltsame Weise von der Mode unberührt.

In Sofia gab es ein großes, düsteres Kaufhaus, das TSUM. Auf seinen fünf Etagen schien es nicht ein Produkt zu verkaufen, das nach 1938 hergestellt worden war – klobige Bakelit-Radios, dicke schwarze Füllfederhalter, die wie Zigarren aussahen, und dampfbetriebene Waschmaschinen. Einmal gesellte ich mich in der Radio- und Fernsehabteilung zu einer Menschenmenge, die auf einem der Fernsehgeräte ein historisches Drama verfolgte. Es handelte sich um ein Schwarzweißgerät mit einem runden 4-Zoll-Bildschirm – und *das* war dort eine Attraktion.

Ich habe damals fast einen ganzen Tag im TSUM verbracht und still vor mich hin gestaunt, nicht nur weil die Produkte so herrlich altmodisch waren, sondern weil ganze Familien durch das Kaufhaus wandelten, als besichtigten sie ein Museum für Wissenschaft und Technik. Nun hoffte ich, die Stadt möglichst unverändert vorzufinden.

Kurz nach einundzwanzig Uhr landete ich auf dem Flughafen von Sofia. Die Wechselstube war geschlossen, und da man die bulgarische Währung nur innerhalb des Landes tauschen kann, bedeutete das, daß ich ohne Bargeld dastand. Vor dem Haupteingang weckte ich einen schlafenden Taxifahrer und fragte ihn, ob ich eine Fahrt in die Stadt in Dollar bezahlen könne. Das ist eigentlich strafbar, und ich fürchtete schon, er würde mich bei zwei Kerlen in langen Mänteln verpfeifen, doch er war nur allzu bereit, sich ein paar Devisen zu verdienen, und chauffierte mich für zehn Dollar in die fünfzehn Kilometer entfernte Stadt. Das Taxi, ein alter Moskvich, wurde durch eine Reihe von kleinen Explosionen angetrieben, die in Form von blauen Rauchwolken aus dem Auspuff austraten. Es ruckelte drei Meter vorwärts, blieb stehen und schleppte sich mit Hilfe eines Knalls nebst Rauchwolke weitere drei Meter dem Ziel entgegen. Außer uns war fast kein Auto auf den Straßen.

Das Taxi brachte mich zum Sheraton am Lenin Platz, das bei weitem nobelste Hotel, in dem ich während dieser Reise abgestiegen war, und das *einzige* der Stadt, wie man mir versichert hatte. Bis vor einigen Jahren hieß es noch Hotel Balkan, doch dann hatte Sheraton es übernommen und von Grund auf renoviert. Auf den ersten Blick sah ich nichts als glänzenden Marmor und elegante Sofas. Ich war beeindruckt.

Die junge Frau an der Rezeption erklärte mir das ziemlich verwirrende Währungssystem innerhalb des Hotels. In einigen der Restaurants, Bars und Geschäfte des Sheraton konnte man nur mit Devisen bezahlen, in anderen nur mit bulgarischen Lewa und in wieder anderen sowohl mit Devisen als auch mit Lewa. Ich verstand nur die Hälfte.

Ich konnte es kaum erwarten, die Stadt wiederzusehen, und brach gleich zu einem Spaziergang auf. Erfreut stellte ich fest, daß vieles mir bekannt vorkam. An der anderen Seite des Platzes stand das große Lenin-Denkmal. Ihm gegenüber erhob sich das TSUM, so riesig, wie ich es in Erinnerung hatte, und offenbar noch immer in Betrieb. Und gleich um die Ecke lag der Place 9 Septemvri, ein mit goldenen Steinen gepflasterter Boulevard, der von der massigen Zentrale der Kommunistischen Partei beherrscht wurde – jenes Gebäude, das bald darauf von einer wütenden Menge gestürmt und niedergebrannt werden sollte. Ich schlenderte nun daran entlang und tauchte ein in die Dunkelheit der engen Straßen der Innenstadt.

Sofia muß eine der dunkelsten Städte der Welt sein. Nur hin und wieder, wenn die Funken einer Straßenbahn die Straße erhellten, konnte ich die Umrisse der Häuser erkennen. Bis auf die matten Lichtkegel unter den weit auseinanderstehenden Laternen und dem schwachen Schimmer, der aus einigen wenigen Bars und Restaurants sickerte, war alles dunkel. Und dennoch herrschte auf den Straßen reges Treiben. Viele Leute machten sich offenbar gerade auf den Heimweg, denn sie standen auf den Fahrbahnen und versuchten, eines der wenigen vorbeirasenden Taxis anzuhalten.

Nach meinem gemächlichen Rundgang durch die Innenstadt stand ich wieder vor dem TSUM. Die Auslagen in den dunklen Schaufenstern schienen zwar auf einem wesentlich neueren Stand als bei meinem letzten Besuch zu sein, aber immerhin gab es das Kaufhaus noch. Am nächsten Morgen würde ich meinen Streifzug hier beginnen, beschloß ich.

Als ich am nächsten Morgen in den Sonnenschein hinaustrat, war das TSUM noch immer geschlossen. Ich schlenderte über eine lange, schnurgerade Straße, die Vitôsa, an der die meisten der größeren Geschäfte zu liegen schienen. Sie waren ausnahmslos geschlossen, doch vor fast jeder Ladentür hatte sich bereits eine lange Warteschlange gebildet. Ich wußte, daß sich Bulgarien in einer verzweifelten Lage befand – daß die Leute um halb fünf in der Frühe für Milch anstehen mußten, daß die Preise einiger Grundnahrungsmittel in einem Jahr um 800 Prozent gestiegen waren, daß das Land umgerechnet 10,8 Milliarden Dollar Schulden hatte und so wenig Geld besaß, daß die Zentralbank gerade bezahlen konnte, was innerhalb von sieben Minuten importiert wurde –, aber nichts hatte mich darauf vorbereitet, an einer einzigen Straße Hunderte von Menschen für einen Laib Brot oder ein paar Gramm sehniges Fleisch anstehen zu sehen.

Als die Läden öffneten, wurden in den meisten Eingängen korpulente Türsteher postiert, die einen Kunden nach dem anderen einließen. Sämtliche Regale waren leer. Die Waren wurden direkt aus einer Kiste neben der Kasse verkauft. Vermutlich wurde der Laden wieder geschlossen, sobald die Kiste leer war. Ich beobachtete, wie eine Frau mit einem schmächtigen Laib Brot aus einer Bäckerei kam, um sich sofort an die Schlange vor dem Metzger nebenan anzustellen. Und so geht das Tag für Tag. Nichts können sie kaufen, ohne Schlange stehen zu müssen. Was für ein Leben.

1973 sah das noch ganz anders aus. Damals waren die Läden voller Waren, aber niemand schien das Geld zu haben, um sie kaufen zu können. Nun hatte jeder bündelweise Geldscheine in der Hand, aber zu kaufen gab es nichts.

Ich ging in ein Geschäft, vor dessen Tür sich keine geordnete Warteschlange gebildet hatte. Statt dessen herrschte ein unglaubliches Gedrängel, von dem ich mitgerissen wurde, so daß ich den Laden nicht ganz freiwillig betrat. Drinnen umringte eine Menschenmenge die einzige mit Waren gefüllte Vitrine. Die Leute schwenkten Geldscheine in den Händen und rangelten um die Aufmerksamkeit der Verkäufer. Ich zwängte mich durch die Menge, um herauszufinden, was die Ursache für den Tumult war. Es war eine armselige Sammlung von Krimskrams – ein paar Gewürzständer aus Plastik, zwanzig langstielige Bürsten, kleine gläserne Aschenbecher, ein Sortiment von Aluminiumtellern, die man im Westen gratis bekommt, wenn man etwas kauft, das im Ofen aufgewärmt werden muß.

Offensichtlich wollten die Leute nichts Bestimmtes kaufen, sie waren froh, wenn sie überhaupt etwas ergatterten. Jedesmal wenn ich an der Vitôsa vor einem Schaufenster stehenblieb und in das undurchdringliche Dunkel im Inneren des Ladens blinzelte, bildete sich hinter mir ein kleiner Menschenauflauf. Die Leute blickten mir über die Schulter, um zu sehen, was ich in dem Laden entdeckt hatte. Doch es gab nichts zu entdecken. Ich kam an einem Elektrogeschäft vorbei, dessen Warenangebot aus drei russischen Hi-Fi-Anlagen bestand, zwei Stereogeräte und ein Monogerät (wann haben Sie zuletzt eine Mono-Hi-Fi-Anlage gesehen?). An jedem Apparat fehlten diverse Knöpfe, und keiner sah aus, als würde er auch nur fünf Minuten funktionieren.

Ein anderes Geschäft verkaufte nichts weiter als zwei Sorten von Dosen – gelbe Dosen und grüne Dosen, die auf mehreren Regalen fein säuberlich zu Pyramiden gestapelt waren. Es war der einzige gutgefüllte Laden, den ich an diesem Tag zu sehen bekam. Ich habe keine Ahnung, was sich in den Dosen befand, ich kann nur vermuten, daß es sich um etwas ausgesprochen Scheußliches gehandelt haben muß, denn sonst wäre auch dieses Geschäft längst ausverkauft gewesen. Einen so deprimierenden Vormittag hatte ich seit Jahren nicht erlebt.

Ich ging zum TSUM und rechnete mit dem Schlimmsten. Zu Recht. Ganze Abteilungen waren ausgeräumt, unter anderem meine geliebte Radio- und Fernsehabteilung. Das führende Kaufhaus des Landes konnte seinen Kunden nicht einen Fernseher anbieten, nicht ein Radio, nicht ein elektrisches Gerät. In einigen Abteilungen standen drei Verkäuferinnen um eine Kasse herum und hatten nichts weiter zu verkaufen als ein paar Geschirrtücher, während anderswo eine einzige verzweifelte Verkäuferin von Massen von Kunden bestürmt wurde, weil dort gerade eine begehrte Lieferung eingegangen war. Auf einem Ladentisch im dritten Stock stand ein großer, soeben eingetroffener Karton voller Socken – Hunderte und Aberhunderte von Socken, alle in einheitlichem Senfgelb, alle aus dünner Baumwolle, alle in einer Größe und zu einem Dutzend gebündelt –, und die Leute kauften, soviel sie tragen konnten. Vermutlich nimmt man, was man kriegen kann, und denkt erst später darüber nach, was man damit anfängt – ein Dutzend bekommt der Schwiegervater zu Weihnachten, ein Dutzend tauscht man gegen ein Stück Fleisch oder gibt es dem Nachbarn, weil er für einen Schlange gestanden hat.

Den traurigsten Anblick bot die Spielzeugabteilung – ein Regal mit völlig gleichen, unsagbar jämmerlichen Teddybären aus synthetischer Wolle, zwei Dutzend völlig gleicher Plastiklaster mit verbogenen Rädern und vierzehn entweder verschrammten oder verbeulten Dreirädern aus Metall, die alle im gleichen Blauton gestrichen waren.

In den oberen beiden Stockwerken des TSUM standen Kisten mit unidentifizierbarem Krimskrams aufgereiht. Wer jemals eine Türklingel oder den Motor einer Waschmaschine auseinandergebaut und all die 150 Einzelteile wahllos um sich verstreut hat, der kann sich ungefähr vorstellen, wie es dort aussah – Kisten voller Federn, Zahnräder und anderen kleinen Metallteilen, in denen Hunderte von Menschen mit ernsten Gesichtern stöberten.

Am vollsten war es in der Kurzwarenabteilung im Erdgeschoß. Dort ging es zu wie bei einer Massenszene in einem Godzilla-Film, nachdem die Nachricht die Runde gemacht hat, daß das Monster auf dem Weg in die Stadt ist. Anfangs dachte ich, dort gäbe es nur Knöpfe, Uhrenarmbänder und Stoff, doch dann bemerkte ich, daß sich alles auf eine frisch eingetroffene Lieferung von Weckern stürzte. Es waren ganz primitive Plastikwecker, aber die Leute hätten alles dafür getan, um einen zu ergattern. Die Abteilung wurde von zwei unsympathischen Frauen geleitet, denen ich nie im Leben wieder begegnen möchte. Ich beobachtete, wie sie einen schüchternen jungen Mann, den ich für einen Nordvietnamesen hielt, einfach ignorierten. Er hatte endlich die Kasse erreicht und hielt ihnen flehend ein Bündel Geldscheine hin, aber sie beachteten ihn nicht, sondern bedienten die Leute hinter ihm. Schließlich schob eine der Verkäuferinnen sein Geld beiseite und sagte ihm, er solle verschwinden. Ich habe keine Ahnung, warum. Der Mann sah aus, als hätte er heulen können. Und mir ging es nicht viel anders. Er nahm sein Geld und verschwand in der Menge.

Obwohl es so wenig zu kaufen gab, waren die Leute erstaunlich elegant gekleidet. Vor zwanzig Jahren sahen sie aus, als hätte der Direktor einer russischen Traktorfabrik ihre Kleidung entworfen. Ständig wurden Katz und ich von Leuten angesprochen, die uns unsere Jeans abkaufen wollten. Ein junger Typ hatte es so wild entschlossen auf unsere Levi's abgesehen, daß er Anstalten machte, sich auf offener Straße die Hose auszuziehen, und uns aufforderte, es ihm gleichzutun, damit der Handel zustande käme. Katz und ich versuchten, ihm klar zu machen, daß wir an seiner Hose nicht interessiert seien, und fragten ihn, ob er nicht etwas anderes zu bieten hätte, eine jüngere Schwester vielleicht oder einen kyrillischen Porno. Da er jedoch nichts zu besitzen schien, das sich zu tauschen lohnte, ließen wir ihn mit gebrochenem Herzen und offenem Hosenschlitz an einer Straßenecke stehen. Inzwischen hatte sich einiges geändert. Die Leute waren so schick gekleidet wie überall in Europa – eher noch ein wenig schicker, denn sie widmeten sich ihrer Garderobe mit Stolz und äußerster Sorgfalt. Und wie schön die Frauen waren! Alle hatten sie schwarzes Haar, schokoladenbraune Augen und wunderbar weiße Zähne. Es gibt keinen Zweifel – in Sofia leben die schönsten Frauen Europas.

Fast eine Woche bin ich durch die Straßen der Stadt gelaufen. In Sofia steht man an jeder Ecke vor einem Monument mit einem niederschmetternd sozialistischen Namen – dem Stadion der Volksarmee, dem Denkmal für den antifaschistischen Kämpfer oder dem Nationalpalast der Kultur –, aber die meisten dieser Stätten sind umgeben von hübschen Parks mit langen Kastanienalleen, mit Bänken, Schaukeln und manchmal sogar mit einem kleinen See oder mit Blick auf die grünen, von Dunst umhüllten Berge jenseits der Stadt.

Ich habe die Sehenswürdigkeiten besichtigt. Ich war im alten Königspalast am Place 9 Septemvri, der heute die Nationalgalerie beherbergt und in dem mir klar wurde, warum ich keinen einzigen bulgarischen Künstler kannte. Danach habe ich mir das Grab von Georgi Dimitrow angesehen, dem Nationalhelden – zumindest war er das, bis der Eiserne Vorhang fiel. Nun waren sich die Bulgaren da wohl nicht mehr so sicher. Graffiti verunzierten die Grabstätte, was noch vor wenigen Monaten undenkbar gewesen wäre, möchte ich wetten. Außerdem konnte man das Mausoleum nicht mehr betreten, um sich den Leichnam anzusehen, der in der bevorzugten Art und Weise der Kommunisten unter Glas aufgebahrt lag. Als Katz und ich 1973 davor standen, hatte sich Katz über den Glaskasten gebeugt, demonstrativ daran geschnuppert und mit etwas zu lauter Stimme gesagt: »Findest du nicht auch, daß es hier ziemlich streng riecht?«, woraufhin wir beinahe verhaftet worden wären. Dimitrow war praktisch ein Gott.

Nun, da der Kommunismus ins Wanken geraten ist, wollten ihn die Leute nicht mal mehr sehen.

Auch das Nationalmuseum für Geschichte und die Alexander Newski Kathedrale und das Nationalmuseum für Archäologie und ein, zwei andere Sehenswürdigkeiten habe ich besichtigt, aber meistens bin ich nur durch die Straßen gelaufen und habe darauf gewartet, daß es Abend wurde.

Am Abend zeigte sich Sofia von einer unbeschwerteren Seite. Sobald die Läden geschlossen waren, lösten sich die Warteschlangen auf, und die Leute bummelten über die Straßen und sahen viel glücklicher aus. Manchmal versammelten sich kleine Gruppen vor Dimitrows Grab und diskutierten die politische Lage, und es war unverkennbar, wie sehr sie den ungewohnten Luxus genossen, offen miteinander reden zu können. An einem Abend stellte jemand vor dem alten Königspalast eine Reihe von Fotos des im Exil lebenden Königs Simeon und seiner Familie aus, und die Leute strömten in Scharen herbei, um sich die Bilder anzusehen. Zuerst fand ich das merkwürdig, aber dann stellte ich mir vor, wie die Briten reagieren würden, wenn ihre Königsfamilie vor vierzig Jahren in die Verbannung geschickt worden wäre und man dem Volk alle Informationen über sie vorenthalten hätte. Auf einmal konnten die Bulgaren sehen, was aus ihren Prinzessinnen und Herzögen geworden war. Auch ich sah mir die Bilder an und hoffte, durch sie zu erfahren, daß König Simeon nun eine Filiale von Dairy Queen in Sweetwater, Texas, leiten würde. Doch es hatte den Anschein, als führe er ein Leben in Saus und Braus in Paris, so daß ich es ablehnte, eine Petition zu unterschreiben, auf der man seine Wiedereinsetzung forderte.

Jeden Abend machte ich mich auf die Suche nach dem Club Babalu, einem Nachtclub, in dem Katz und ich uns die Nächte um die Ohren geschlagen hatten. Er hieß nicht wirklich so; wir haben ihn so genannt, weil er uns an den Club Babalu in Desi Arnaz' *I Love Lucy* erinnert hat. Er sah aus wie ein Überbleibsel aus den frühen fünfziger Jahren, aber in Sofia war es *der* Nachtclub.

Abend für Abend saßen Katz und ich auf einem Balkon mit Blick auf die Tanzfläche, tranken polnisches Bier und sahen einer Rock'n Roll Band zu (oder was die Bulgaren dafür hielten). Ihren beinahe totalen Mangel an Talent glich die Band mit einer unglaublichen Begeisterung für die Musik aus. Sie spielte Stücke, die man im Rest der Welt seit zwanzig Jahren nicht mehr gehört hatte – »Fernando's Hideaway«, »Love Letters in the Sand«, »Green Door« –, und Leute in unserem Alter tanzten dazu, als wären es die neuesten Hits. Und womöglich waren sie das in Bulgarien auch. Aber das Beste war, daß Katz und ich dort wie Berühmtheiten gefeiert wurden, denn amerikanische Touristen waren in Sofia eine Seltenheit. (Das sind sie übrigens noch heute.) Leute setzten sich zu uns an den Tisch und spendierten uns Drinks. Mädchen fragten, ob wir mit ihnen tanzen wollten. Wir waren jeden Abend so betrunken, daß wir uns ein Dutzend Möglichkeiten entgehen ließen, auch in sexueller Hinsicht auf unsere Kosten zu kommen. Aber es war trotzdem herrlich.

Ich hätte das Babalu so gern wiedergesehen, daß ich die ganze Stadt danach absuchte. Sogar den langweiligen, weiten Weg zum Bahnhof bin ich gelaufen, denn ich hatte gehofft, meinem Gedächtnis auf die Sprünge zu helfen, wenn ich die Strecke zurückverfolgen würde, auf der Katz und ich in die Stadt gekommen waren. Ohne Erfolg. Und dann, an einem Freitagabend, als ich wohl zum zwanzigsten Mal in dieser Woche am Restaurant des Grand Hotel vorbeiging, drang für einen Moment der Klang blecherner Gitarren und dröhnender Verstärker an mein Ohr. Ruckartig drehte ich mich um und prallte fast gegen die Scheibe. Es war das Babalu! Die ganze Zeit war ich daran vorbeigelaufen, aber ohne die fürchterliche Musik hätte ich es nie bemerkt. Nun erkannte ich jeden Zentimeter. Da war der Balkon. Da war unser Tisch. Selbst die Kellnerinnen kamen mir bekannt vor, wenn sie auch ein wenig gealtert waren. Glückliche Erinnerungen wurden wach.

Ich wollte gleich hineingehen und ein polnisches Bier bestellen, doch in der Tür trat mir ein Kerl in einem zu großen, schwarzen Anzug in den Weg. Er wurde nicht gerade unverschämt, er weigerte sich einfach, mich durchzulassen. Seine Gründe verstand ich nicht.

In Bulgarien hat man sich bald daran gewöhnt, die Gründe für alles Mögliche nicht zu verstehen, daher setzte ich meinen nächtlichen Rundgang um die stockfinstere Newski Kathedrale fort. Zwanzig Minuten später schlenderte ich wieder am Grand Hotel vorbei und verstand, warum man mir den Eintritt verwehrt hatte. Sie waren im Begriff zu schließen. Es war halb zehn an einem Freitagabend, und dies war der belebteste Teil der Stadt. Bulgarien liegt im Sterben, dachte ich und kehrte ins Hotel zurück.

Ich konnte froh sein, daß ich mich, wann immer ich wollte, ins feudale Sheraton zurückziehen konnte. Dort gab es kühles Bier, anständig zu essen, und auf meinem Zimmer stand ein Fernseher, mit dem ich CNN empfangen konnte. Feige wie ich war, nahm ich meine Mahlzeiten immer im Hotel ein. Ich hatte lange nach einem halbwegs vertrauenerweckenden Restaurant mit einheimischer Küche gesucht, aber keins gefunden. Sofias Kneipen und Restaurants sind alles andere als einladend – einfach, schwach beleuchtet, an den Wänden hängt höchstens ein Werbekalender, und jede Oberfläche ist mit Resopal beschichtet. Einmal habe ich mich in ein Restaurant in der Nähe des Juzen Parks gewagt. Da ich rein gar nichts mit der kyrillischen Speisekarte anzufangen wußte, warf ich einen Blick auf die Teller der anderen Gäste, um beim Bestellen auf ein Gericht zeigen zu können. Aber auf den Tellern ringsum häufte sich nichts als Haferschleim und wäßriges Gemüse, so daß ich auf dem schnellsten Wege ins Hotel zurück eilte, wo eine Speisekarte in englischer Sprache und eine ausgezeichnete Küche auf mich warteten.

Doch für diesen Luxus zahlte ich zweimal täglich mit Gewissensbissen. Jedesmal wenn ich im Sheraton aß, wurde mir schmerzlich bewußt, daß ich eine weitaus bessere Kost vorgesetzt bekam als neun Millionen Bulgaren. Diese wirtschaftliche Apartheid ist mir verhaßt, wenn sie auch unwiderstehlich war. Wie kann ein Land seinen eigenen Bürgern untersagen, Orte wie diesen zu betreten? Ein Bulgare, der auf wundersame Weise durch Sparsamkeit und Unternehmungsgeist zu genügend Geld gekommen war, durfte in zwei Restaurants des Hotels verkehren, im Wiener Café und im Melnik Grill. Deren Eingänge befanden sich allerdings in einer Seitenstraße und waren vom Hotel aus nur zu erreichen, indem man durch den Haupteingang auf die Straße trat und um die nächste Ecke bog. Das Hotel selbst war für den Normalbürger tabu. Hunderte von Menschen gingen tagtäglich daran vorbei und mußten sich fragen, wie es darin wohl aussieht. Tja, es sieht schon toll aus. Es bietet ein Leben in Reichtum und Komfort, wie es sich ein Bulgare wahrscheinlich nicht einmal vorzustellen vermag: eine piekfeine Bar, an der man Cocktails schlürfen kann, Restaurants, in denen es Sachen zu essen gibt, die man anderswo in Bulgarien seit Jahren nicht mehr zu Gesicht bekommen hat, ein Geschäft, das Schokolade, Brandy, Zigaretten und andere Genußmittel verkauft, die für den Durchschnittsbürger Bulgariens so unerreichbar sind, daß er nicht einmal davon zu träumen wagt.

Jedesmal wenn ich aus dem Hotel trat, wunderte ich mich, daß ich von niemandem verprügelt wurde. – Ich hätte mich nämlich selbst gern verprügelt, und das, obwohl ich weiß, was für ein feiner Kerl ich bin. – Alle Leute waren nett zu mir. Immer wieder kam jemand auf mich zu und fragte, ob ich Geld tauschen wolle, aber das wollte ich nicht, ich konnte nicht. Es war verboten, und außerdem wollte ich nicht mehr bulgarisches Geld als ich schon hatte, denn dafür gab es nichts zu kaufen. Warum sollte ich zwei Stunden Schlange stehen, um mit Lewa eine Schachtel Zigaretten zu kaufen, wenn ich in meinem Hotel innerhalb von zehn Sekunden bessere Zigaretten für weniger Geld bekam? »Es tut mir wirklich leid«, sagte ich wohl zwanzig Mal am Tag, und sie schienen zu verstehen.

Mit jedem Tag in Sofia wuchs in mir das Bedürfnis, Geld auszugeben, aber es gab nichts, wofür ich es hätte ausgeben können, absolut nichts. An einem Sonntagmorgen kam ich durch einen Park, in dem Künstler ihre Arbeiten zum Kauf anboten, und ich dachte: »Prima. Ich werde ein Bild kaufen.« Aber die Bilder waren scheußlich. Die meisten waren zwar technisch einwandfrei, aber die Motive waren grauenhaft: Sonnenuntergänge mit orangefarbenen und rosaroten Wolken und surreale, Salvador Dali nachempfundene Gemälde mit zerrinnenden Objekten. Es hatte den Anschein, als hätten die Künstler so sehr den Kontakt zur Welt verloren, daß sie nicht wußten, was sie malen sollten.

Je weiter man durch Sofias Straßen streift, desto angenehmer wird die Stadt. Ich unternahm zu Fuß Tagesausflüge in die hügeligen Bezirke südöstlich der Innenstadt. Dort gab es Wälder, Parks, Viertel mit stattlichen Wohnsiedlungen, ruhigen Straßen und einigen hübschen Häusern. Als ich über eine Fußgängerbrücke über den Fluß Slivnica zurück ins Stadtzentrum ging, fiel mir auf, wie schön Sofia eigentlich ist. Und mehr als das – es war die europäischste all der Städte, die ich gesehen hatte. Hier gab es keine modernen Einkaufszentren, keine riesigen Tankstellen, keine McDonald's und Pizza Huts, keine überdimensionalen Werbetafeln von Coca-Cola. Nie zuvor bin ich in einer Stadt gewesen, die sich den Versuchungen der amerikanischen Kultur so erfolgreich widersetzt hat. Es war eine durch und durch europäische Stadt. Mit beklommenem Herzen wurde mir klar, daß dies das Europa meiner Kinderträume war.

Es ist schwer zu sagen, was aus Bulgarien werden wird. Ein paar Wochen nach meinem Besuch haben die Bürger des Landes in einem Moment geistiger Umnachtung wieder ein kommunistisches Regime gewählt – das einzige Land Osteuropas, das freiwillig an der alten Regierungsform festhält.

Das war 1990, in jenem Jahr, als der Kommunismus in Europa zusammenbrach. Viel ist darüber geschrieben worden, und bei alledem habe ich ein paar Worte des Bedauerns vermißt, daß der Fall des Eisernen Vorhangs zugleich das Ende eines noblen Experiments war. Ich weiß, daß der Kommunismus nie funktioniert hat, auch ich hätte sicher nicht unter ihm leben wollen, aber es ist doch bedauerlich, daß das einzige Wirtschaftssystem, das zu funktionieren scheint, auf Eigennutz und Habgier beruht.

Auch in Bulgarien wird sich der Kommunismus nicht ewig halten. Kein Volk wird zu einer Regierung stehen, die es nicht ernähren kann. Wenn ich in fünf Jahren wieder nach Sofia komme, ich bin sicher, dann wimmelt es auch dort von McDonald's und Laura Ashley Filialen, BMWs werden die Straßen verstopfen, und die Menschen werden viel glücklicher sein. Und das ist auch nur zu verständlich, aber ich bin froh, daß ich die Stadt gesehen habe, bevor diese Zeit anbricht.

Istanbul

Katz und ich sind mit dem Orientexpreß von Sofia nach Istanbul gefahren. Ich hatte mir die Fahrt so romantisch vorgestellt. In meiner Phantasie sah ich Diener mit Turbanen, die uns Tassen mit süßem Kaffee servierten. Doch die Wirklichkeit sah anders aus. Der Zug war alt, abgenutzt, überfüllt und langsam, es war heiß und stickig, und es stank. 1973 war der Orientexpreß nur noch ein Name auf einem rostigen Stück Metall an der Seite jedes altersschwachen Zuges zwischen Belgrad und Istanbul. Ein paar Jahre später wurde der Betrieb eingestellt.

Als wir in Sofia abfuhren, hatten wir das Abteil noch für uns allein, doch schon zwei Stationen später wurde abrupt die Tür aufgerissen, und eine Großfamilie, bestehend aus lauter fetten Menschen, zwängte sich hinein, beladen mit Pappkoffern und Einkaufsnetzen voll übelriechender Lebensmittel. Die Leute sahen aus wie die leibhaftige Warnung vor den Folgen der Inzucht. Sie ließen sich auf die Sitze fallen, drängten Katz und mich in gegenüberliegende Ecken und fielen sofort über ihre Freßpakete her. Servietten mit kleinen toten Fischen, Brocken trockenen Brotes und weichgekochte Eier wurden herumgereicht, gefolgt von triefendem Weißkäse, dessen Geruch mich daran erinnerte, wie wir vor Jahren einmal aus den Sommerferien nach Hause kamen und feststellen mußten, daß meine Mutter versehentlich die Katze während der drei heißesten Wochen des Jahres im Besenschrank eingesperrt hatte. Die Leute schmatzten beim Essen und wischten sich ihre Wurstfinger an ihren Hemden ab, bevor einer nach dem anderen in ein tiefes, sabberndes Koma sank. Im Schlaf blähten sich ihre Körper auf, so daß Katz und ich mehr und mehr in unsere jeweiligen Ecken gedrängt und schließlich wie ein Häufchen Elend an die Wand gequetscht wurden. Und das sollten wir zweiundzwanzig Stunden lang ertragen.

Zu diesem Zeitpunkt waren Katz und ich fast vier Monate unterwegs, und jeder hatte den anderen gründlich satt. Tagelang wechselten wir entweder kein Wort, oder wir lagen uns dauernd in den Haaren. Wenn ich mich recht entsinne, sprachen wir an jenem Tag nicht miteinander, doch mitten in der Nacht, während der Zug träge durch die struppige Leere im Westen der Türkei zockelte, riß Katz mich aus einem leichten, unruhigen Schlaf. Er tippte mir auf die Schulter und sagte in vorwurfsvollem Ton: »Ist das Hundescheiße da an deiner Schuhsohle?«

Ich richtete mich auf. »Was?«

»Ist das da Hundescheiße an deiner Schuhsohle?«

»Weiß ich nicht. Der Laborbericht liegt noch nicht vor«, erwiderte ich trocken.

»Im Ernst, ist das Hundescheiße?«

»Woher soll ich das wissen?«

Katz beugte sich vor, beäugte meinen Schuh und schnupperte vorsichtig daran. »Es *ist* Hundescheiße«, verkündete er mit einer Spur von Genugtuung.

»Na, dann behalt's für dich, sonst wollen die alle was.«

»Kannste das nicht abwaschen? Das ist ja widerlich.«

Und schon ging das Gezänk wieder los, in eindringlichem Flüsterton.

»Wasch es doch selber ab.«

»Es ist dein Schuh.«

»Ich mag das aber irgendwie. Jedenfalls riecht es besser als der Typ mir gegenüber.«

»Wenn mir aber schlecht davon wird?«

»Das ist mir scheißegal.«

»Du bist sowieso ein Arschloch.«

»Ach, ja? Bin ich das?«

»Genau das bist du. Und zwar seit Österreich.«

»Du bist seit deiner Geburt ein Arschloch.«

Ein verletzter Blick. »Was du nicht sagst. Du warst doch schon im Mutterleib ein Arschloch, Bryson. Du hast drei Arten von Chromosomen: X, Y und Arschloch.«

Und so ging es weiter. Istanbul konnte nur ein Reinfall werden. Katz haßte die Stadt, und er haßte mich. Ich haßte vor allen Dingen Katz, aber auch für Istanbul konnte ich mich nicht begeistern. Es war wie der Zug, der uns dorthin gebracht hatte: heiß, stickig, überfüllt und abgenutzt. In den Straßen tummelten sich Gören, die sich alles unter den Nagel rissen, was man nicht mit beiden Händen festhielt. Und das Essen war einfach scheußlich, nichts als stinkender Käse und mysteriöse Breiklumpen. Einmal brachte Katz uns ernstlich in Lebensgefahr. Da fragte er einen Kellner: »Sagen Sie, scheißen die Kühe bei Ihnen direkt auf den Teller oder mischen Sie das Zeug nachträglich unters Essen?«

Während der letzten Etappe unserer Reise hielt sich Katz oft notdürftig damit bei Laune, auf diese Weise mit Leuten zu reden, die ihn nicht verstehen konnten. Doch diesmal war er an einen Kellner geraten, der dreizehn Jahre in einem kleinen Restaurant an der Tottenham Court Road mitten in London gearbeitet hatte. Er hatte Katz' Frage nur allzu gut verstanden. Mit einem Metzgerbeil in der Hand geleitete er uns zur Tür und machte uns klar, was er von der türkischen Küche und von jungen amerikanischen Touristen hielt.

Nachdem Katz aus Gründen der Vernunft – und nicht zuletzt wegen meiner Drohung, ihn für immer mundtot zu machen, falls das kein englischsprechender Kellner vor mir tun würde – auch dieses letzte Vergnügen versagt blieb, hüllte er sich während der restlichen Tage unseres Aufenthaltes in Istanbul in eisiges Schweigen, das er nur brach, um die Kundenfänger im Basar anzuschnauzen, sie sollten sich verpissen und ihn in Ruhe lassen. Wir hatten das Ende der Straße erreicht, in jeder Hinsicht. Es war eine lange Woche.

Während ich mit dem Taxi vom Flughafen durch die heißen, stickigen, brechend vollen Straßen Istanbuls fuhr, fragte ich mich, ob ich für die Reize der Stadt nun empfänglicher sein würde.

Es begann wenig verheißungsvoll. Über das Sheraton in Sofia hatte ich mir ein Zimmer im Sheraton in Istanbul reservieren lassen, und wie sich nun herausstellte, lag das Hotel meilenweit vom Goldenen Horn und der Altstadt entfernt. Das Zimmer war sauber und recht fürstlich, aber der Fernseher funktionierte nicht, und als ich im Badezimmer den Wasserhahn aufdrehte, erzitterten die Leitungen, um kurz darauf mit viel Getöse eine braune Suppe auszuspucken. Zehn Minuten ließ ich das Wasser laufen, aber es wurde weder klarer noch dünnflüssiger. Und dafür zahlte ich 150 Dollar pro Nacht.

Ich saß auf der Toilette, starrte auf das fließende Wasser und dachte darüber nach, was für eine sonderbare Erfindung doch der Tourismus ist. Da fliegt man in ein fremdes Land, läßt das traute Heim mit all seinem Komfort hinter sich zurück und verwendet dann Unmengen von Zeit und Geld darauf, eben diesen Komfort mehr schlecht als recht wiederherzustellen.

Seufzend schmierte ich mir ein wenig von dem braunen Wasser ins Gesicht und brach auf, um mir Istanbul anzusehen. Ich fuhr mit dem Taxi zum Hafen, bezahlte den Fahrer und wurde im nächsten Moment von den wogenden Menschenmassen in den gewundenen Straßen der Altstadt aufgesogen.

Was für eine Stadt. Noch nie habe ich eine solche Geschäftigkeit erlebt. Überall hastende Menschen. Manche schieben Karren vor sich her, balancieren Kaffeetabletts oder schleppen sich mit unförmigen Lasten ab (einmal sah ich einen Mann, der sich mit einem drei Meter langen Sofa auf dem Rücken den Weg durch die Menge bahnte). Alle zwei Meter verkauft irgendwer irgendwas: Lotterielose, Armbanduhren, Zigaretten oder nachgemachte Parfums. Alle paar Schritte wird man von jemandem angesprochen, der einem die Schuhe putzen, Postkarten oder Reiseführer verkaufen will, der einen fotografieren oder wiegen oder zum Teppichladen seines Bruders führen oder einen auf andere Weise dazu bewegen will, ein bißchen Geld locker zu machen. Nirgendwo sonst auf dieser Erde kann es eine Stadt geben, in der so erbarmungslos an den Sinnen des Besuchers gezerrt und gerüttelt wird, wie in Istanbul. Ein Erlebnis, das gleichermaßen verwirrend, zermürbend und seltsam aufregend ist.

Die Galata-Brücke war von Scharen von Fußgängern, Bettlern, Straßenverkäufern und Lastenträgern bevölkert. Auf ihrer gesamten Länge zogen Angler Fische aus der öligen Brühe, denen man auf den ersten Blick ansah, wie vergiftet sie waren. Am Ende der Brücke schlängelten sich zwei Männer mit angeleinten Braunbären durch den stokkenden Verkehr am Sirkeci Bahnhof, ohne die geringste Aufmerksamkeit zu erregen.

Wirklich unerträglich in Istanbul ist die türkische Popmusik. Vor ihr gibt es kein Entrinnen. Aus jedem Restaurant, von jedem Limonadenstand, aus jedem vorbeifahrenden Taxi schlägt sie einem entgegen. Zu sagen, daß sie einen irgendwie an die Laute erinnert, die ein Mann von sich gibt, der seinen Kopf in, sagen wir mal, eine Industriemaschine gesteckt hat, gibt nur eine ungefähre Vorstellung davon, wie entsetzlich unmelodisch sie klingt. Man sagt, das Gefühl für sie entwickle sich in einem. Das tun Tumore auch.

Den halben Nachmittag streifte ich durch die Straßen und staunte, daß eine solche Betriebsamkeit nur einen so kläglichen Wohlstand hervorgebracht hat. Ich ging zum Sultan-Ahmet-Platz auf der Höhe eines steil ansteigenden Hügels, schüttelte ein Heer von Postkartenverkäufern ab und betrat die Ayasofya, die Hagia Sofia, dieses gewaltige byzantinische Bauwerk. Es ist eine wunderschöne Kirche, fast so ehrfurchtgebietend wie der Petersdom, aber es war die Erleichterung, mich plötzlich an einem kühlen Ort, fernab von Lärm, Hitze und Chaos der Straßen Istanbuls wiederzufinden, die mir vor allem in Erinnerung bleiben wird. Eine Stunde wandelte ich durch die widerhallenden Gewölbe der fast menschenleeren Kirche und genoß jede Minute.

Dann trat ich blinzelnd in den Sonnenschein hinaus und überquerte den Platz in Begleitung einer plappernden Schar von Postkartenverkäufern, Fotografen, Vertretern von Nachtclubs, Straßenfriseuren, Schuhputzern und einer Gruppe anderer Leute, die sich offenbar in meiner Gesellschaft wohlfühlten. Ich ging zur Blauen Moschee, die ebenfalls sehr schön war. Sie ist bis heute eine Stätte der Andacht, daher darf man sie nur in Strümpfen betreten. Die Schuhe muß man am Eingang stehenlassen, was ziemlich lästig ist, denn es kann Stunden dauern, bis man sie beim Hinausgehen unter den Hunderten von anderen Paaren wiedergefunden hat. Allerdings bietet sich hier die Gelegenheit, sich nach etwas Besserem umzusehen, falls das eigene Schuhwerk seine besten Tage schon hinter sich hat.

Eigentlich wollte ich Topkapi besichtigen, aber es war geschlossen. Also machte ich mich auf den Weg zum Archäologischen Museum. Ich muß mich wohl verlaufen haben, denn plötzlich stand ich vor dem Eingang des weitläufigen und wunderbar ruhigen Parks Gülhane. Er war voller schattenspendender Bäume, zwitschernder Vögel und glücklicher Familien. Ich folgte dem leicht ansteigenden Hauptweg, der unversehens in einem Blick über den Bosporus endete, glitzernd und blau. Eine frische Brise streifte mich. Ich entdeckte ein Café und setzte mich an einen Tisch im Freien, bestellte eine Cola und nahm die Landschaft in mich auf: Ein tiefblauer Himmel spannte sich über das glitzernde Wasser, und an der anderen Seite der Meerenge, etwa drei Kilometer entfernt, waren die dürren Hügel von Üsküdar mit weißen Häusern übersät. Fähren durchkreuzten den Bosporus und nahmen Kurs auf die Prinzeninseln, die in der Ferne im bläulichen Dunst zu erkennen waren. In ihrem Gefolge tummelten sich Möwen. Es war unbeschreiblich schön. Genau der richtige Ort, um eine Reise zu beenden.

Ich war am Ende meiner Straße angelangt. Da drüben lag Asien; hier endete Europa, und hier sollte auch mein müßiger Streifzug zu Ende gehen. Es war an der Zeit, nach Hause zu fahren. Das Gras stand hüfthoch, hatte meine schwer geprüfte Frau am Telefon berichtet. Auf dem Feld war ein Zaun zusammengebrochen. Die Schafe waren auf dem Rasen. Die Kühe standen im Korn. Auf mich wartete eine Menge Arbeit.

Und ich war bereit. Meine Familie fehlte mir ebenso wie die angenehme Vertrautheit des Familienlebens. Ich hatte genug von der täglichen Suche nach einem gedeckten Tisch und einem Bett für die Nacht, ich hatte genug von Zügen und Bussen, genug davon, in einer Welt von Fremden zu leben, ständig verblüfft zu sein und mich andauernd zu verlaufen, und vor allem hatte ich genug von meiner eigenen öden Gesellschaft. Wie oft in den letzten Tagen war ich in Bussen oder Zügen eingesperrt gewesen, hilflos dem trägen Geplätscher meiner Gedanken ausgeliefert, und hatte mir gewünscht, einfach weggehen und mich selbst zurücklassen zu können?

Gleichzeitig verspürte ich das irrationale Verlangen weiterzuziehen. Das Reisen besitzt eine Eigendynamik, die uns drängt, immer unterwegs zu sein, niemals anzuhalten. Da drüben lag Asien – direkt vor meinen Augen. Die Vorstellung schien unglaublich. In ein paar Minuten könnte ich dort sein. Genug Geld hatte ich noch. Vor mir lag ein unbekannter Kontinent.

Aber ich bin nicht weitergezogen. Ich habe mir noch eine Cola bestellt und den Fähren zugesehen. Unter anderen Umständen hätte ich der Versuchung vielleicht nachgegeben; aber irgendwann muß man ja irgendwo ankommen.